书托邦

点亮思想微光

注意力市场
如何吸引数字时代的受众

[美] 詹姆斯·韦伯斯特（James G.Webster） 著
郭石磊 译

THE MARKETPLACE
OF ATTENTION
How Audiences
Take Shape in a Digital Age

中国人民大学出版社
·北京·

推荐者序

数字时代的受众分析

刘燕南

数字时代，是一个内容丰裕而注意力稀缺的时代，也是一个传受关系不断刷新的时代。如何认识数字时代的受众？如何把握受众形成？受众的媒介使用方式将对社会产生什么样的影响？美国西北大学的詹姆斯·韦伯斯特教授在他的《注意力市场》一书中，通过构建一个新的分析框架——注意力市场，对这些问题进行了若干分析和解答。

《注意力市场》是詹姆斯·韦伯斯特2014年出版的力作，2015年荣获美国新闻与大众传播教育协会（AEJMC）媒介管理与经济学分会的罗伯特·皮卡德图书奖。在该书中文版即将付梓之际，我应邀写作一篇序言，也有幸拜读了大作。

詹姆斯·韦伯斯特是一位享誉世界传播学界的学术名家，他的早期代表作《视听率分析》是受众测量领域的学术奠基之作，至今已经再版3次，并被译成多种文字。20世纪90年代后期我开始从事电视收视率研究时，偶然读到这本书，颇为受益，也因此知晓作者。2004年，该书中文版面世，詹姆斯·韦伯斯特的名字开始被中国读者所熟悉。

在三十多年的学术生涯中，詹姆斯·韦伯斯特一直从事受众分析和视听率研究，著述甚丰。他兼有心理学、电信学、传播学等多学科背景，是一位学科上的"杂食者"，也是一位研究上的"专注者"。跨学科的知识背景和对受众及相关领域的深入钻研，使得韦伯斯特能够在各种相关理论、观点和方法中左右逢源，游刃有余。他推崇结构分析，长于模型建构，善于应用数据，这些在《注意力市场》一书中都有体现。

在书中，韦伯斯特从阐释注意力市场的意义和构成入手，对数字时代受众、媒介、测量机制等三者的内涵变化和相互关系进行探讨，对受众的形成及困境、受众行为对于社会发展与公共空间构建的影响进行分析。该书旁征博引，信息量大，有理论建构，有新锐观点，亦有将质化量化方法相结合进行的个案研究，为数字时代的受众分析开疆拓土，也提出了不少值得思考和探讨的问题。

一、注意力市场"三构件"

数字时代，内容和渠道的增长有如井喷，相伴而来的，便是无限的内容供应与有限的注意力资源之间不断尖锐的矛盾，这是注意力市场最主要的矛盾。传统媒体时代，人们在有限的媒介菜单中做选择，如果说"受众是谁"相对容易把握的话，那么数字时代，面对纷繁海量的媒介内容，面对转型中的受众/用户，"受众是谁"变成了一道难题，而为海量的数字内容寻找注意力，则是一个更加严峻的挑战。

詹姆斯·韦伯斯特为此建构了一个注意力市场，希望在这个框架下对受众进行分析。注意力市场主要由三者构成：受众/用户、内容提供者、测量提供者，他们分别扮演着注意力的提供者、注意力的意图占有者、两者匹配程度的评估者的角色。韦伯斯特认为，由这三者构成的注意力市场是一个结构化的世界，结构化理论是解释注意力市场的最好的框架。[1]

结构化理论是英国社会学家安东尼·吉登斯探讨个人的能动行为与社会结构之间关系的一种理论。在《社会的构成》一书中，吉登斯对社会学界的两种理论分野——功能主义和结构主义强调结构，解释（社会）学则强调个人能动性——进行了批判。他认为这些理论将宏观与微观、个人与社会、行动与结构、主观与客观完全对立起来的做法，是不可取的。行动者与结构二者的构成过程并不是彼此独立的，即某种二元论，而是相互包含的，体现着"双重性"，即结构的二重性。相对个人而言，结构并不是"外在之物"，而是"内在于"人的活动的。结构同时具有制约性和使动性，社会系统的反复构成正是得益于行动者自身的活动。[2]吉登斯的理论也被认为是将两种理论综合起来进行考察的一种有益尝试。

韦伯斯特推崇吉登斯的结构化理论。事实上，以往有关媒介使用的相关研究中，同样存在两种不同的理论取向，一种关注结构性因素（如观众可得、节目编排等）如何形塑了人们的媒介消费，一种强调心理因素（如需求与偏好等）如何影响了人们的媒介选择。前者常常被用于研究节目编排对于吸引和维持观众的影响，通常会采用量化的视听率总体指标和数据，结构性因素对于电视收视效果具有统计意义上的较高解释力；后者将受众视为能动的行为体，能够有目的地、理性地选择和消费内容，最典型的莫过于"使用与满足研究"，其他研究则聚焦于受众的心理状态和心理倾向，作为媒介选择的前提。在《视听率分析》一书中，韦伯斯特曾经构建了一个"受众行为模式"，将受众因素和媒体因素通过视听率指标体系相勾连的模式，将结构化理论用于分析受众行为。他认为，吉登斯的理论有助于理解特定媒介环境中的个人行为，或者说行动者（媒介使用者）在媒介结构性资源环境下伸展腾挪，以实现其自身目的的行为，这些资源包括可得技术、节目和服务等。作为媒介使用的能动者，他们再生产和改变了环境的结构特征。[3]

对于数字时代的受众，韦伯斯特仍然采用吉登斯的结构化理论，对能动者（受众）和媒介结构之间的相互作用及其张力进行分析。在他看来，受众/用户和媒介（或内容提供者）作为注意力交换的两大主体，并不对立，作为能动者的受众与媒介结构相互影响，互不可分而又相互建构。在媒介与受众的互动乃至"互构"过程中，传受双方需要彼此看见，了解市场，由此引入的测量机制，正是通过量化的方式让传受双方得以"看见"彼此，并且把握市场，评估选择和决策的正误。数字时代，无论受众、媒介还是测量机制，已经不复传统的模样。受众向用户的转型，媒介供应和消费方式的变化，都在将受众从刚性结构中解放出来，赋予其新的能量；而结构本身既具有约束性亦具有可塑性，受众行为通过测量机制的评估和引导，影响和改变着媒介的结构特征。在这个过程中，测量机制通过将能动者受众与媒介结构连接起来，发挥中枢作用，从而推动了注意力市场的结构化进程。[4]

在《注意力市场》一书中，韦伯斯特特别强调了测量机制的重要性，专门辟出一章对测量问题进行探讨。这在受众与注意力的相关研究中，并不多见。媒介测量是一个相对专业且颇具技术含量的研究领域，非常重要，也比较小众。韦伯斯特在注意力市场框架中，将测量机制视为其中不可或缺的组成部分，无疑与他一直以来的研究专长有关，同时与媒介测量所发挥的独特作用也密切相关。

数字时代，无论是传统媒体还是新媒体（社交平台或自媒体），无论是公共媒体还是商业媒体，也无论是为影响民众还是为赚钱，几乎都毫无例外地渴求注意力。这无疑加剧了无限内容与有限注意力之间原本已经十分尖锐的矛盾关系。获取注意力并非易事，能否获得受众，一定程度上取决于内容，但又不完全取决于内容本身，媒介行为是"推送"还是"拉取"，也是决定因素之一。前者是媒体找受众，后者则是受众找媒体。数字时代的媒介测量，作用更加拓展，一方面为市场客户提供评估数据，另一方面又增加了为受众提供上网帮助的新任务。推荐机制作为一种新型测量机制，正是为帮助受众寻找媒体、帮助他们在海量内容中做出选择而产生的一种新工具，而且，它无形中也在建构着受众。媒介与受众之间的结构性变化，既会反映在测量结果中，也会成为改进和创新测量机制的新动因。

在媒介领域，目前共享经济与商业经济并存。共享经济是一种通过互联网以看似"免费"实则以声名、影响力或其他"衍生"方式兑现收益的新经济模式。共享经济并不意味着免费经济，同样需要媒介测量提供量化交易的"凭据"。相比传统时代媒介测量对于传媒商业经济的辛迪加式服务，共享经济对于测量服务的个性化、精准化和及时性要求还会更高。

总之，在所有这些服务、构建或者"货币化"受众的活动中，测量机制正扮演着越来越重要的角色，它帮助人们寻找受众、辨别受众和适应受众需求，自身亦不断与时俱进，已经成为注意力市场上的关键枢纽。

二、媒介测量今昔辨

媒介测量起源于美国，有时又称为受众测量，已经有将近一个世纪的历史。今天，不论是在商业广播体制还是公共广播体制的国家或地区，媒介测量作为效果反馈的量化表达，已经深深嵌入传媒业当中，成为推动其有效运转的重要力量。如果说传统时代，媒介测量只是一种"市场信息机制"，为媒介市场各方提供市场信息，视听率测量就是其中最典型的代表之一，那么数字时代，媒介测量就不只是一种"市场信息机制"，它还是一种"用户信息机制"。

随着数字媒介的爆炸式生长，受众被内容的海洋所包围，要获取信息，需要最大限度地利用各种媒介资源，搜索引擎、门户网站和社交平台等开始为人们提供帮助，这些帮助受众进行上网选择的工具，便是所谓"用户信息机制"。

在目前的数字媒介环境中，"市场信息机制"和"用户信息机制"同时并存，因为新旧媒体并存，也因为一些新媒体同时兼容了两种信息机制。以往"市场信息机制"（比如传统的视听率测量）是为机构提供监测服务，如今"用户信息机制"则是为受众上网提供服务。两者看似很不相同，实则有不少相同之处：两者都需要对媒介受众的行为或表达进行记录，并统计数据；都需要对数据进行处理和简化，再制成排行、推荐和统计概要，最后成为用户行动的依据。由于这些数据都来自对一般受众行为和表达的汇总统计，通常被认为是值得信任的数据。谷歌、Facebook、推特等一些Web2.0平台所采集的数据，一度被认为是市场信息，其实，这里"市场信息机制"和"用户信息机制"之间的界限比较模糊，或者说两种机制兼有，因为这些数据既可以服务于受众/用户，也可以服务于广告商和其他机构。

不过，数字媒介测量与传统媒介测量的确有相当的不同。比如，传统的视听率测量是在受众样本知情和配合的情况下进行的，受众是知情同意的，而Web2.0平台的数据收集却是在受众的无意识中悄无声息地进行的，受众既不知情也未同意。而且，这些搜索引擎和社交媒体一方面尽情地享用受众贡献的注意力及数据带来的利益，另一方面对人们保护隐私的呼声却往往置若罔闻，毫不在意。

我们知道，数字媒体大多采用服务器测量，其缺点是难以把握用户的社会属性。服务器生产大量与受众/用户相关的数据，这种测量一定程度上能够解决抽样测量在数字时代由于受众碎片化而无法完全覆盖的问题，但是相比传统的视听率样本测量，也存在难以获得用户人口统计特征的弱点。在这种情况下把握受众，即使是最复杂的算法和最给力的数据挖掘，也大都会将多维受众进行简化处理。虽然通过过滤机制推断的受众偏好，或许比实际情况更纯粹、更清晰，但却不可避免地会将真实受众卡通化，过滤机制随后会迎合这些卡通形象，这样的受众画像往往是粗略而失焦的，并非真实的受众。按照韦伯斯特的说法，推荐机制无疑会提高判断人们需要什么的能力，但是它的判断永远不会完全准确。[5]

更重要的是，传统的媒介测量由第三方进行，而数字媒体（如社交媒体）测量却往往由各媒体自己操作。各家的数字生产方式不透明，测量标准和算法也不完全公开，各有其隐秘和利益，这与测量机构必须是客观公正第三方的要求，无疑有相当大的距离。现实中，不少搜索引擎和社交媒体是集信息平台、广告传播、数据采集、数据使用为一身的"多重利益主体"，也要靠数据生存，它们不仅测量知名度，还会创造知名度。正因为如此，韦伯斯特认为："用社交媒体评估公众注意力的态势，具有一定的欺骗性。"[6]

数字时代的媒体测量和信息机制为我们洞察受众、把握市场动向提供了新的模式，同时也提供了关于测量机制的辩证思考。测量机制并非中立，而是被建构的。数据生产也是一个利益场，测量机制的技术特性，并不能完全掩盖其背后的利益博弈乃至意识形态干扰。

三、受众的困境

数字技术对受众的赋能与激活，使受众摆脱特定渠道或时间流的束缚，拥有了选择和参与传播的更大自主性和能动性。今天,受众已经不再是原子化的、被动的个体,不再是消极的、毫无鉴别力的大众受众,也不再是缺乏自觉、自主意识的乌合之众,他们通过进入一个或多个社交网络,彼此意识到对方的存在,并相互影响各自的行为,乃至形成有一定功能的群体。

然而,现阶段受众的能动性仍然遭遇诸多挑战。就媒介选择而言,受众通常被描述为理性的选择者,这一点在有关理性选择、内容偏好、选择性接触等研究传统中,都有体现。但是,受众理性选择的能力受到许多因素的制约。他们有理性的一面,但也往往受制于"有限理性";他们会出于偏好而选择,但是偏好并不是选择的唯一原因,很多情况下偏好是被"建构"的,是对各种各样偶然事件做出的反应,偏好可能会因为情绪、社会状况或消费对象的变化而改变;而且,习惯性或仪式性的媒介接触,而非绝对的偏好驱动,往往成为受众行为的常态。在传媒时空和行为方式都发生了巨大变化的数字时代,受众的媒介选择并不能完全随心所欲,他们面临一系列的困境。

首先,数字内容丰富且漫灌,选项过多,受众面临"挑花眼"的窘迫。没有人能够完全了解所有媒介产品,这些产品通常也很难得到详尽而客观的描述。媒介产品正如美国学者 P. 尼尔森所言,是典型的经验品[7],只有经过使用才能得知其真正的品质,以及是否满足自身需求。面对种种不确定性,受众在时间和精力有限的情况下,在难以最大限度地实现自身目的时,用赫伯特·西蒙的话说,只能"追求实现目的之最低要求"[8]。

其次,为了避免选项太多无所适从,人们会为自己设置"保留曲目",也就是在预设的有限范围内寻找内容。这个"保留曲目"多半来自对此前媒介内容的归类、评价和取舍,基本上与人们的心理预期和喜好厌恶相符合。这种模式虽然方便了受众自身选择,让决策变得简单,但同时也将更加丰富的内容和更多元的观点排斥在了选择范围之外。

再次,面对海量内容,受众会借助搜索引擎、推荐机制或社交网络等做出选择,无形中也会遭遇"暗算"。比如,谷歌的排名推荐,亚马逊的把

"和你类似的人们"匹配起来,社交媒体依据类型筛选推荐在你的"好友"中流行的节目[9],等等,推荐机制通过提供帮助工具影响人们的偏好,进而影响人们的内容选择,乃至进行归类划圈。这与其说方便了受众决策,不如说更易于产生"羊群效应"和"从众效应"。正是在这个意义上,韦伯斯特认为,"推荐机制这样强大的受众建构工具所带来的后果,可能比简单地操纵注意力更令人担忧"[10],因为这些工具并非中立和超然,而是各有利益和图谋。这或许是更深层次上的受众困境:他们不是变得更独立、更自主、更能动,而是在不知不觉中被建构、被引导和被利用。

人们的媒体选择会受到各种结构性因素的影响,日常生活规律、地理、语言、文化亲缘性以及媒介结构,都会影响人们的选择。就媒体而言,如果说"推送"媒体而非"拉取"媒体是传统时代的常态,那么在这个看起来为受众提供了更多选择、让他们自主寻找(拉取)媒体的数字时代,受众却越来越依赖"保留曲目"、越来越依赖经验法则和各种推荐机制来消费内容,这似乎又在强化"推送"媒体的特征,这不能不说是另一种意义上"受众的困境"。

四、展望意见市场

意见市场又称为意见自由市场或观念市场(Marketplace of ideas),概指意见的多元表达和相互碰撞之地,是自由主义报刊理论的一大主题。它的基本内涵是,人们享有利用报刊充分表达各种观点的自由权利,而表达观点的前提是充分了解各类信息;报刊作为社会公器,有责任和义务提供真实全面的信息和多种意见的讲坛。从历史来看,由自由主义理论到社会责任论,再到哈贝马斯的公共空间理论,意见市场的思想几经点化与革新,无论在传统媒体时代还是在数字媒体时代,建构和拥有一个自由而多元的意见市场或公共空间,一个"真理与谬误交手"的竞技场,一直被认为是必须遵从的传媒规范和价值追求,也是民主社会的基本保证。

传统媒体时代,受制于传播技术和渠道的囿限,人们使用媒介和表达观点的可能性受到不少抑制，意见市场的理想往往沦为某种空想；数字媒体时代，各种融媒体、社交媒体、自媒体的出现，让海量信息和多元声音似乎无处不在，无时不有，意见市场是否会像人们希望的那样运转呢？

关于人们能否从数字技术所带来的多样性中获益，新的媒介使用方式是否有助于意见市场的发展，一直存在两种观点。乐观者认为，被新技术赋能和赋权的受众多数情况下是"杂食者"，社交媒体是多元表达的平台，推荐机制将舆论的决定权交给了一个更加民主的力量，从而产生所谓媒体净效应，即观点自由传播，公众注意力集中在最优秀的观点上，所有这些会创造出一个更加强健的意见市场。[11]悲观者则认为，理性的用户会坚守偏好，更加极端，会利用丰富的选择来逃避意见碰撞，各自撤退到"只有一个真理版本、毫无争议可言的空间"[12]，形成各种极化的"飞地"；而社交媒体会强化这一趋势，过滤和推荐机制会让同质性人群更加聚集，由此形成一种离散的、彼此缺乏交集的、独立分裂的、注意力不集中的局面。

在韦伯斯特看来，媒介的多样性，未必意味着受众使用的多样性，但是，就算有些人会固执地寻求或避免某些类型，多数人仍然拥有一份"杂食性"的消费菜单。[13]他认为，在数字时代，集中而不是分化更有可能出现。原因主要有四：一是媒体结构因素，因为"互联网似乎天然倾向于将大量链接指向少数站点：网络挑选赢家"[14]，从而将分散的注意力重新聚集。二是质量因素，人们的注意力总是会相对集中在高质量的内容上。三是媒介消费的社会性，比如媒介事件的知名性和社交谈资性，都会促使人们注意力集中。四是新型媒介测量中推荐机制的作用。媒介测量尤其是推荐机制定向投放信息和引导受众的能力一直广受关注，推荐机制具有二重性，既可能导致个性化偏见，也会将人们引向流行内容，尤其是在既定的内容范围内。流行度驱动的排名体现了一种"群众的智慧"，也提供了某种程度的质量标准，至少是一些谈资。由此，流行度偏见会抵消个性化偏见，流行度偏见不是将人们赶入一些小的同质化的营地或岩洞，而是使公众注意力更加集中，从而更有可能形成更加广泛的共有文化经验。[15]

对于意见市场的未来，韦伯斯特表达了谨慎的乐观。他一直努力证明，存在"大规模重叠文化"及其所代表的开放性,在这种文化中,人们在各种文化内容间自由流动,因关注公共议题而形成更大的公众群体,个性与共性,独立与集中,相辅相成,相得益彰。而所谓"大规模重叠文化"是相对"大规模平行文化"而言的,受众在媒介使用过程中,基于不同的兴趣和品味等分成不同的群体,这些群体有的相互有交集即重叠,有的没有交集即平行。

韦伯斯特认为,虽然数字媒体改变了公众注意力的聚集方式,但是就此假设人们只能存在于由大量"飞地"和"部落漩涡"组成的"大规模平行文化"中,那就错了。传统媒体提供的文化压舱石依然存在,它帮助社会保持平衡。那些集中公众注意力的力量被低估,而可能极化社会的力量被高估了。他说:"如果我是对的,那么媒体依然会发挥凝聚功能。……其结果便是大规模重叠文化出现。"[16]它将有助于推动公共领域的重构和健康成长。

五、受众研究再思考

韦伯斯特所构建的注意力市场,是一个基于美国样本的市场,也是一个具有"世界性"外在效度的市场,因为数字世界是全球化的,没有人能够自外于这个市场。

近年来,国内关于受众及相关领域的研究,无论在数量还是质量上,都取得了不少进展。新媒体日新又新,不断改变着受众、媒介和测量机制,也给受众研究带来持续不断的挑战。不过,综观这一领域的研究,有不少仍在拥抱技术,为技术便利、技术赋权、受众的能动性而欢呼,对于目前技术和社会条件下受众所面临的困境,观察和思考还显得不足。尤其是对推荐和过滤机制下,受众可能无形中被归类和操纵的危险,可能会形成同质性极化社群的弊端,缺乏足够的分析和批判。关于数字环境下受众行为对于公共领域发展的影响,亦鲜有深入探讨。

技术是撬动注意力市场变革的杠杆,也是推动社会前进的重要力量。

然而，技术进步不代表社会进步。今天，我们在技术上与国外几乎处于同一起跑线上，受众研究要想取得成就，为世界学术研究做出自己的贡献，需要走出技术迷思，不仅要有问题意识和专业追求，更要有人文意识和社会进步追求。

数字时代的受众与注意力市场分析，无论是探讨传统的线性传受模式，还是新媒体非线性产消模式，也无论是分析传统的商业传媒经济还是现代分享经济，最终，都要回到是否有利于推动社会的民主多元进步和公共领域的发展这一目标上来，这不只是一个学术命题，也是一个时代命题。

2016 年 10 月
于中国传媒大学受众研究中心

注释：

［1］Webster, James G. （2014）. *The Marketplace of Attention*. Cambridge：The MIT Press, p. 11.

［2］参见［英］安东尼·吉登斯著，李康、李猛译，王铭铭校：《社会的构成：结构化理论大纲》，60、89 页，北京，三联书店，1998。

［3］Taneja, H., Webster, James G., Malthouse, Edward C., & Ksiazek, Thomas B. （2012）. "Media Consumption across Platforms：Identifying User-defined Repertoires," *New Media Society*, 14：951.

［4］Webster, James G. （2014）. *The Marketplace of Attention*. Cambridge：The MIT Press, pp. 130-131.

［5］Ibid., p. 144.

［6］Ibid., p. 84.

［7］美国学者 P. 尼尔森在其《信息与消费者行为》（1970）一文中，首次将商品分为搜寻品、经验品和信任品三类。搜寻品是指消费者在购买过程中，通过外观等因素就能获得充分信息从而对其质量做出准确判断的商品；经验品是指只有在购买之后、通过实际消费过程才能获知其品质状况的商品；而信任品则是指即使在消费之后，消费者也难以判断其品质的商品。

[8] Quoted in Webster, James G. (2014). *The Marketplace of Attention*. Cambridge: The MIT Press, p. 23.

[9] Ibid., p. 42.

[10] Ibid., p. 71.

[11] Ibid., p. 152.

[12] Ibid., p. 149.

[13] Ibid., p. 161.

[14] Ibid., p. 102.

[15] Ibid., p. 158.

[16] Ibid., p. 161.

中文版序

我很高兴看到本书被翻译成中文。数字媒体在全世界蔓延。在蔓延过程中，它们无疑改变了既有的大众媒体、商业和社会本身。但是这些改变的性质在很大程度上取决于人们如何使用媒体。本书总结了我们所知道的知识：塑造受众的种种力量以及它们所预示的不同未来。

你在本书中将会看到，我引用的很多例子都是基于西方媒体系统的。然而，电视、社交媒体和推荐机制并不是西方特有的。促使人们在不同时间使用不同类型媒体的因素，也不是西方特有的。实际上，我写书的目的是为解释受众形成提供一个强有力的框架。这个框架可以根据不同文化和国家的特色进行调整。

除了要感谢那些在本书英文版为我提供帮助的人们，我特别要感谢本书译者郭石磊。他在西北大学访问时，我们多次就共同的研究兴趣进行探讨。当《注意力市场》将要出版时，他建议我出版中文版。他帮助我将本书介绍给中国人民大学出版社，当然他也承担了艰巨的翻译工作。我在这里向他表达真诚的谢意。

詹姆斯·韦伯斯特
2016 年 10 月

感谢好朋友与陌生人的友善

目 录
CONTENTS

前 言 001

第一章
注意力市场

001

媒介产品的生产者想要得到人们的注意力。他们开发注意力市场,利用注意力娱乐大众,建构社会资本,获取金钱财富,抑或改变人类的历史进程。

第二章
媒体用户

023

媒体用户为注意力经济提供动力。每个用户决定阅读什么或观看什么或分享什么,这些决定加在一起,便产生了受众。受众使媒体得以存续,并赋予它们意义。

第三章
媒体

不管是新媒体还是旧媒体，多数媒体生产者都想得到公众的注意力，都竭尽所能地去吸引受众。

(051)

第四章
媒介测量

用户和媒体一直处于互动之中。双方日益依赖媒介测量，对自己的选择进行评估，寻找有利条件，并根据看起来可能的条件调整自己。

(079)

第五章
受众形成

数字媒体将会促进无尽的受众分化，造成畅销作品的消亡。同时，我们的社会性本质和过滤机制的流行度偏好也使得公众注意力集中。

(101)

第六章
建构注意力市场

本章利用所有的理论建立更加全面、更加动态、更加高效的模型,来解释注意力市场是如何建构的。

133

第七章
观念市场中的公众注意力

对于数字媒体如何影响社会这个问题,乐观者和悲观者的预期有着天壤之别。新的注意力市场会在凝聚和分裂我们的力量之间寻找、推进合理的平衡。

153

注　释　171
索　引　225
译后记　237

前 言

当拿到心理学学士学位时，我需要找一份工作。虽然对媒体感兴趣，但是实际上我并不能胜任媒体的工作。不过，我还是跌跌撞撞地在儿童电视工作室（Children's Television Workshop）找到了一份受众研究的工作。那个时候，工作室制作了《芝麻街》（Sesame Street）和《电力公司》（The Electric Company），并因为将信息融入娱乐而赢得赞誉。在儿童节目中取得的胜利让工作室感到兴奋。它决定为成年人制作一档健康节目，希望这档节目能像《芝麻街》彻底革新儿童学习识字方式那样彻底改变整个国家的健康实践。我的工作是研究观众对新节目的反应。

这个节目叫做《感觉良好》（Feeling Good），被放在由一些制作豪华的电视网节目所组成的阵容中首发。从第一天起，节目就出现了问题。最明显的问题是，收看《感觉良好》的人很少，而收看的人又已经知道了这个节目要教导他们什么。《感觉良好》播出的那一季冗长复杂，却给我留下了一个问题。从那以后我一直在思考，受众是如何形成的？

这个问题比以往任何时候都更加紧迫。数字媒体为人们提供了多种花费时间的方式。他们可以从无数媒体中选择，从让《感觉良好》失去黄金时段受众的广播电视网，到任何一种能想象到的网站。他们可以创建自己的媒体。他们可以和全世界的好朋友和陌生人分享东西。但是，人们是如何实际使用所有这些新发现的资源的？为什么他们只在某些东西而不是其他东西周围凝聚？

人们配置注意力的方式远远不能决定数字媒体的社会影响，这已是广泛共识。但是，受众将会如何形成？人们对这个问题的预期大不相同。有些作者相信，我们正在亲眼目睹参与型社会的晨曦，人们将会接触到各式各样的观点，沉浸在文化所能给予的最好形势中。有些人则预想了一个不同的世界：在自身偏见或隐秘的过滤技术的引导下，人们被隔离在岩洞或回音室中。有些人认为，使用媒体会让我们过得更好，有些人则担心这会把社会撕裂。

在《注意力市场》中，我努力整理这些相互矛盾的观点和预测，试图为我们理解那些影响媒介接触①的因素提供一个结实的框架。为此，我参考了很多学科的理论和研究，还包括很多媒体自己所做的研究和别人为媒体所做的研究。其中，有些理论和研究已经存在了好几十年，并且继续在为我们提供有价值的启示。有些则完全是崭新的研究，而且在本书中首次亮相。但是，据我所知，这些涵盖范围广泛的研究从未被融合到同一视角中，这一视角即评估受众行为及其对社会的意义。

让我稍微展开一些。本书中间的几个章节综合了大量文献，主要涉及：媒体用户的性情与习惯、媒体所使用的受众构建策略、媒体测量方法与偏见（包括视听率和推荐机制，二者通常依靠"大数据"进行）。然后，本书回顾了那些展示受众分化与其他媒介使用模式的最好证据。在所有理论和证据的基础上，本书最后两章提出一个新的框架。这个框架解释的是：这些力量如何相互作用，从而影响了公众注意力和思想市场。

我写这本书，针对的是三种读者。第一种读者是学术界的同事——尤其是那些侧重交叉学科研究的同事。第二种读者是为媒体工作或与媒体合作的人们——尤其是那些愿意退一步"看见森林"，而不是"只见树木"的人。第三种读者是每一位社会成员——尤其是那些真正对媒体感兴趣、关心数字技术将如何影响大众文化和公共领域的人。本书的目的不是提供操控受众的指导手册——我无法，任何人都无法提供一种灵丹妙药。它的目

---

① 在本译文中"媒介接触"与"媒体接触"根据具体语境交替使用，它们实际上是同一个概念。——译者注

本书脚注均为译者注，以下不再一一注明。

的是为读者提供一种思考受众、思考公众注意力形成原因的持久方法。为了方便读者，我尽可能写得简单明了、有条理，并使用简单的词汇。但是，当然，我有没有做到这一点，你才是考官。

写这本书时，我为自己一直身处西北大学传播研究团队而感到双倍的幸运。首先，传播学是一个相对较新的学科，具有学科交叉的倾向。我们毫无保留地从社会学、经济学、政治学、营销学或计算机科学中汲取精华，并让它服务于我们的目的。通过打破学科界限，我们可以从不同视角看问题，可以从巨人的肩上继续前行。其次，尤其是在西北大学，我周围全是聪明且专注的教员和学生，他们对我的帮助极大。除了拥有一个健康的"大厅文化"，我们还定期见面，讨论工作或倾听这个领域最具创造力的头脑所发出的声音。所有这些都有助于形成一个具有挑战性、平等共享的氛围。

一直帮助我的西北大学同事包括：杰里米·伯恩霍尔兹（Jeremy Birnholtz）、诺什·康特兰科特（Nosh Contractor）、杰克·多佩（Jack Doppelt）、斯蒂芬妮·埃德格利（Stephanie Edgerly）、吉姆·艾特玛（Jim Ettema）、达伦·格戈（Darren Gergle）、保罗·赫茜（Paul Hirsch）、保罗·伦纳迪（Paul Leonardi）、拉里·利克蒂（Larry Lichty）、艾米·卢（Amy Lu）、埃德·马尔萨乌斯（Ed Malthouse）、丹·奥基夫（Dan O'Keefe）、唐·舒尔茨（Don Schultz）、阿伦·肖（Aaron Shaw）、米歇尔·舒梅特（Michelle Shumate）、克里斯蒂娜·蒂利（Cristina Tilley）、埃伦·沃代拉（Ellen Wartella）和查克·惠特尼（Chuck Whitney）。学界和业界的其他同事也给我提供了支持和建议，他们是：帕特里克·巴威斯（Patrick Barwise）、鲍勃·恩特曼（Bob Entman）、纳塔利·赫尔伯格（Natali Helberger）、戴维·勒罗伊（David LeRoy）、拉斯·纽曼（Russ Neuman）、乔·图罗（Joe Turow）和杰克·瓦克史莱格（Jack Wakshlag）。

我还要特别感谢乔治·华盛顿大学的帕特丽夏·弗伦（Patricia Phalen）。在本书写作之初，我和她正在完成最新一版的《视听率分析：受众研究的理论与实践》。[1]写书所要求的远远超过写作本身，需要取得许可、查阅并确定来源、审校书稿等等。帕特使我免于这些琐事，所以我才能集中精力写作你眼前的这本书。

从事研究生教育的人们都知道，很多时候，学生尤其是洞见的重要来源。他们往往更年轻，所以对数字技术具有不同的视角。在他们看来，数字技术并不像什么"新"媒体。和博士生在一起，你通常会花费很多时间思索并执行研究项目。在我最近的几届学生中，有三位为完成本书提供了特别的帮助。他们是：汤姆·齐亚泽克（Tom Ksiazek）、金洙正（Su Jung Kim）和哈什·塔内贾（Harsh Taneja）。另外两位博士生安克·沃纳伯格（Anke Wonneberger）和迈克尔·拉库尔（Michael LaCour）不是我的学生，但是也和我分享了他们正在进行的研究，这对我的写作帮助很大。这些年轻学者的研究出现在整本书中，尤其是在"受众形成"那一章。

我与很多机构的关系也为本书写作直接或间接地贡献了力量。除了同事的支持和西北大学提供的自由时间，我还从与尼尔森公司和特纳广播公司的顾问关系中获益匪浅。实际上，"受众形成"那一章的很多分析都来自它们。在一些地方，我重新改造了最初发表在期刊上的论文图表，本书中的少量几页也是从我已发表的期刊论文中修改而来的。[2]我特别感谢麻省理工学院（MIT）出版社和出版社编辑所给予的支持和指导。

最后，我要感谢我的家人。我的儿子们刚刚大学毕业。一个在数字分析领域工作，另一个在咨询领域（显然他们能够胜任自己的工作）。和我的学生们一样，他们为我提供了他们对数字媒体的见解。我的妻子黛布拉（我们相识于高中时代）陪我度过了美好时光和艰难岁月。她并没有"愉快地忍受书呆子"，却往往能够放任她心不在焉的丈夫。没有朋友和家人的支持，这本书是不可能完成的。

第一章 | 注意力市场

网络环境中仅存的首要稀缺资源是用户的时间和注意力。

人类的注意力是有限的，人口的数量、每天的时间，都是有限的。这是注意力市场无法摆脱的限制。越来越多的媒体争夺注意力，它们所抢夺的受众变得越来越少。

如果注意力市场是集中的又是多样的，那么人们将会遇到相互对照的观点（尽管是通过前所未有的形式），并保持市场的健康。不管怎样，责任落在受众肩上。公共领域前途未卜。了解公众注意力是怎样形成的，将帮助我们看清未来。

数字媒体为人们提供着丰富的选择，几百个电视网，几千个耗资巨大的电影和电视节目，无穷无尽的网站、视频和微博，人们不会担心无处打发时间。有些媒介产品是大众的，有些媒介产品是小众的（目标定位于朋友和粉丝）。但是毫无例外的是，媒介产品的生产者想要得到人们的注意力。他们利用注意力娱乐大众，建构社会资本，获取金钱财富，抑或改变人类的历史进程。假如没有了注意力，他们的努力就成了无果之花。媒体首先需要受众，然后才能实现它的目的。为了找到受众，媒体必须在注意力市场上相互竞争。

然而，人类的注意力是有限的，人口的数量、每天的时间都是有限的。这是注意力市场无法摆脱的限制。越来越多的媒体争夺注意力，它们所抢夺的受众变得越来越少。这是一个零和游戏，大部分媒介产品注定是无人问津的，所以，了解哪些因素影响了公众注意力，比以往任何时候都重要。对于媒介生产者来说，这是成功的关键。对于我们来说，这可以帮助我们更加敏锐地意识到，从政治到大众文化，数字技术如何影响了这个世界。

新的媒介使用方式将对社会与经济产生深远的影响，大多数观察者都认同这一点。但是对于注意力市场如何运转、将会创造出一个什么样的世界，他们却有不同的概念和理解。有些人高兴地宣称用户取得了控制权和控制媒介环境的能力。[1]他们认为流行文化（hit-driven culture）已死，一种不再受商业利益主导的文化民主正在生成。有些人则担心人们会利用数字媒体提供的丰富内容，过滤掉不喜欢的信息，只选取让自己舒服、与自己想法一致的信息。[2]或者情况会变得更糟糕：人们沦为毫不知情的人质，以数据驱动的体系将他们隔离成"名声筒仓"（reputation silos）① 或"过滤气泡"（filter bubbles）②。[3]他们还担心，数字媒体正在蚕食大众媒体建立起来的统一文化版图，从而加剧社会的两极分化。世界的一个前景是，数字媒体将我们解放，从而人尽其能；另一个前景则是数字媒体将人类社会撕裂。

民间的评论与严肃的学术为何对数字媒体的影响莫衷一是？或许这早该在我们意料之中。传播革命经常牵动我们的希望和担忧。[4]用一位社会学家的话说，传播革命创造了"形成性时刻"（constitutive moments），利益攸关却又前途未卜。[5]新一代媒体引发貌似让人高度精神紧张的预测，这在人类历史上绝非第一次。

公元前4世纪，柏拉图忧心忡忡地认为，"新"的书写技术让记忆力减退，智力降低。[6]20世纪前半叶，批评家们确信电影和广播将会操纵无知大众的意见和情绪。[7]到了20世纪70年代，人们进入所谓的有线电视的蓝天时代，专家们预测在人类社会的方方面面（娱乐、购物、民主社会）都将发生革命。[8]由此看来，"新媒体"与夸张的预测总是前后相随。

尽管如此，人们对于当前媒体革命所持的观点仍然显示出明显的差异，尤其是在人们将会如何使用数字媒体这一问题上。深思远虑、博闻周晓的作者们何以对新媒体环境的本质和意义有着如此不同的观点？究其原因，似乎有"三宗罪"在作祟。

首先，大多数作者想要讲述一个流传久远的故事。想要做到这一点，最简单的方法就是选择一个具有煽动性的、具有直觉吸引力的假设，然后只关注那些能够证明假设的具体细节。这一路径存在的问题是忽略了注意力市场的复杂性。注意力市场中存在许多因素，绝不是一个简单的故事能够概括的，这对所有作者来说都是一个挑战。正如我的同事们所意识到的："复杂的发现不适合使用触目惊心的标题，所以和警世预言相比，很难引起人们同等的注意。"[9]

---

① "筒仓"是一种农场上储存粮草的筒状建筑，彼此相互隔绝。"名声筒仓"是指在大数据时代，广告公司根据所收集的用户特点将其放入不同的名声（例如喜爱户外旅行、某个类型音乐等）筒仓内，然后定向投放广告公司认为符合某个名声的广告。

② "过滤气泡"是指搜索引擎根据用户信息生成符合用户期望的搜索结果，从而将用户不喜欢的信息过滤，使用户隔绝在个人文化和意识形态的"气泡"里。

其次，将事实简化的冲动使人们盯住新媒体环境的某一方面进行分析，认为窥一木则见森林。乐观者强调人们乐于分享的倾向，社交媒体增长的数量和影响，或者推荐机制中存在的"群众的智慧"。悲观者则指出人们的选择性接触，过滤技术，或者媒体在定位群体和个人方面日益增长的能力。然而，如果你没有考虑到所有的因素，就容易忽略不同影响的相互抵消。

最后，许多作者采用理论与故事相结合的方式证明自己的观点。这些理论要么告诉人们应该怎样做，要么推测期望中的人们会怎样做。每种理论都能形成令人满意的、前后一致的观点，却不一定都能告诉我们人们究竟是怎样做的。故事虽然有益，却不能形成完整概括。大多数作品中缺乏受众行为方面的精确经验数据，这是一个严重的缺陷。

本书力图弥补这些缺陷，将影响受众的所有因素融合到一个完整的体系——注意力市场中。本书认为，即便数字媒体在某些重要方面赋予人们力量，个体仍然不能完全掌控自己的命运。媒介体系向我们"推送"内容，我们却常常毫不知情。与许多选择理论（预设的情境）不同，这些"被选择"的偏好，假如没有媒体的推送，或许根本不会存在。数据日益导演了这个过程。以数据驱动的体系，包括推荐和受众视听率，都是用户和媒体用来了解市场的工具。但是这些工具从来都不是中立的。它们带有偏见，偏爱某些特定的结果，将公众注意力导向不同的方向。

文化生产与消费的力量共同创造了一个分散又集中的环境。虽然没有两个人具有完全相同的媒介口味，但在人口整体中却存在惊人的视听一致性。受众从来不是自我隔绝或是生活在平行世界里，而是在媒介选择中流动。这些相互重合的模式，创造了一个公共领域，集中却又比传统环境更具流动性。想要知道这一切是如何产生的，首先让我们分析一下数字媒体环境的根本特征。

数字媒体

尽管数字媒体的变化日新月异，但数字环境有三个方面是确定不变的。第一，媒体提供的内容和服务激增，其数量基本上是无限的。第二，通过全面融合的数字网络，用户可以轻而易举地从一种媒体转向另一种媒体，所以不管是新媒体，还是旧媒体，使用起来都更加便捷。第三，人们用来消费媒介产品和服务的注意力存在一个上限。无限的媒体，有限的注意力，二者之间的差距日益增大，吸引受众成为一个挑战。

> 世界充斥着数字媒体，每秒钟都有更多的内容生产出来，其中大部分内容不会消失，而且这些内容比过去更容易获得。

或许，数字媒体最令人吃惊的地方就是它的数量十分巨大。在这一点上，并不存在任何争议。有很多统计数字让我们目瞪口呆，例如，每天发布的推特有5亿条[10]，每分钟在YouTube上传的新视频有1亿小时的时长[11]，我们每天生产的单词和美国国会图书馆所有藏书里的单词一样多[12]。

当您读到这本书时，这些统计数字肯定早已黯然失色。我要说的是，世界充斥着数字媒体，每秒钟都有更多的内容生产出来，其中大部分内容不会消失，而且这些内容比过去更容易获得。

不久以前，媒体内容依赖于特定的销售渠道。如果想看电影，你会去电影院。如果想读新闻报刊，你会去报刊亭购买或者等着邮差送来。如果想看电视节目，你会回家等着节目上演。但是数字媒体是"可交互操作的"（interoperable）。[13]数字媒体打破了时空界限。

今天，90%的美国家庭安装了有线或卫星电视，差不多也有90%的家庭接入了互联网。[14]他们将很多设备——录像机、电子游戏机、电脑、平板电脑和智能手机——接入网络，在任何想要的时候就能得到想要的东西。用户可以在智能手机上观看电影预告片，在高清电视或iPad上点播这个电影，或许还会发布相关的推特、微博，或者在Facebook、微信上将电影推荐给他人。人们可以轻松地从一个平台转移到另一个，只要是数字化的内容，都可以在不同平台间流动。

丰富与无缝接入的结合，这正是本书所讨论问题的深刻背景。可以肯定的是，传统的媒体企业受到了冲击。往好处说，它们不得不彻底改造自己；往坏里讲，这预示着大"变局"。[15]我们衡量并借以理解媒介使用的方式，面临着严峻的挑战。[16]或许最重要的一点是，"消费者为王"的概念日渐兴起。"受众自主性"、媒体消费"随时随地",这样的话语充斥着商界和学界。[17]哥伦比亚大学一份题为《后工业新闻业》的报告提到,在当今世界,受众不再是单纯的信息接受者,纽约大学的学者杰伊·罗森因此创造了一个新词——"曾经被称作受众的人们"(The People Formerly Known as the Audience),意思是说,曾经的消费者如今已变成信息的创造者、注释者、评判者和传播者。[18]由于媒体用户掌控了局势,很多人相信,了解用户才是了解注意力市场的关键。

然而,人们还是有很多无法突破的极限。其中一个极限是:每天只有24个小时,这可没有可以商量的余地。1960年,美国人平均每天有7.4小时花费在信息消费上(比如电视、广播、印刷媒体等)。到了2008年,这个数字增长了60%,人们每天在信息消费上花掉的时间是11.8小时,这还不包括工作中的媒介使用时间。[19]电视,不管是什么形式播出的,仍然占据着媒介使用时间的一半江山,而且没有降低的迹象。最新的尼尔森数据显示,美国人每天花费4.5小时观看电视直播,0.5小时观看时移电视节目(time-shifted programming)①(比如DVR录像)。[20]由于定义和测量方法不同,不同的研究报告对上网时间或移动设备使用时间的说法各不相同。有人认为两者加在一起,和电视耗费的时间一样多[21],这个数字可能有一点夸张。然而,可以肯定的是大部分美国人——其他国家的人们也应如此——都在使用智能手机[22],不难想象的是,只要不是在睡觉,人们每个小时都在使用媒体[23]。

此外,越来越多的人同时执行多项任务。很多证据表明,人们在"共时使用媒介"。[24]过去的电视观众可能很少会在看电视的同时阅读什么东西,今天的观众则一边看电视一边看平板电脑或智能手机。[25]他们还会在看电视的同时使用推特或者Facebook,英国把这种现象叫做"媒体啮合"(media meshing)。[26]仅在2012年至2013年一年的时间内,与电视有关的推特就增加了

> "网络环境中仅存的首要稀缺资源是用户的时间和注意力。"

---

① "时移电视"是指观众在观看DVB数字电视节目时,可以通过时移菜单进入时移节目列表选择之前漏看的电视节目,也可以通过在电视直播过程中按遥控器"后退/快进"键进入时移,也可以选择几天前的电视节目。

38%。[27] 由于同时执行多项任务，人们在媒体上花费的时间是具有迷惑性的。这个数字到底是多少，已然不重要了，因为我们意识到时间已经用光了。正如哈佛大学尤查·本科勒所指出的，"网络环境中仅存的首要稀缺资源是用户的时间和注意力。"[28]

注意力

媒体终将把注意力消耗殆尽，人们并不是刚刚才意识到这一点。20 世纪 70 年代，诺贝尔奖得主赫伯特·西蒙认为："信息的富裕造成注意力的匮乏，因此我们需要在丰富的信息源中有效配置注意力。"[29] 这个世界愈来愈依赖数字媒体，注意力匮乏将产生深远的影响。要产生经济、政治或社会影响力，公众注意力不可或缺，却得之不易。

> 注意力的匮乏催生了新"注意力经济"的提法，在注意力经济中，注意力的配置十分重要。

注意力的匮乏催生了新"注意力经济"的提法，在注意力经济中，注意力的配置十分重要。[30] 卡斯·桑斯坦认为："注意力是目前最重要的商品之一，是各家公司不断竞争的对象。对于那些想要获取利润或其他商品的人们，大部分网上活动都是为了获取更多的注意力，哪怕只是短暂拥有。如果某家公司或者某位政治候选人能够从 30 万人那里争取到 2 秒钟的注意力，就可以算作很大的成就了。"[31] 同样的道理，另一位学者认为，我们应该"理所当然地认为，在信息经济中真正稀缺的商品永远是人们的注意力，获取注意力是社会变革的先决条件。注意力是真正的财富之源"[32]。关于注意力的价值，我会在其他章节另行论述，本章旨在将本书在该议题上的研究方法解释清楚。

也许你也猜想到了，注意力已经成为热门话题。最近有很多本书都是以注意力为主题的，但是它们的研究角度各不相同。我们可以将注意力研究分为两类，尽管这样分类有过度简化事实之嫌。一些研究者关注的是个体如何应对信息轰炸，另一些研究者则关注公众注意力本身的经济或社会意义。

第一类研究属于微观层面，透过个体媒体用户的视角观察世界。由于我们的环境中充满了争夺注意力的媒体，研究者们总是提出如下问题，例如：人们如何兼顾多种媒介产品？他们的目光如何从一个媒体转向另外一个？他们的大脑如何处理信息？[33]有时候，研究者的目的是为了设计更好的人机交互界面[34]，有时候则是为了评价人们对信息的处理方式，判断这将赋予我们力量还是会让我们精疲力竭。或许我们不会感到吃惊的是，这些书对此作出的评价，有的满怀希望，有的却是悲观绝望。[35]

第二类研究将注意力视为宏观现象，研究的是因媒体而聚集或分化的群体。它们提出的问题与第一类研究不同，比如：为何有些事情广受欢迎，有些事情却无人问津？什么因素影响了文化消费模式？研究目的有时候是为了帮助机构掌握受众，有时候则是为了摸清社会发展的方向。正如我们所看到的，在社会何去何从的问题上，几乎不存在什么共识。

尽管这两类研究并不能完全相互分离，本书还是要（采取第二种研究路径）将注意力视为宏观现象。微观层面的因素有时候可以提供有价值的视角，但是这还远远不够。"多任务执行"和思维习惯这样的微观因素，只有上升到受众形成的高度，才能帮助我们理解注意力经济。[36]

到现在为止，你也许已经注意到了，我基本上将"受众"和"公众"两个术语交替使用。很多学者都小心地将公众和受众加以区分[37]，我却没有这样做，也许这会让人觉得不够谨慎，但是我的确没看出来，在今天的背景下二者还存在多大差别。

到了16世纪，"受众"这个词的意思已经是"听众的集合"。今天它被用来指代读者、电影观众、广播听众、电视观众、网站访问者和某个人或艺术类型的粉丝。我们习惯将现代受众视为选择某种媒介产品或某个播出机构的消费者群体。这些选择常常具有直接的经济后果，在这个意义上，"受众"这个术语有时具有商业内涵。

当"听众的集合"是一群关注某个新闻故事或新闻人物的公民时，这个现象往往被称为"公众注意力"。公众注意力一般不会转化成金钱，尽管它经常被商业或政治利用。在今天这个时代，明星和政治家都为自己的追随者发推特，社交媒体既引导人们去阅读新闻也引导他们去关注娱乐。建构受众和吸引公众，二者不能说没有区别，但界限已是相当模糊。

不管怎么说，听众的集合是具有价值的，一定程度上是因为它为实施进一步影响打开了大门。在利用这些方便之门方面，广告商做得最为熟练。构建影响的一个普遍模式是"效果层级"。简而言之，这个模式讲的是，广告通过不同阶段实现目标，从认知阶段（例如意识或习得）到情感阶段（例如喜欢或欲求）再到行为阶段（例如购买商品或为某个候选人投票）。[38]然而，整个过程源于人们的信息接触，始于公众注意力的召集。

在广告领域，注意力以确定的价格购得。在全世界范围内，广告商每年花费5 000亿美元用来接近受众。美国仍是广告投入最多的国家，但是最近几年全球广告投入的增长主要来自亚洲和拉丁美洲。[39]而且，正如你所预见的那样，人们在数字媒体上的投入迅速超过传统媒体。尽管政府曾为公共广播电视提供大量补贴，但是世界上大部分媒体（包括线上和线下）依靠的是广告收入。不过，广告投入只是冰山一角，并不能展现公众注意力的真实力量和价值。

首先，大部分注意力存在于广告市场之外。人们读书、看电影、听音乐、看电视、浏览网站、参与社交网络，在这个过程中人们接触到的观念远远超过媒体提供的商业内容。公众注意力在各种人、各种事和各种场所聚合。这样的受众很难掌控，尤其是在数字媒体环境中。正如本科勒指出的那样，"金钱有助于获取关注，但是互联网的结构意味着，金钱既不是抓住注意力的必要条件，也不是它的充分条件——与过去的工业经济不同，网络化的信息经济并不能为购买注意力提供简单可靠的散播和控制节点"[40]。注意力经济带来的挑战之一，是注意力很难囤积和量化。用商业作家（business writer）达文波特和贝克的话说："我们没有'纽约注意力交易所'，但是只要想销售商品或劝服他人，就得在注意力市场投资。"[41]

其次，商业活动将公众注意力视为实施进一步影响的途径。然而，这只是思考受众形成结果的一个角度而已，很不全面。这体现了所谓的"线性"传播观。某位著名学者曾经说过，我们还应该将传播看做一种"仪式"，"传播不仅在空间范围内传递信息，还在时间维度维系社会的存在……不仅传递信息或施加影响，还创造、表达和赞美共同的（尽管有些虚幻的）信仰……传播的重点在于神圣的仪式，仪式将人们聚集起来，感受友爱和认同"[42]。

数字媒体上最不缺乏的就是大大小小的事件，受众的聚集赋予这些事件意义和目的。一方面，受众聚集包括"媒体事件"，"媒体事件"打断了日常生活，创造了仪式威严，吸引了"史上最多的受众"。[43]奥运会、总统就职演说、皇室婚礼葬礼、"9·11"事件，都引发了大规模虚拟集会。另一方面，受众聚集还包括观看并分享喜爱电视节目的好友圈，或者为了扩大影响而转发某个链接的人们。受众不论多寡，都足以限定媒体内容和观点的传播范围。公众注意力或许还能够界定媒体的文化意义。

受众一直是媒体研究的重要领域。这个领域的一位先驱曾经说过，传播研究可以归结为一个问题："谁通过什么渠道对谁说了什么并产生了什么效果？"[44]这个说法产生的背景是第二次世界大战，当时美国刚刚被某个"传媒体制"接管。布鲁斯·威廉姆斯和迈克尔·德利·卡皮尼描述道，这个体制使"报纸所有权集中，使广播崭露头角，使广告和营销国有化，进而减少了媒体和观点的数量，扩大了余存观点的传播范围"[45]。

当时的注意力市场可供公众选择的媒体很少，"受众是谁"这个问题并不难回答。报纸和全国性杂志的头版文章肯定会拥有大量的读者。只要能在广播电台上出现，就一定能触达广大听众。每个人都在少量的同样的菜单中做出选择，只需要非常简单的理论就能解释受众的构成。然而，这样的解释却不能用在今天的媒体环境。正如那份关于后工业新闻的报告所指出的，"在工业模式盛行之时，忽略人们如何消费信息，算不上什么问题，但是在今天这个支离破碎的世界，掌握受众消费信息的方式，了解你所书写的、记录的或者拍摄的能否到达你希望看到这些人那里，变得十分关键"[46]。

我们在本书中将会看到，回答"受众是谁"的问题已成为一个真正的挑战。在我看来，我们用来解释媒体与人关系的理论，已经落后于碎片化的数字媒体世界。要想真正了解受众的形成，我们需要考虑媒介市场上的所有要素。

市场

本书为理解市场提供了一个新的理论框架，这个框架强调人与其身边媒介资源的互动。在这本书中，每个市场要素都用单独的章节论述。我在这里先概括一下。第一个要素是媒体用户，他们为注意力经济提供原材料。第二个要素包括所有想要并通过行动占有公众注意力的（内容）提供者。第三个要素是媒介测量工具，很多机构和个人越来越重视使用媒介测量工具来了解和控制数字媒体环境。

> 本书为理解市场提供了一个新的理论框架，这个框架强调人与其身边媒介资源的互动。

理论思考

很多复杂的社会行为让几代社会科学家终生求索，受众形成便是其一。理论家们试图用多种因素解释社会行为。历史上存在两个主要的理论流派，第一个理论流派将社会行为归因于自由意志的个体"实践者"，第二个理论流派将行为归因于超越个体的结构，比如社会制度。研究受众的学者也都遵循这两个路径。有些学者乐意将受众形成解释为个体因素的结果，另一些学者则将之归因于产生媒介使用行为的结构性资源。[47]

著名社会学家安东尼·吉登斯将这些传统理论流派分别命名为主观主义和客观主义，他认为这两个流派都存在不足。根据吉登斯的看法，能动者和结构都不足以单独解释社会的构造。事实上二者也是互不可分的。能动者使用自身可及的结构资源，同时又对结构进行复制和改造。吉登斯认为，能动者和结构相互构造并联结于（吉登斯称之为）"二重性"中。[48]

语言就是"二重性"的一个例子。每个人都出生在一个由单词和语言规范构成的结构化的世界里。虽然人们有抛弃这个世界的自由，但是他们又都在利用这个世界来达到自己的目的。人们说着自己想说的话，在这个过程中，他们延续并改造了被用作工具的语言。这便是结构理论对语言乃至整个社会的演化与延续做出的解释。它也非常适合用来解释受众的形成。

例如，媒体用户所处的数字环境中就存在着现成的结构。他们有电视台、视频点播、网站、社交媒体和搜索引擎。这些都是用户的资源，用来做他们想做的事。但是，这些结构并不是固定不变的，它们根据用户的行为不断做出调整。电视台改变节目单，停播某些节目，克隆其他节目。搜索引擎将不同的网站排在最前面。推特上的新话题层出不穷。这些结构的改变进而影响了用户的行为。用户与结构之间的相互作用由此循环不止。假如注意力市场真的存在，它就是一个结构化的世界，我认为结构理论是解释注意力市场机制的最好框架，它适合解释这个问题的各个方面。[49]我们将在第六章回到"结构化"这个话题。

但是需要预先警告的是，从结构化的角度思考受众的形成，面临来自两个方面的挑战。一个与因果关系有关，比如引起媒介接触的原因。另一个与"分析层次"有关，我之前提到过这个问题。大多数人不管对什么现象都喜欢做简单明了的解释。也许正是由于这个原因，那些将一切都归于能动者或将一切都归于结构的思想流派才如此经久不衰。根据结构化理论，因果关系很多时候是难以确定的，我们会遇到很多互为因果的情况，这是社会科学版的"鸡生蛋蛋生鸡"问题。一个网站是因为谷歌推荐才受欢迎，还是因为它先受欢迎而后才被谷歌推荐？在真实世界里，媒体与受众总是相互作用，单方面的解释是行不通的。

分析层次还会产生另外一个问题。微观理论将受众定义为个体的集合，并从个体用户的角度观察媒介使用，这是人们从直觉出发最容易接受的解释。因为我们每个人都有使用媒介的经验，所以更容易对他人的动机和行为做出想象。由于数字技术（看起来）已经掌握了用户的一切，所以理论家们越来越喜爱这种受众观了。在他们看来，如果你想了解受众行为，只需要了解个体的性格和欲望就足够了。这样做很像是在追随主观主义的传统，使我们更愿意相信，行动者获得了新的力量，他们所做的选择加在一起，就形成了受众。

在另一种受众观看来，受众超越了个体之和，他们是市场、公众或者大众行为的网络，这些都是微观层面的分析很难看到的。媒体机构一贯采纳宏观视角。毋庸置疑，这是对人更抽象、更客观的思考。然而，很多人认为这是不真实、不正确的。著名的文化批判学者雷蒙·威廉斯认为，"实际上根本不存在群众，存在的只是将人们看做群众的方式"[50]。他认为群众存在于旁观者的头脑中，在这个意义上群众不是真实的存在。这样想并没有错，然而，一旦群众被承认存在，就会拥有自己的生命。

首先，媒体机构将用户视为受众而非个人，它们对前者而非后者做出反应。我在西北大学的同事称之为"制度意义上的有效受众"（institutionally effective audience）。[51]这个受众通常是通过测量建构的，测量是媒体机构掌握受众的方式，但是最终的结果是受众也从测量中获得了相当的影响力。麻省理工学院的伊桑·朱克曼指出："信息守门员所使用的分析手段赋予受众一种新型的力量。"[52]在注意力市场上，最有可能改变制度的不是个人，而是测量产生的受众。

其次，社交媒体和数字网络使用户能够通过相互联系产生集体行为，比如羊群效应（herding）或信息瀑布（information cascades），这都是微观理论难以解释的。微软研究院高级研究员、社会学家邓肯·沃茨写道："你可以知道某个群体中每个人的一切事情，包括他们喜欢什么、不喜欢什么，他们的经历、态度、信仰、希望、梦想，但还是无法预测他们的集体行为。"[53]如果想要理解注意力市场，你需要灵活地变换分析层次。

媒体用户

理解了用户并不意味着我们知道了一切，尽管如此，用户仍然是市场的重要组成部分。公众注意力毕竟还是由用户形成的。在学者和媒体专业人士眼里，用户是有目的的能动者，他们很了解自己使用的媒介。[54]不管怎么说，这就是典型媒体用户的普遍形象，传统的"能动者"概念也是这样的。

能动者的行为受到很多因素的影响，包括每个用户的心理特征、社交网络和日常生活的结构。其中，学术界研究最多的是媒体选择的心理机制。很多学科认为，人们的（人格或态度）倾向是行为的主要或唯一动因。根据不同的学科，媒体选择的原因包括节目类型偏好[55]、态度和信仰[56]、情绪和快感[57]、需求[58]或者品味[59]。

个人的媒体选择还受到社交网络的影响。研究者很早就注意到，面对面交流具有影响行为的力量。大多数人归属于很多群组（如家庭、朋友圈、社会或商业组织）。这些群组通常会有一个积极引导成员注意力的"意见领袖"。[60]今天，数字媒体将传统的面对面交流延伸到规模更大的虚拟社交网络，个体偏好的影响力也随之加强了。例如，社交媒体常常把人们划分为兴趣相投的群体，这些群体引导人们接触那些符合群体标准、（或许）加强个人倾向的媒介产品和信息。[61]

虽然数字平台使人们能够随时随地使用媒体，但是这种理论上的个人自由经常遭到社会结构的践踏。从历史的角度看，大多数媒介使用行为都已经深深地嵌入平常生活的节奏。我们常常可以通过作息安排预知媒介使用的季节和时间规律，而作息安排同样也是可以预知的。[62]新媒体有可能会改变这些，但它还是要服务于、受制于我们的生活方式。[63]社会生活的结构特征——我们什么时候工作，住在哪里，说什么语言，我们的社会经济地位——都不会因为新媒体的出现而消失。日复一日的生活形成一种相当稳定（即便也很单调）的力量，正是这种力量影响了受众形成的时间和方式。

所以，每个人对媒介的使用都体现了他（她）的偏好、社会关系和生活环境。用户获取和使用资源，为的是达到自己的目的，不管这个目的是什么。从这个意义上讲，用户的行为是理性的。然而，数字媒体将带有目的性、理性的能动者带入一个困境。他们进行理性行动的能力在两个方面受到了"限制"。[64]第一，数字环境无边无际，人们无法尽知一切选项。第二，媒介产品是一种"千姿百态"的"经验商品"。[65]人们只有用过之后才能知道新产品是什么，能否满足自己的需求。

用户面临的这个困境由来已久，只不过在数字时代变得更加复杂了。可供选择的资源看起来有些过于丰富，不过人们也有自己的应对办法，很多年来他们按照自己的兴趣，将选择的范围缩减成一个更容易控制的偏爱资源"列表"。[66]他们还凭借经验或通过"摸索"（heuristics）对资源进行归类、评价和取舍。[67]

今天，人们从数字媒体那里得到很多新工具，包括随处可见、上网必备的搜索引擎和推荐机制，这些工具能够帮助他们做出选择。正如《纽约时报》所指出的那样，"网络如此拥挤不堪，人们望而却步——根据谷歌的显示，现在的网址有 30 万亿个，而在 5 年前这个数字仅为 1 万亿，而用户又希望自己的电脑和手机更加智能，为他们做更多的事情。他们根本没有意识到，现在的一些新服务其实就是搜索引擎。"[68]

然而，我们接下来就会知道，无论多么复杂的推荐机制，都不可能是完全中立的。再狡猾的用户，也容易受到它的影响。实际上，我们所依赖的媒体环境，并不是任由选择的菜单。大多数媒体都对受众有所求。它们经常想要操控用户。它们的手段有时候让人难以察觉。

> 无论多么复杂的推荐机制，都不可能是完全中立的。再狡猾的用户，也容易受到它的影响。实际上，我们所依赖的媒体环境，并不是任由选择的菜单。大多数媒体都对受众有所求。它们经常想要操控用户。它们的手段有时候让人难以察觉。

媒体

媒体提供资源，人们借此达到自身的目的。传统上，媒体企业和政府向用户提供基础设施和节目单。它们这样做自有原因。它们的目标可能包括启蒙大众（这已经成为公共广播的传统），向公民灌输思想（这已经成为极权政府的一贯手法），或者从媒介消费中获得利润（这正是商业体系的目标）。不管目标是什么，要想实现它，就必须创造和保持受众。

随着"用户生成内容"（user-generated content）的暴增，媒介提供者的数量也增加了。他们经常通过社交媒体或内容分享网站（如 YouTube 或 Instagram）发布照片和评论。这样的活动推动了传统的人际交流[69]，但是大部分活动的动机和传统媒体并无二致。换句话说，新的媒介提供者同样希望他们的产品能够启蒙大众、灌输思想或赢得利润。除此之外，他们还可能寻求"出名的便利"（benefits to reputation）[70]，哪怕只是恶名。为了达到目的，这些"小微名人"（micro-celebrities）也需要受众。[71] 所以，除了那些真正进行人际交流的人们，所有的媒介提供者都致力于吸引公众注意力。

想要达到这个目标，既要做媒体，也要做受众。做媒体所需的资源很不相同。有一些媒体，例如好莱坞巨制或黄金档电视节目，需要极高的制作成本。另外一些，例如博客或者自拍视频，除了硬件成本和制作者的时间，可以说是相当低廉。除了投资不同，所有数字媒体具有两个共同特征。

第一，你在媒体上的投入没有一项能够稳赚不赔。众所周知，创意作品能否吸引观众，这是一件很难预测的事情。好莱坞作家威廉·高曼称之为"无人知晓"现象，这个说法流传很广。[72] 媒介制作者所做的工作充满了不确定性，他们采取很多策略来规避风险，包括对以往的作品进行复制。

第二，数字媒体属于经济学术语中的"公共产品"。[73]一旦制作出来，数字媒体便可以被无限复制、被消费，但供应却不会减少。这促使媒介制作者尽可能广泛地散播产品，或者想办法将已有的产品进行重新包装或改作他用。数字媒体让人们可以零成本地分享现有的媒介产品。这些保守的生产和传播模式带来的后果是，数字媒体市场从数量上看极为丰富，实际上却相对单一。

然而，如果媒介产品和服务不能吸引受众，这些就都不重要了。媒体必须找到受众。找到受众的策略有两个，有时候这两个策略被称为受众构成的"拉"、"推"模式。在"拉"模式中，受众寻找媒体。电影、电视、网站都希望人们伸手并抓住它们。对于拥有固定粉丝或能从热门渠道发行的制作者来说，"拉"就足够了。但是大部分媒体并非如此幸运。在"推"模式中，媒体寻找受众。广告商并不期望人们能够主动找到他们的广告，他们建构自己的受众，不惜用几十亿美元来确保广告的视听率。只要有足够的钱，他们就能卓有成效地抓住公众的注意力。

"拉"和"推"在概念上属于两个极端。这两个策略通常同时进行。即便是最成功的电影作品，加上最出名的明星，在推介续集时也会有不菲的花销。为了增加博客的访问量，野心勃勃的博主们使用搜索引擎"优化"技术。①为了吸引到铁杆忠诚用户，越来越多的广告商们转战社交媒体。为了在注意力市场取得胜利，媒介提供者使尽了浑身解数。

但是，媒体也面临着用户所遇到的两难境地。媒体无法出售也无法操控他们无法看到的东西。从时空上来看，受众是分散的，他们随心所欲地选择使用媒体的时间和地点。在有些媒体平台上，用户来去无踪。另一些平台虽然产生了海量数据，但是需要挖掘才能找出有价值的东西。在一定程度上，

---

① "搜索引擎优化"是一种通过了解搜索引擎的运作规则来调整网站，以期提高目标网站在有关搜索引擎内排名的方式。

几乎所有形式的媒体都从测量机制中获益，对于大多数媒体来说，追踪和识别受众至关重要。

媒介测量

用户提供注意力，媒体提供建构数字媒体环境的资源。但是，建构的机制是什么？能动者和结构如何复制和改变市场？媒介测量在这个过程中起到了关键作用。它能够让媒体看见受众，从而使媒体能够根据受众做出调整并对受众进行利用。如果失败了，很快就能找到问题并加以补救。机会总是被媒体抓住并为它们所用。同样，由于推荐机制提供了标准，用户之间也相互可见。总结他人的所述所为，能够帮助引导用户的行为。所有用户行为加在一起就能决定媒体机构能否获取公众注意力。

历史上，测量机制一直是商业媒体的工具。视听率的测量让电台、电视台和现在的网站能够应对受众，并从受众那里获取利润。其实，在全世界所有的发达媒介体系，即便是在那些并非以商业利益为先的体系中，这样的测量都十分普遍。测量为机构服务，这是对社会学家所谓"市场信息管理方式"（market information regimes）的最好例证。通过这种"管理方式"，制作商们得以知己知彼，市场参与者得以了解市场。[74]

然而，需要了解市场的并非只有媒体机构。极大丰富的数字媒体催生了第二种媒介测量方式。这种"用户信息管理方式"包括搜索和推荐机制，可以让用户找到想要的东西，并在这个过程中引导他们的注意力。不管哪种方式，测量都是用户和媒体用来观察数字市场的"眼镜"。

接下来我们将会看到，市场信息管理方式和用户信息管理方式具有很多相同的地方。它们从不提供独立或中立的市场观察。它们总是为人建构的。使用这些测量工具的人总是想要做些什么，不管是描述受众的购买习惯，还是呈现符合个人需求的搜索结果。一位业内分析师指出，"为了呈现更符合用户需要、更相关的结果，搜索引擎承受着很多压力……我们需要答案，需要解决方案，需要我们寻找的一切情报。"[75]

测量工具的设计者做出了相应的努力，但是要受到自身资源的限制。任何一家搜索引擎都需要决定如何收集和报告数据。他们设计的测量工具不可避免地强调一些东西，忽略另外一些东西。他们要在取舍问题上定夺，从而促进特定结果的出现。

例如，几乎所有的用户信息管理方式都偏爱名气。搜索引擎和推荐机制定期按照观看最多、最受喜爱、导入链接最多的顺序排列搜索结果。用户遵循了这些推荐，于是富者愈富了。测量本身影响了测量的对象，从而成为一种自我实现的预言。假如亚马逊或者奈飞（Netflix）说"和你一样的人"正在观看某部影片，这部影片就很容易获得关注。从这个意义上看，推荐不仅评估名气，还有助于获得名气。那些从测量中获益的人们往往意识到了测量的重要性，有时候还会操纵测量结果。由此看来，对媒体进行测量不是单纯的数据收集，它往往具有政治性。

媒介测量在塑造注意力市场中的作用只会越来越大。大部分数字媒体都是通过巨型计算机运行的。计算机存储我们观看或下载的媒介产品，管理我们接入宽带网络的方式，追踪我们的上网痕迹，呈现为我们量身定做的广告。这样的计算机或者服务器能够记录我们的每一次评论或点击，详细记录我们的行为，即便我们并未暴露全部身份信息，这也足以让我们目瞪口呆。这就是"大数据"的新时代。大数据不会给我们超凡眼力，但是它会将我们的眼镜换成显微镜吗？可以肯定的是，大数据将会改变媒体看待受众的方式，或许也会改变我们看待自己的方式。

受众

我刚刚描述的市场，为各式各样的受众行为登场搭好了舞台。最饱受议论的受众行为当属"碎片化"（fragmentation，或称分化），至于这个词的意义，可谓仁者见仁智者见智。有些人认为，这只不过是媒介使用的范围扩大，以至于流行从文化中消失了。另外一些人则认为，碎片化是社会两极分化的前兆，以前的广大受众分割成了很多封闭群组。正是由于预见到这个图景，人们才对数字媒体做出更加可怕的预测。在第五章，我们将通过受众行为的"硬证据"[76]检验这些预言的准确性。

> 数字媒体日益增多，在它们为了公众注意力而战的时候，受众实际上已经被分化了。

我们将会看到，数字媒体日益增多，在它们为了公众注意力而战的时候，受众实际上已经被分化了。但是我们也会看到，所有媒介形式的文化消费仍然十分集中，而且这种集中的局面很有可能继续存在。由于各种各样的原因，传统的广播电视受众仍然超过有线广电。主要的网站吸引了绝大部分用户流量。实际上，媒体越丰富，受众越趋于集中。[77]

这种不均衡的消费模式有很多标签——幂律、帕累托分布、80/20法则等等。长期担任《连线》（Wired）杂志主编的克里斯·安德森在一本同名著作中称之为"长尾"（Long-tail）分布。[78]然而，这究竟是受众分裂的信号，还是在碎片化掩饰下发生着别的事情？安德森预测，数字媒体终将把文化消费转移到位于长尾的个性内容"利基"①上，创造一个"大规模平行文化"。在安德森看来这是一个积极的变化。

但是其他人则对利基的前景抱有更多的担忧。在众多关于受众行为的评论中，有一个颇受欢迎的观点是，出于各种原因，用户会遁入与自己观点一致、志同道合的小众媒体中。作者们称之为封闭社区（gated communities）、领域分子（sphericules）②、筒仓（silos）、回音室（echo chambers）、赛博巴尔干（cyber-Balkans）、红媒—蓝媒（red media-blue media）③或者过滤气泡（filter bubbles）。[79]这些都说明市场的高度分化。讲得更严重些，这预示着社会缺乏公共领域，两极分化成相互隔绝甚至相互敌对的群组。

尽管有理由感到担忧，但我们还是会看到，在很大程度上人们并没有

---

① 利基（niche）指针对企业的优势细分出来的市场，这个市场不大，而且没有得到令人满意的服务。产品推进到这个市场，有盈利的基础。

② sphericule一词可能是由sphere（空间）和molecule（分子）两个词合成的，公共领域是由阿伦特提出，并由哈贝马斯充分阐释的概念，指的是"一种用于交流信息和观点的网络"，而领域分子可能是指像分子一样存在的、多个相互独立的领域。

③ 红色和蓝色分别指代共和党和民主党，红色媒体—蓝色媒体指的是媒介选择在意识形态上的两极分化。

多少遁入岩洞的迹象。用户通常同时使用很多表面上多种多样的平台，产生高度的用户重叠。[80]因此，尽管当前的受众分化是在稍早的广播电视时代难以想象的，但是这似乎并不意味着两极分化。如果我们观察人们实际做了什么，而不是他们声称做了什么，就会发现文化消费的共性。这令人吃惊，同样也令人不解。所以，现有证据表明，我们将要面临的不是大规模平行文化，而是大规模重叠文化。

前途未卜

我们要对受众行为进行头脑清晰的评价，从而用事实检验那些有关数字媒体的预言。理论不管多么直观动人，如果不能解释现实，就应该进行修正。第六章"建构注意力市场"，把分散在前几章中的理论和证据放在一个独立的框架里，描述了能动者和结构如何共同创造了受众。接下来，我将找到现有理论的一些盲点，探究给社会带来极大风险的受众形成机制。

我们将会看到，尽管结构通常被认为是人们用来自我满足的资源，但是结构也可能掌控受众的方向。我通过分析找到了两个结构维度：开放性和凸显性。这两个维度似乎总是引发我们对数字媒体的希望和担忧。具体来说，有些结构看起来是开放的，有可能会促进多样性、偶然性的体验。如果所有结构都是为了实现一个共同目的，那么结构将在很大程度上决定谁能获得公众关注。然而，大多数情况下，数字媒体环境的结构特征是目的多重性，这就产生了一个微妙的平衡，唯有受众能够影响到天平的偏向。

如此看来，回答"偏好从何而来"是至关重要的，这个问题深及结构与能动者关系的核心，使市场动力机制得以明晰。大多数社会科学家相信，先有的、"外生的"偏好能够解释人们的媒介选择。也就是说，我们的需求和欲求来自媒介体系之外，并且影响了我们选择什么样的媒体。如果我们的好恶不受媒体影响，那么媒体将处于被动地位。但是实际情况是，媒体不断为我们推送东西，媒介接触很有可能改变我们的口味。了解偏好的来源，有助于我们弄清楚市场是如何形成的。

在第七章"观念市场中的公众注意力"中,我们将会思考这些机制是如何影响公共领域的。这本书的名字受到了市场隐喻的启发,市场隐喻是美国宪法第一修正案中言论与出版自由的基石。它设想了一个场所,在那里人们能够自由表达自己,听到不同观点,并有幸发现真理。它提供了一个模式,告诉媒体如何为公民提供信息,如何支持民主实践。但是,在每一个新媒介体系中,检验和实现观念市场的方式各不相同。即将到来的数字媒体也不例外。

在旧媒体世界里,政府监管部门往往要求广播电视媒体提供多样化的产品。[81]电台电视台必须提供不同种类的节目和相互不同的观点。时至今日,媒体如此丰富,强制多样性已无必要。但是,拥有大量的博客、亲密小组、专门网站、具有意识形态偏向的电视新闻频道,并不意味着我们必然会拥有一个真理和谬误对垒的观念市场。

很多人担心人们会屏蔽掉所有不合自己口味的东西、异见声音或者任何一种持异见的新闻。假如这是真的,那么市场的活力将遭到遏制。但是,我认为,不管怎样,责任落在受众肩上。公共领域前途未卜。了解公众注意力是怎样形成的,将帮助我们看清未来。

> 拥有大量的博客、亲密小组、专门网站、具有意识形态偏向的电视新闻频道,并不意味着我们必然会拥有一个真理和谬误对垒的观念市场。

第二章 媒体用户

最受欢迎、最具直观吸引力的受众观，将受众视为利用媒体实现自我目的的个人。

到了 20 世纪 60 年代，信息的选择性接触成为"社会学和社会心理学最受普遍认可的原则之一"。

在当今世界，媒体几乎是不付分文便可随时随地取用。要想知道人们看什么听什么，了解他们的偏好似乎是一个稳操胜券的办法。我们把偏好作为解释受众行为的核心策略，然而它的作用也将止步于此。偏好是一个谜。大多数人以为偏好能为我们提供一个稳固的（理论）基础，实际上这个基础并没有那么牢靠。

媒体用户为注意力经济提供动力。每个用户决定阅读什么或观看什么或分享什么，这些决定加在一起，便产生了受众。受众使媒体得以存续，并赋予它们意义。所以，我们对注意力市场的研究，先要从媒体用户开始。长久以来，研究者们已经非常清楚研究媒体用户的重要性，这也意味着我们有好多东西需要消化。在这一章中，我们将会听到来自各个学科的声音，包括经济学、市场营销、社会学、心理学、社交网络研究、传播学和文化研究。每个学科都有自己的用户观。大多数学科都将用户视为有目的性的、理性的行动者或者"能动者"（agents），他们可以自由地为所欲为。有些学科则强调社会体系和网络对个体用户的影响。这些观点我们都要讲到，不过，我们最好还是先看一下能动性（agency）的概念——或者行动的能力——是如何影响媒体用户研究的。

用户观

最受欢迎、最具直观吸引力的受众观，将受众视为利用媒体实现自我目的的个人。有了数字媒体在手，人们可以通过社交网络与亲朋互动、创建和分享内容或者关注任何中意的东西。博闻周晓、随心所欲的用户形象随处可见。"几十年来新闻界一直贬损被动消极的沙发土豆，现在却对数字文化的积极参与者推崇备至。"[1] 在媒体产业内，消费者成为新的市场之王。[2] 在社会评论家看来，这意味着"曾经被称作受众的人们"重新获得了控制权。[3] 在学者们看来，他们是"要求文化参与权利"的"产消者"（prosumers）。[4]

但是，用户究竟拥有哪些能力呢？他们的能动性大致可分为四种。随着新资源的不断出现，能动性有着不同的表现形式。人们有能力赋予意义、做出选择、分享内容，并在宏观范围内影响产业实践。

在电视时代早期，观众只有为数不多的频道可以选择。社会学家、媒介研究的先驱伊莱休·卡茨回忆起以色列观众只有一个电视频道的那个时代。他提到："在电视台成立后的两年内，几乎所有家庭都拥有了属于自己的电视机，几乎所有人都在观看所有的电视节目。"[5]在卡茨看来，那样也有一个好处：电视提供了一个唯一的、跨越意识形态分歧的论坛，提高了人们对国家和目标的认同。

在当时那种情况下，人们很难再挑三拣四。但是，即便是在选择受限的时候，人们仍然可以对媒介信息作出不同的解读。几十年来，学术界一直在对（受众）建构意义的能力进行研究。人们有能力对接触到的任何信息进行"选择性理解"，社会科学家们一直对此抱有浓厚兴趣。例如，具有种族偏见的人们往往认为反偏见信息反而证明了偏见的正确性。[6]更近一点的例子是，福克斯新闻的观众好像能够对"主流媒体"的信息绕行或者重新解读。[7]

同样，英国文化研究的支持者们敏锐地观察到，BBC新闻的观众并不一味相信BBC所说的，而是能够进行"协商式"或者"对抗式"解读。[8]也就是说，他们以与自身偏好一致的方式"阅读"媒介内容。他们通过解读来行使能动性。

今天，人们如何理解或"解码"媒介文本，已成为一个重要的学术研究对象。媒介生产者通过焦点小组研究观众对电影、电视和广告的反应。实际上，学术研究和焦点小组相差不多。人们如何理解所接触的媒体，搞清楚这个问题至为重要。然而，理解媒体的前提是用户关注，所以在本书中它的重要性是第二位的。

只有一两个电视频道的时代一去不复返了。随着有线电视、卫星电视和非线性点播媒体的增多，选择已不再受到限制。用媒体专家李·雷尼和巴里·威尔曼的话说："（媒介）选择爆炸式增长，看什么、在哪儿看，控制权在用户手中。收看的方式越来越多，也越来越灵活……很多节目

> 在几乎所有既存文献中，研究者都认为人们在做出选择时带有目的性。

可以在网上收看，或者在 YouTube 或 Hulu 上观看剪辑。奈飞（Netflix）和大多数有线电视台都提供电影和电视节目点播，播客和个人录影机（例如 TiVo）让人们可以根据自己的时间观看电视节目。"[9]

近一段时间以来，研究最多的能动性是选择。接下来我们会看到，业界和学界的众多研究者在媒介选择方面积累了大量的文献。在几乎所有既存文献中，研究者都认为人们在做出选择时带有目的性。赫伯特·西蒙写道："毋庸置疑，人们做什么都事出有因。他们有动机，然后使用理性（不管使用得好坏）来回应动机，并实现目标。"[10] 媒介选择研究与本书密切相关，因为它能帮助我们了解哪些因素最有可能吸引公众注意力或者保持受众忠诚。

但是，新的媒体技术并没有提供更多的选择，它们只是让人们更容易创建并分享媒体（内容）。这是能动性的最新表现形式。数字媒体的"可交互操作性"（interoperability）使之成为可能。哈佛的研究者认为："交互操作技术带来的最根本变化是它让我们不再只是信息的被动消费者，而是成为公共网络环境中积极的内容创造者和重复使用者。数字技术支持跨平台的交互操作，消费者从而能够以前所未有的方式、通过内容创建和分享来表达自己。"[11]

当然，创建和分享是两种截然不同的活动。大多数创建媒体的人最终还是要分享它，不管是往 YouTube 上传视频，在 Instagram 发布照片，还是在博客上发表观点。但是我们经常分享一些不是由自己创造的媒介内容，比如转发推特或者传递有意思的链接。考虑到本书的目的，我将在第三章"媒体"中专门论述媒体创建。与创建相比，分享是所有媒体用户的领地，不管他们是不是创建者。

正如你所想象到的，人们如何分享、为何分享，这是业界和学界十分关心的问题。但是，这也是一个崭新的现象。人们使用数字资源的方式如何使分享成为可能，这个问题我们才刚刚开始了解。显然，由数字媒体推动的社交网络起到了一定的作用。但是，为了完全理解网络的运转方式，我们需要提高分析层次，思考"大众"行为的问题。将个体用户聚为整体，为我们提供了另一种思考用户的方式，也形成了一种有力的、新型的能动性。

最新的受众观将受众视为一个或多个（社交）网络的成员，他们彼此意识到对方的存在，并相互影响各自的行为。

一般来说，有两种将用户视为整体的方式。更古老、更传统一点的途径是将人们视为受众成员，也就是将人们视为在空间上分散、具有共同关注对象的个体之和。有时候，这样的受众规模庞大。比如，2013年的超级碗吸引了超过1亿的观众。[12]大众这个词有很多不好的含义，让人联想到消极的、毫无鉴别力的沙发土豆或者容易被操纵的傻瓜。[13]大众就是一群互不相识、彼此独立行动的人的集合。但是，并不是所有的受众概念都具有这样的含义。[14]最新的受众观将受众视为一个或多个（社交）网络的成员，他们彼此意识到对方的存在，并相互影响各自的行为。[15]今天的受众往往是上述二者的结合。[16]

> 将个体用户聚为整体，为我们提供了另一种思考用户的方式，也形成了一种有力的、新型的能动性。
>
> 最新的受众观将受众视为一个或多个（社交）网络的成员，他们彼此意识到对方的存在，并相互影响各自的行为。

不管怎样，这都是宏大、复杂的系统，具有自身的动力机制。只看个体的倾向，很难理解这个系统的成员和成员所处的结构之间有什么样的互动。当然，媒体结构能为有目的的社会行动创造条件[17]，但是结构也为众多意料之外的集体行为打开了方便之门，比如受众流动、从众行为和信息瀑布。一般来说，用户不会有意安排这些现象。但是，即便用户没有意识到集体行为的存在，他们也有能力引发机构的回应，事实他们也是这样做的。

用户通过聚集实现能动性，这是一件有意思的事情。它发生的条件是很多人行动，并且众人的行动为世界所知。后者往往是通过测量和数据采集实现的。虽然用户本身并没有意识到这些，这仍然是能动性的有力表现。阿姆斯特丹大学的一位研究者指出："用户作为数据提供者的作用远远超过作为内容提供者的作用。"[18]原因是数据能让机构看到用户的存在，并对他们的反应进行测定。尽管数据能帮助机构控制用户或者将用户货币化，但是受众也可以通过数据机制促使媒体做出改变。我们将在第三章看到，媒体追踪受众行为，经常实时调整生产实践，重新设计网站，删除不受欢迎的内容，克隆已取得成功的内容。在注意力市场上，这也许

> 尽管数据能帮助机构控制用户或者将用户货币化，但是受众也可以通过数据机制促使媒体做出改变。媒体追踪受众行为，经常实时调整生产实践，重新设计网站，删除不受欢迎的内容，克隆已取得成功的内容。在注意力市场上，这也许是能动性最重要的表现形式。

是能动性最重要的表现形式。

媒介选择

正如我所指出的，业界和学界在媒介选择方面积累了大量文献。研究者的假设通常是，用户选择自己喜欢的，避开自己不喜欢的。如今的媒体可谓随时随地无限供应，用户从中获得了力量，上述假设在解释媒介选择时变得更具吸引力。

分析者通常期望偏好就像对节目类型的兴趣一样。市场研究人员花费很多年的时间寻找所谓"用户定义"的节目类型，他们认为这可能意味着受众的忠诚。但是用户的其他倾向也在起作用。人们看起来更喜欢提供支持和共鸣的言论，不喜欢对自身信仰造成挑战的信息。对于随之产生的"选择性接触"，心理学家和政治学家都有很长时间的研究传统。人们选择媒体也可能是因为觉得它有用，或者能满足个人需求，或者能够塑造社会身份。接下来，我们对媒介选择领域的主要研究传统进行了简单总结，期望读者能够对此有所了解。尽管各个研究传统存在一些差异，但是我们将会看到的是，它们都将用户描述成带有目的性的——通常是理性的——媒介选择者。

理性选择

理性选择是传统经济学中的一个基本概念。但是它具有一个十分特殊的含义，除了经济学家，其他人往往对此不是很清楚。真正的理性选择以三个假设为基础。第一，每个人都有确定的偏好，都知道自己的选择将如何有利于个人福祉或"效用"（utility）。追求令人满意的结果，有时候这被称为"享乐效用"（hedonic utility）。[19]第二，存在一个客观现实，决策者对它有完全且准确的认知。第三，决策者能够不受任何限制地计算哪一个选择将会使效用最大化。著名的行为经济学家丹·艾瑞里这样写道："在常规经济学中，假设我们都是理性的，这意味着在日常生活中，我们对一切所面临选择的价值进行计算，然后遵循可能的最佳路径行事。"[20]

经济学家将这个决策模型应用到了受众行为研究。1952年，彼得·斯坦纳发表了一篇经典论文，探讨在广播电视中推行竞争的可行性。他的目的是检验到底是垄断还是竞争能将听众的整体满意度最大化。在分析之前，斯坦纳建立了很多有关节目选择的假设。后来，人们对电视也进行了同样的研究。所有这些研究都被笼统称为"节目选择的传统模型"[21]，它们都接受（人类）行为的理性选择模型。它们假设观众具有特定的节目类型偏好，认为在受广告支持的体系中，节目是一种"自由商品"（free good）。因此，节目偏好决定节目选择，至少在可选范围内是这样的。虽然这些模型通常十分抽象，但是它们绝非无用的学术之举。在20世纪70、80年代，这种思维方式为美国政策制定者解除对广播电视的监管提供了很多智力支持。[22]

并非所有的媒介选择理论都严格坚持"理性选择"假设，但是所有的媒介选择理论都倚重心理倾向（例如偏好、口味、需求和态度）在解释媒介接触中的作用。基本上来说，它们都假设用户具有先有偏好（Pre-existing preferences），先有偏好决定选择。大多数理论都假设用户能够毫不费力地决定哪些媒介选择能够达到他们想要的目的。[23]

遗憾的是，对于社会科学家来讲，偏好和选择之间的关系并非像大多数理论家假设的那样泾渭分明。人们的偏好在很多时候都是"建构"的，是对各种各样的偶然事件做出的反应。[24]他们对不同媒体类型的偏好，可能会因情绪、社会情况或消费对象的变化而改变。归根结底，又有几个人能够对喜欢的节目进行"暴饮暴食"呢？即便用户确实具有稳定的好恶，在一个可以无限选择、按需选择的世界里，人们可能根本就没有意识到会有他们真正喜欢的东西存在，也没有意识到那些东西比他们现在使用的东西更好。我们将在"用户的困境"一节中看到，人们的行动往往受到"有限理性"的限制。他们也许会努力实现自己的偏好，但是这个目标往往难以实现。

类型偏好

> 29
> 媒介生产者和学术界通常假设，人们对类型具有稳定的喜好和厌恶，这些偏好决定了他们的选择。

不管是音乐、电影还是电视，用户通常将媒体归为不同的类型。这些类型帮助人们了解（面临的）选项，引导他们做出选择。[25]媒介生产者和学术界通常假设，人们对类型具有稳定的喜好和厌恶，这些偏好决定了他们的选择。问题是哪些类型能够引起系统性的喜好和厌恶。解答了这个问题，我们才能了解如何取舍节目，推出广告，建构媒介选择理论。

历史上，大多数针对类型偏好的研究来自广告、营销和经济学领域。它们研究的媒介主要是电视。经济学的选择模型认为，喜欢某个特定节目类型的观众也会观看相同类型的其他节目。相反，不喜欢某个特定节目类型的观众总是会选择规避它。假如这个模型能够成立，我们就可以通过分析节目选择揭示受众的偏好。这种（对类型的）忠诚就是所谓的"用户定义"类型。

20世纪60年代以来，研究者使用非常复杂的统计方法，试图找到那些系统性地吸引——或者排斥——不同人口群体的节目类型。[26]然而，对节目类型的忠诚从未像理论说服我们的那样一目了然。受众研究中的某部经典著作甚至给出了这样的结论："在人口整体中，观看某个特定节目类型的人们并不会特别倾向于收看相同类型的其他节目。"[27]

当然，媒体环境自20世纪70年代以来发生了改变。人们有了丰富的选择，从而更容易找到或规避某些特定类型的内容。在数字媒体环境中，新闻和娱乐都不缺乏。偏爱新闻的人们可以并且实际消费大量的新闻内容。同样，不喜欢新闻的人们可以规避新闻，选择娱乐。在不同的媒体平台和国家，这种对节目类型的忠诚都是显而易见的。[28]

然而，更加细致的类型偏好便很难发现了。通常所说的类型的确与用户忠诚有一定关系。观看一部犯罪剧的人们通常也会收看其他犯罪剧。连续在同一电视台播放同一类型的节目，好像确实能够增加受众流。[29]但是，这些效果还不算强大，并不能说明人们具有很强的类型忠诚。

有些证据表明，社交媒体用户也表现出类型偏好。例如，青年人使用推特似乎主要是因为他们对名人和娱乐新闻感兴趣。[30]然而，同样的研究也表明，用户对其他新闻类型——地方新闻、全国新闻、国际新闻——的兴趣与推特使用无关。

在实际的内容选择中，类型偏好也许并不明显。原因很多[31]，特别重要的原因有两个。

第一，人们实际上并不想要一份一成不变的偏爱类型菜单，而是喜欢多样化的菜单。曾几何时，市场研究人员猜测，人们"需要广泛而又不同的节目类型……"[32]。如果这是真实的，人们或许会从众多类型中选择最具代表性的那个。在这种情况下，对质量的感受会超过对某个特定类型的微弱好感。

第二，人们的喜好貌似并不像厌恶那样与类型紧密相连。换句话说，我们可能会同时喜欢很多类型，却对某几种特定类型十分厌恶、避之不及。所以，忠诚现象之所以存在，是因为某个用户群体总是规避某个类型，而不是因为粉丝总是追求自己偏爱的某个类型。[33]你也可以自己检验一下这个说法。想一想你所喜欢的节目或音乐。很可能（你喜欢的）是一个大杂烩。接下来，想一想你不喜欢的。大多数人都能将自己不喜欢的东西归为几个类型。举个例子，我的妻子从来不看"恐怖片"，她几乎不费时间就能识别出这个类型的影片。有些内容能够到达所有的受众，即使是在这样的媒体环境中，规避仍然能够帮助我们对选择模式进行解释。[34]

品味

社会学家在文化消费问题上采取了一个有些不一样的路径。这个路径强调品味的重要作用。传统观点认为，文化产品介于高雅（例如歌剧、戏剧、古典音乐等）和低俗（例如乡村音乐、重金属、肥皂剧等）之间。一个人对文化产品的品味高低与所处的社会阶层相关，是教养、教育和职业造成的。拥有较多"文化资本"的人们消费高雅文化，消费高雅文化本身进而成为所在社会阶层的标志。[35]举个例子，一个人喜欢听巴托克·贝拉，可能是因为她欣赏巴托克的作曲艺术，听巴托克的音乐体现了她的高雅品味和良好教养。

　　文化等级所体现的价值判断，其实并不能为我们解释媒介选择提供太大帮助。实际上，很多学者认为价值判断已是明日黄花，一切形式的文化（包括电视）都有价值和优点。然而，他们通常将媒体归入"品味文化"，由相关的"品味公众"消费。[36] 这与认为人们总是喜欢一些类型，不喜欢其他类型的想法并无二致。

> 因为音乐涵盖了众多品味文化——从古典、歌剧到嘻哈和重金属，所以社会学家将音乐类型当作分析文化消费的重要场所。

　　人们如何表达自己的品味？大部分研究都将人们喜欢的音乐类型作为研究对象。因为音乐涵盖了众多品味文化——从古典、歌剧到嘻哈和重金属，所以社会学家将音乐类型当作分析文化消费的重要所在。传统观点认为，某个阶级的人们只喜欢属于"自己"文化阶层的类型。但是还有另一种可能。理查德·彼德森认为，拥有较多文化资本的人们正在变成"文化杂食者"（cultural omnivores）。他们不仅喜欢高雅文化，也喜欢流行文化。[37] 随后，很多研究检验或批判了这个杂食者理论。总而言之，这些研究发现，至少在西方国家，存在着数量可观的杂食者，他们能宽容文化之间的差异，喜欢多种文化类型。[38]

　　值得一提的是，这些研究通常是问人们在多大程度上喜欢不同的音乐类型。研究者这样做的预设有：（1）人们能够识别每种类型，（2）人们能对每种类型做出清晰无误的判断，（3）人们实际收听他们声称喜欢的音乐。所以，这些并不是"用户定义"的类型，后者应该是通过分析不同的歌曲选择得出。文化杂食者的存在，印证了上文提及的一个猜测，即媒体用户并非单一类型的忠实粉丝，而是喜欢多样化的菜单。也就是说，很多人可以同时消费多种类型，但是他们很可能会完全规避某一类型的所有东西。有一项研究发现，即使是杂食者，也有可能厌恶某些类型的所有东西，例如"重金属"。[39] 所以，（真实的情况）好像是，"当讨论具体的音乐作品时，人们的音乐品味并没有那么分化，但是当讨论音乐类型时，人们容易形成刻板印象"。[40]

使用与满足

传播学中最流行的媒介使用理论之一是所谓的"使用与满足"范式。[41] 这个理论并不强调类型偏好或品味对媒介选择的作用，它强调的是人们的需求。按照理论创建者的说法，使用与满足（uses and gratifications, U&G）的逻辑是："（1）社会和心理根源产生需求，（2）需求产生（3）对大众媒体或其他信息来源的（4）期望，（5）期望导致媒介接触（或对其他活动的参与）的不同方式，（6）进而导致需求的满足（7）和其他结果（或许大部分是无意产生的结果）。"[42] "使用与满足"假设用户知道自己的需求是什么，能够判断哪个媒体最能满足自己的需求，然后据此做出选择。在这个意义上，"使用与满足"理论对媒介选择的大部分假设与传统经济学一样。

实际上，大部分对"使用与满足"的经验研究可以归结为：梳理重要的需求种类或"寻求满足"的类型；判断媒介使用"满足需求"的程度。满足的种类因研究和媒介而异。在电视研究中，有一种分类方法找到了9种收视动机：放松、排遣孤独、习惯、打发时间、娱乐、社交、信息、刺激和逃避。[43] 再简化一下，另一项经常被引用的研究将收视动机归为两种：仪式性和工具性。仪式性使用包括习惯性的、没有选择的观看；工具性使用包括目标导向的、对特定媒体内容的选择。[44] 这种对媒介使用的解释已经被应用到在线媒体，得到的结论与传统媒体研究一样。[45]

> 大部分对"使用与满足"的经验研究可以归结为：梳理重要的需求种类或"寻求满足"的类型；判断媒介使用"满足需求"的程度。

在"使用与满足"研究中，有两个发现与我们对媒介选择的讨论密切相关。第一，不管有多少种动机，研究者的共识是，不同的媒介使用者想要满足的需求不同，同一个使用者在不同时间想要满足的需求也不相同。一个人可能在某个时刻寻求娱乐和逃避，转眼就可能去寻求信息。第二，即使我们可以假设人们清楚想要满足的需求，他们也不一定总能选择满足自己需求的媒体。想要满足和实现满足之间总是存在距离。可能是因为人们并不善于判断哪些媒体（电视节目或网站）能够满足自己的需求，也可能是因为人们并不十分清楚他们想要什么,尽管"使用与满足"范式是这样假设的。正如某项研究结论所指出的:"我们必须提出这样的疑问,即,如果人们无法过滤掉节目无意带来的影响,那么在满足各种社会和心理需求的过程中,观众究竟能在多大程度上保持主动或控制局面。"[46]

选择性接触

"选择性接触"的概念体现了一个传统看法,即只要能够选择,人们就会"看到他们想要看到的东西"。在20世纪50年代,随着诸如"认知失调"之类的理论兴起,这个具有直觉吸引力的概念获得了学术可信度。[47]根据这个概念,人们会选择那些支持自身信仰的媒介信息,规避那些与自己对立、产生不和谐的信息。在很多研究中,选择性接触从此成为笼罩一切的标签。这些研究的对象包括各种各样的、可能影响媒介选择的心理因素:感知效用(perceived utility)、情绪状态(mood states)、享受快乐(hedonism)。尽管这些理论认为媒介使用具有目的性,但是大部分理论并没有秉承"理性选择"假设。例如,人们或许在选择性接触媒体时并没有意识到他们的行为动机。

> 20世纪60年代,信息的选择性接触成为"社会学和社会心理学最受普遍认可的原则之一"。

选择性接触理论一直是一个特别流行的、解释人们信息选择的方式。到了20世纪60年代,信息的选择性接触成为"社会学和社会心理学最受普遍认可的原则之一"[48]。人们之所以选择趣味一致的信息,原因各不相同,但是"减少认知不调"一直是最普遍的解释。[49]然而,西尔斯和弗里德曼在一项批判选择性接触的著名研究中发现,并不存在令人信服的证据证明人们具有对支持性信息的偏好。在他们的研究之后,学术界对选择性接触的兴趣曾经短暂消退。但是到了20世纪80年代,随着新媒体开始通过提供丰富的选择赋予用户力量,选择性接触研究得到复兴。[50]

有一个研究领域没有得到足够的关注,即新闻消费在多大程度上是由政治意识形态驱动的。问题是,保守主义者是否只消费保守主义新闻,自由主义者是否只消费自由主义新闻?认知失调理论给出的答案是肯定的。

宾夕法尼亚大学的著名学者这样写道：

> 受众带着先有的态度和偏好进入政治。一旦进入政治，他们就寻求与自己信仰一致的信息，躲避给自己信仰带来挑战的信息，他们这样做比不这样做的几率要高。当遭遇令人不舒服的信息时，人类很容易找到拒绝它的方式。比如，他们（我们）找出一切能够为拒绝它提供支持的证据。然而，对于支持先有态度的信息，我们不加批判地表示欢迎。简而言之，在我们了解自己政治身份的过程中，选择性接触、选择性认知和选择性记忆无处不在。[51]

如果这是真的，选择性接触将促进公众在意识形态上的两极分化。在美国，这种现象被称作"红媒—蓝媒"鸿沟（"red media-blue media" divide）。然而，正如西尔斯和弗里德曼的研究案例所表明的那样，那些用来证明"意识形态驱动选择性接触"的证据远不能令人信服。很多研究发现，人们被那些能够加强自身政治倾向的新闻所吸引。[52]但是这并不意味着，人们一定会避开那些挑战自身信仰的新闻。[53]此外，很多支持选择性接触的研究使用的是实验方法和调查方法，实验方法令参与者在非真实环境中被迫做出选择，调查方法让受访者自我报告媒介使用情况。[54]后者的问题在于，人们经常错报自己的新闻接触情况。[55]正如我们将在第五章看到的那样，通过更精确的媒介使用测量（例如测量仪），研究者发现，新闻消费中的红蓝分裂微乎其微。[56]尽管如此，对新闻和政治信息的选择性接触，其本质与后果仍是传播学和政治学争论的话题。[57]

选择性信息接触并不完全是由"减少失调"驱动的。还有一个可能是，人们仅仅选择有用的媒介信息。另外一种选择性接触研究发现，信息的感知效用能够影响媒介选择。在某些情况下，这种影响超过了"降低失调"。[58]例如，病人可能寻求一些令自己不安的疾病信息，保守主义者可能会去了解新当选自由主义者的观点。

选择性接触的模型也被用来解释人们对娱乐信息的选择。有些研究将人类视为享乐生物（hedonistic creatures），认为人类趋乐避痛。[59]从这个观点出发，有人将媒介选择理解为"情绪管理"实践。也就是说，人们选择媒介的目的是改变或延续他们的情绪，虽然他们没有意识到这个动机。例如，实验证明处于压力之下的被试倾向于选择令人平静的节目或音乐。[60] 媒介选择有助于达到更加快乐的情绪状态，如同选择支持性信息能够减少认知失调。

和使用与满足理论相似，选择性接触研究涵盖了媒介使用的各种心理动机。其中一些动机，例如政治信仰，在时间上相对稳定。另外一些动机，例如逃避的需要或坏情绪的影响，则短暂易变。我们很难用它们来预测真实世界中的媒介使用。[61] 和使用与满足理论相似，好像人们并不善于将自己的动机——意识到的抑或没有意识到的——和做出的选择相匹配。正如某位作者所写的："越来越多的研究表明，个体通常并不善于识别自己的情绪和情绪的起因，也不能够按照自己的意愿有效管理情绪。"[62]

选择性接触研究与类型偏好和品味研究有一个不同的地方：规避的性质和力量。认知失调理论认为人们会积极主动地避开令人不悦的、产生认知不协调的内容，但是这个理论缺乏令人信服的证据。至少在信息选择方面，人们能够在一定程度上容忍逆耳之声。[63] 也许是因为在这个特定的信息类型上，知悉"另一方面"的说法具有某种效用，至少它可以帮助人们加强自己的论证或反驳对手。人们或许能够辨别哪些新闻媒体是保守主义的、哪些是自由主义的，但是大多数人不会完全拒绝某个不合口味的亚类型。[64]

用户的困境

行文至此，我们看到，媒介使用有着不同的动机。人们遵循动机行事，有意识地或无意识地，为的是达到不同的目的。我们也了解到，人们通常并不善于将动机与媒介选择相匹配。他们错过了喜爱的歌曲或节目，需求没有得到满足，进而情绪失控。数字媒体环境的丰富，并没有让用户的工作变得更加容易。在这一节中，我们将会思考用户是如何应对选择困境的。了解他们所采取的策略，有助于解释他们的实际消费情况。但是，为了弄清来龙去脉，我们首先简单了解一下"有限理性"的概念。

有限理性

理性选择的前提是，人们知道所有的选项，并有能力计算哪些选项可以使他们的福祉（well-being）最大化。这是判断和解释行为的常见路径，但是却不适用于媒介使用。人们几乎不能完全知晓所有的选择，或者行为的后果。更典型的情况是，人们只评估少量显要因素，然后依赖经验法则，尽其所能做出最佳选择。决策所处的这些条件被称为有限理性。[65] 显然，有限理性描述了媒介选择的特点。

数字媒体环境从两个方面让理性选择变得复杂。首先是数字媒体环境的极大丰富。在第一章，我们知道一位典型的用户面临众多的选择。没有人能够完全知晓所有的选项。用户可以通过很多方式获取信息（例如，使用指南或者推荐机制），但是这些需要时间，而且不可能为所有的媒介产品提供一个完整的、公正的描述。其次，媒介是典型的"经验商品"。[66] 在体验之前，人们很难知道一个媒介产品能否满足自己的需求。观看产品广告，阅读评论，或朋友推荐都可能有所帮助，但是对于一个新的产品，在没有看到之前，你无法确定自己会对它做出什么样的反应。即使你很熟悉某位艺术家、新闻名人或某个电视连续剧，但你还是无法知道它们接下来能否满足你的需求。人们也许非常热情地去观看钟爱的电视节目，却发现新的剧集是一枚"哑弹"。面临这些不确定性，人们使用各种各样的技术手段尽力而为。用赫伯特·西蒙的话说，人们不追求最大化，而是"追求实现目的之最低要求"[67]。

保留曲目

人们用来决策的一项技术手段是，限定寻找内容的地方。他们收看少量的电视频道,依赖少量的应用,在社交媒体上只关注少量的好友或名人。这些就是研究者所说的媒体的"保留曲目"。[68]指的是人们经常使用的所有选择中的小项分类。它让搜索和决策变得简单。很有可能的是,媒体机构已经找到了通往人们保留曲目的路径,因为它们过去的工作卓有成效。

在美国,电视观众每周收看的电视频道通常不超过二十个,即使可以收看的频道有上百个之多。[69]这种情况在其他国家也存在。[70]不同的媒体平台也都存在保留曲目。[71]有些平台偏重新闻,有些平台偏重娱乐。这样的保留曲目往往与特定的人口统计学特征相互关联,比如年龄和教育。最流行的媒体机构,顾名思义,会被保留在很多保留曲目中。但是除此之外,每个人喜爱的节目可能会相当个性化。如果有什么东西不在某个人的保留曲目之内,它便很难获取他或她的注意力。

启发法

人们也会通过经验法则或"启发法"选择媒体。这有助于他们从重要性、可信度、质量或类型对所要选择的媒体进行评估。启发法让用户得以做出迅速而又理智的选择。人们建立了很多决策法则,在决策中他们使用的法则不止一个。最常见的启发法有两大类。[72]一类以用户期望为基础,另一类以社会认可的证据为基础。不同的媒介产品或服务应该具有哪些特征,人们对此持有特定的期望。这些期望暗示了(产品或服务的)品质、可信度和类型。例如,互联网用户能够迅速评判一个新访问网站的质量。如果网站建得很差(例如,外观、功能、拼写错误等),或者能看出想要操纵访问者的意图(例如提供用户不想要的广告或索取个人信息),用户会对这个网站持怀疑态度。[73]如果新闻机构的观点或报道冒犯了用户,用户往往会认为这个机构不可信或"不友好"。[74]人们也能迅速对类型进行判定。我们大多数人不需要听完一节或两节音乐,便能判断出它是说唱、乡村还是古典。人们根据类型进行分类,往往避开他们不喜欢或不认同的。媒体如果不具备某个特定类型的应有特征,或者混杂多个类型，会很难找到受众。[75]

除了评判媒体的特征，用户还依靠启发法获知流行程度或社会认可。最简单的是"识别启发"（recognition heuristic）。人们通常认为他们能够识别的选项比不能识别的选项价值高。其中的逻辑是，能够识别意味着流行，流行意味着品质。[76]与之类似的是"声望启发"（reputation heuristic），人们认为能够认出的名字或品牌之所以出名是因为质量高，而且它们有动机继续（通过保持高的质量）保持声望。[77]难怪诸如迪士尼和苹果之类的品牌如此宝贵并得到小心呵护。

更高程度的社会认可体现为"代言启发"（endorsement heuristic）。[78]我们将会在下一节中看到，他人的推荐影响巨大。推荐的形式多种多样。传统上，人们求诸评论和专家意见。但是，他们也依赖其他用户的证言和评分，尤其是在没有其他指标的情况下。研究者指出，"当不存在客观评判标准时，人们求诸他人——尤其是与自己相似的他人——借以确保他们在正确的轨道上。"[79]

这些启发法没有一个是完美的。关于启发法的一篇经典之作告诫我们，启发法可能会导致严重错误或极其偏差的决定。[80]但是人们仍然在用。他们追随链接、搜索节目指南或者依靠保留曲目来了解可以选择的媒介内容。他们迅速断定自己喜欢什么、应该知道什么、应该相信什么。他们通过最小的努力达到目的。但是数字媒体环境正在改弦更张。一方面，人们面临的选择实在太多。另一方面，人们正在前所未有地依靠社交网络和推荐机制（做出选择）。

社交网络的作用

社交网络对人们使用媒介的影响由来已久。媒介使用往往是一种社会活动。人们一起去影院。即便是在电视机普及的年代，他们还是经常集体

> 人们会通过"启发法"选择媒体。最简单的是"识别启发"，与之类似的是"声望启发"，更高程度的社会认可体现为"代言启发"。在数字媒体环境，人们正在前所未有地依靠社交网络和推荐机制（做出选择）。

> 社交网络对人们使用媒介的影响由来已久。媒介使用往往是一种社会活动。对于理解公众注意力而言，社交网络有两个特别重要的特征：意见领袖的存在和社交关系的性质。

观看电影。人们愈来愈将这种观看集体拓展，使之包括虚拟群组。虚拟群组随着电视节目开始而聚集，随着情节展开、推特发出而解散。如果不在受众范围中，他们仍然可能将链接传递出去，或者向他人推荐媒体。媒介使用的社交功能服务于很多目的。它们帮助监管人们在家里的活动和互动。[81] 它们为办公室聊天提供话题。[82] 它们还为人们表达身份、管理好友、建构社会资本提供机会。[83]

传统老式的面对面社交网络也有很多这样的功能，这已经被研究了一段时间。[84] 另外一些功能，倘若不是全新的，也已经随着数字媒体的到来而被改变或者拓展。[85] 有一些功能是在人际交流的层面，但是另外一些功能则上升到剧烈影响受众构成的高度。正是后者与我们讨论的话题相关。对于理解公众注意力而言，社交网络有两个特别重要的特征：意见领袖的存在和社交关系的性质。

意见领袖

我们都属于很多群组，包括朋友和家庭、宗教和社会组织、同学和同事、不同的"兴趣小组"（例如粉丝团或业余兴趣团体）。有些群组存续时间久远，范围明确。另外一些群组则可能昙花一现、边界模糊，尤其是在网络化的社会。[86] 不管怎样，它们都趋于包括至少在一个方面相似的人们，不论是在人口统计学特征方面相似，还是在兴趣和价值观方面相似。群组一般都证明了那条古老的谚语——"人以群分，物以类聚"，或者社会学家所说的"同质性"。[87] 这些群组一般都有"意见领袖"。

意见领袖，或者"影响者"并不是一个官方职位。他们的身份因群组和话题不同而变化。他们常常关注相关媒体，在所谓专攻的领域保持信息灵通——不管是时尚领域还是政治领域。他们的意见受到尊重。他们因此处于影响其他群组成员的位置。

在 20 世纪 40 年代，在投票研究和产品偏好研究的基础上，出现了一部重要的媒介效果研究著作《人际影响》（*Personal Influence*）。[88] 它描述的是我们所说的大众传播的"两级流动"。人们往往通过社交网络中的意见领袖了解事物，而不是直接受媒介信息的影响。这些影响者在群组中选择性地分享媒介内容，有时候加上个人评论。传播的两极流动影响了人们的媒介菜单，加强了群组规范，使媒体难以单独改变人们的信仰或行为。即使在今天，这个意见领袖模型似乎仍适用于社交媒体。[89]

社交关系

我们可以将意见领袖想象成一个点，或者节点，这个点存在于更大的人际关系网络中。在一篇论文中，马克·格兰诺维特认为应该根据强度对关系加以区分，此文是社会科学领域引用最多的文章之一。[90]强关系的特点是频繁的交流、亲密的接触和互惠互利。这些特征也是紧密联系的"初级"群体所具有的，例如相对同质的家庭和好友。弱关系包括更具临时性的泛泛之交。与初级群体成员相比，弱关系群体成员之间的社交关系更加疏远。

> 人们往往通过社交网络中的意见领袖了解事物，而不是直接受媒介信息的影响。传播的两极流动影响了人们的媒介菜单，加强了群组规范，使媒体难以单独改变人们的信仰或行为。即使在今天，这个意见领袖模型似乎仍适用于社交媒体。

很多社交网络分析者相信，弱关系特别有利于扩散新信息。[91]由于与密友之间的关系很强，你更容易知道他们所知道的。弱关系桥接了个人与群体，因此成为新信息的重要来源——比如查找招聘信息。所以弱关系有利于扩散有些人所说的"简单传染"（simple contagions）[92]，一次接触足以让人知晓。

其他分析者指出，关系强度的重要性仅限于新信息的扩散。人们有时传递或转发群体成员所熟悉的内容。这看起来好像是团结或"社交纽带"（social bonding）的体现。尼古拉斯·哈里根和他的同事们写道："作为社会黏合剂，社交传染有一个经典案例就是在 Facebook 上的'喜欢'和'分享'。在 Facebook 上，每个人的涂鸦墙上都有积极回应的分级：'喜欢'、'评论'、'分享'。在 Facebook 上，将好友的帖子转发在自己的涂鸦墙上……是 Facebook 礼节中的最高褒奖，因此具有较强的社会黏合力。"[93]在这个例子中，强关系有可能产生一种"回音室"。一般来说，强关系有可能促进"复杂传染"。后者不仅影响人们的知识，还影响他们的信仰和行为。[94]不管是哪种情况，关系强度都会影响社交网络中的信息流动以及信息可能产生的效果。

社交媒体

群体成员与意见领袖之间的面对面互动，还会影响人们会接触什么媒体。然而，社交媒体的增长改变了社交互动的范围和质量，有些互动对公众注意力产生了深远影响。这里所说的最重要媒体包括社交网络、博客和搜索引擎。

Facebook 在全世界大概有 10 亿用户。其他社交网络和微博站点，例如推特和汤博乐（Tumblr），也颇具吸引力。在美国，社交网络和博客的使用占到人们上网时间的几乎四分之一。[95]这些平台能够而且确实为传统群组提供了支持。实际上，绝大部分的社交媒体好像都有利于维持朋友关系和家庭关系。它属于人际交流的一种。[96]但是，这些平台也产生一些松散广泛的网络，引入了新的影响源。

比如，推特用户经常传递一些网址链接，将其他用户导向媒介内容。推特上的大部分人属于"普通用户"，在这些人中只有很小一部分会积极引导他人去接触媒介内容。但是，还有更小一部分推特用户形成了一个新的、由意见领袖组成的精英阶层。[97]他们包括名人（例如巴拉克·奥巴马、Lady Gaga）、组织［例如大赦国际（Amnesty International）、全食（Whole Foods）①］、博客（例如 Mashable②、Gizmodo③）和主流媒体（CNN、《纽约时报》）。这些精英在推特用户中所占比例只有 0.05%，但是他们却吸引了大约一半的注意力。总之，在推特用户所接触的媒介内容中，有一半是通

---

① Whole Foods Market Inc. 是一家连锁超市，建于 1980 年，现已有 187 家商店，分布于全美各地。

② Mashable 是一个互联网新闻博客，由 Pete Cashmore 于 2005 年 7 月创办，它是世界上访问量最多的博客之一。

③ Gizmodo 是美国一个知名科技博客，主要报道全球最新的一些科技类产品。

过中介精英或其他渠道得到的——很多用户的媒介接触严重依赖二级传播。[98]

用户还通过搜索引擎和其他推荐机制寻找媒体。加在一起，人们花费在搜索引擎和门户网站上的时间仅占上网时间的10%弱，虽然二者的访问量超过了社交网站。[99]这并不足为奇，因为搜索引擎的设计目的是将人们打发到其他网站去，而社交网站则往往是"黏性"的。正如《纽约时报》所报道的，Facebook的"目标是往站点吸引更多的人并将他们留得更久"[100]。

人们搜索各种各样的东西。他们通常知道自己想访问哪里，并使用搜索引擎找到想要的网址（例如YouTube或亚马逊的网址）。有时候，他们寻找信息。有时候，他们只不过想打发时间。但是，根据一项研究，几乎三分之一的谷歌搜索集中于大众文化（例如明星、电视节目、流行音乐）或者时事（例如新闻站点）。[101]

与更加传统的社交网络相比，社交媒体有两个独有的特征。第一，它将群体归属的概念拓展，使之超越了传统的面对面相识关系。新的数字化群体仍然是同质的，但是却包括成千上万从未谋面的人们。第二，用户对这些群体的理解能力，取决于能否将海量社交数据简化为推荐。媒体机构通常将用户导向阅读最多的故事、观看最多的视频或者下载最多的歌曲。谷歌将超链接结构破解为排名推荐。亚马逊依靠的是将某人以前的选择与其他"和你类似的人们"匹配起来。与此类似，社交媒体上的电视指南（大部分是移动应用）会根据类型进行筛选，推荐在你的"好友"中流行的节目。[102]显然，这些都有利于产生羊群效应和从众效应（bandwagon effects）。[103]在"媒介测量"那一章（第四章）我们将会看到，没有什么东西是不带有偏见的。

病毒式传播

> 社交网络更让人印象深刻的，是它能够将默默无闻的故事或图片变得万人瞩目。这些内容往往通过社交媒体高速扩散。事实上大部分东西都不是病毒式传播。某些东西得以病毒式传播的原因是什么？很多因素都在推动"传染"的过程中起到了一定的作用。这些因素包括意见领袖的作用、社交网络的结构、看到其他用户行为的能力，或许还包括被分享媒介的性质。

社交网络更让人印象深刻的，是它能够将默默无闻的故事或图片变得万人瞩目。这些内容往往通过社交媒体高速扩散。人们以不同的方式描述这个现象：瀑布（cascade）、传染（contagion）、爆炸（burst）、扩散（spread）或者"病毒式传播"（going viral）。[104]如果一个人在推特上转发一条信息，或者在他（她）的社交网络中分享一个链接，每个人都会这样做，很快几乎每个人都收到了那条信息。普通的 Facebook 用户拥有的"好友的好友"可以达到 15 万[105]，因此这是一个成本低廉、具有巨大潜力的获取公众关注的途径。但是，事实上大部分东西都不是病毒式传播。因此我们的问题是：某些东西得以病毒式传播的原因是什么，这个过程是否可控？

这些问题都是当前学界的研究对象——也是争议较多的对象。[106]根据我们已经了解到的，很多因素都在推动"传染"的过程中起到了一定的作用。这些因素包括意见领袖的作用、社交网络的结构、看到其他用户行为的能力，或许还包括被分享媒介的性质。对于我们所了解的、与这些因素有关的知识，我在这里只做一个简要概述，关于推荐机制的讨论安排在第四章"媒介测量"中。

由于意见领袖的存在，有些人认为少量"特殊的人们"能够被识别被招募，然后可以引发社交"传染"。[107]正如邓肯·沃茨所指出的，这个观点对"市场营销人员、商人、社区组织者和几乎所有以影响和操纵人们为职业的人们来说就像是猫薄荷①"[108]。精英影响者有能力推介某个信息。奥普

---

① 猫薄荷是一种植物，能使猫产生兴奋、幻觉和特殊行为，此处应是比喻所言观点让人兴奋，有怀疑的暗示。

拉或其他明星的推荐肯定能够影响人们关注什么。然而，在这些案例中，我们难以区分意见领袖的影响和影响者在更传统的大众媒体上的曝光度。总的来说，某个人的知名度与他（她）实际影响他人的能力微弱相关。[109]与普通人相比，意见领袖只不过在影响他人和引发信息瀑布方面稍胜一筹。[110]但是好像没有人能够永远做到这一点。沃茨指出，人们策划的绝大部分信息瀑布——超过98%——并没有发生。[111]实际上，亨利·詹金斯及其同事曾经断言："影响者是Web 2.0世界里最大的神话之一。"[112]

然而，将目光放在意见领袖和社交网络结构上，并不能告诉我们信息本身的质量如何影响信息瀑布产生的可能性。或许，有些东西注定要流行。假如我们知道秘方，就可能运作信息瀑布。秘方中有很多可能的成分。信息的效用或信源的信度都可能影响流行度。[113]文本的开放性或"生产性"（producerly）可能会影响扩散程度。[114]有些人认为新东西更容易像病毒一样扩散，尽管实际情况并不总是这样。[115]或者，有些东西被分享可能是由于它们令人惊奇、令人生厌或者令人喜爱。据我们所知，包含情感成分的内容，尤其是令人生畏的、令人焦虑的和令人愤怒的故事，似乎更可能被扩散。[116]但是，社交"传染"终究仍是一个谜。我们可以肯定有些东西会像病毒一样扩散，但是我们尚不能完全预测它们是什么，更不用说控制这个过程了。

> 包含情感成分的内容，似乎更可能被扩散。

日常生活的结构

至此，在我们所读到的内容中，用户都被描述为具有很大能动性的人。不管有没有完全意识到这一点，他们都可以依照自己的偏爱和冲动自由行事。他们生活在随时媒体、随地媒体的世界里。有限理性可能使他们难以得到想要的结果，但是他们的社交网络通过新的形式得到加强，身边的资源也因此更容易得到利用。学术界通常给出的结论是："今天，我们理所当然地认为，人们具有目的性。他们在选择媒体和内容时具有主动性。"[117]这个随心所欲的能动者形象，有时候让我们忘记媒介使用在日常生活的结构中嵌入得有多深。

这些结构如此平凡、如此被认为理所当然，我们几乎没有注意到它们。但是它们却通过深远而且可以预测的方式影响了媒介消费。可以肯定的是，如果没有谈到结构，任何对用户的描述都是不完整的。社会学家指出，结构因素（如社会经济地位）能够在很多方面影响媒介使用。[118]例如，即便到了媒介可以"免费"取用的时代[119]，有没有资源支付订阅或服务的费用，有没有技术找到自己所需要的东西，依然十分重要。

另一些结构则浸入到人们的日常活动。什么时候去上班或上学，影响了人们如何、何时使用媒介。还有一些结构融入到文化中。人们生于何地、说何种语言、所在文化的行为规范是什么，都影响了媒介使用。正如我们所提到的，人们并非这些结构的囚徒，却往往在日复一日的活动中延续了结构。习惯性行为——或者安东尼·吉登斯所说的人类行为的"递归"（recursive）结构——是社会生活的基本特征，也是受众形成的决定性因素。[120]

> 人们生于何地、说何言、所在文化的行为规范是么，都影响了媒介使用。人并非这些结构的囚徒，却往在日复一日的活动中延续结构。习惯性行为——或者安尼·吉登斯所说的人类行为"递归"结构——是社会生活的基本特征，也是受众形成决定性因素。

人们何时何地有空使用媒介，就属于这样的习惯性行为。受众什么时候有空，可以从媒介使用的时间分布上看出来。在最寒冷的冬季，人们躲入室内，电视观众的数量达到顶峰；到了夏季，人们都在户外，电视观众的数量降至低点。实际上，看电视一直以来就被视为无法休闲时的休闲活动。[121]影院观影人数在假期最多。在美国，寒假和暑假是观影人数最多的时候。这两段时间也是电影公司播映大片的季节。[122]

受众有没有空，或许以一天为单位看它的影响最为明显。人们在上下班途中时，广播听众最多。傍晚，人们回到家，打开电视机后，电视观众才开始存在。这些日常规律并非不能打破。数字媒体正在打破工作和娱乐之间的界限。[123]然而，在现代世界中，每个地方的日常（受众数量的）波动都可以预测，因为这些变化反映了当地的社会情况。例如，韩国人下班晚，受众数量达到峰值的"黄金时段"就向后推迟了。一般来说，媒体知道将要发生什么，并且做到未雨绸缪。[124]

在所有的媒体平台上，我们都能找到明显而且稳定的使用规律。即便是在那些"定制"媒体中，情况也是如此。[125] 2008 年，媒体行业委托了一项不同寻常的调查，在调查中，研究者实地跟随美国人一整天的时间，详细记录了他们所使用的媒体和使用该媒体时的情况。调查结果所揭示的规律如图 2—1 所示。看电视占到晚间媒介使用的六成。作为音频中的王者，广播的收听峰值出现在早上的"开车时间"和中午。所谓的第二屏"电脑"在工作日使用最多。总体来说，这几个不同的媒体平台都很好地反映了用户定义"曲目"，反映了人们是在工作，在路上还是在家中休息。[126]

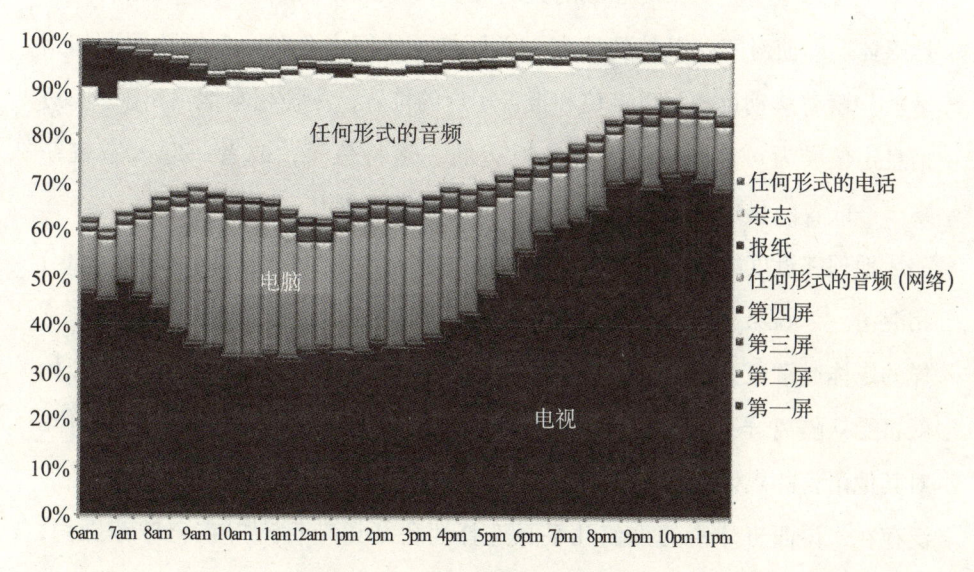

图 2—1 媒介使用的逐小时变化

资料来源：Adapted from the Council for Research Excellence (CRE). Copyrighted information of The Nielsen Company, licensed for use herein.

电视节目单与日常生活节奏紧密相连。BBC 一位资深研究员如此评价点播媒体（on-demand media）的前景："所以，尽管时移电视如此便利，尽管孩子们（请保佑他们）如此忽视节目单，尽管电视盒子正在兴起，节目单还是保留了下来。节目单是电视的杀手锏，千万不要忽略了这一点。互联网似乎在与时间斗争：虽然很新、很即时，但它缺少一个时间背景。"[127]

然而，工作与娱乐的模式并非是影响媒介使用的唯一结构。最简单的，人们住在哪里就能影响他们关注什么。Facebook 的创建者、亿万富翁马克·扎克伯格曾经说过："此时此刻，你家门前垂死的松鼠比非洲垂死的人类更能引起你的兴趣。"[128]这句评论相当直率，却解释了一个更广泛的现象。这个现象被称作"地理学第一定律"（first law of geography）："任何事物都与其他事物相联系，但邻近的事物比较远的事物联系更为紧密。"[129]

地理邻近度似乎真的能够聚焦人们的注意力。在不同的国家，那些有地理标签的维基百科词条只要邻近度高，不管是什么语言都会相互链接。[130]在那些有不同市场区域的大国（例如美国和中国），居民利用的是本地媒体。即使对家乡以外的地方一无所知，他们也会对家乡的新闻了如指掌。[131]随着移动设备可以定位和报告用户的位置，一种超本地（hyperlocal）信息定位成为可能。或许，街角饭店的一道特色菜，或者一起入室盗窃案——或者一只死松鼠——都将博得邻居们的注意力。

地理邻近度经常（虽然不总是）与"文化亲缘性"（cultural proximity）相混淆。[132]说某种语言的人，很可能会以所说的语言使用和分享媒体。这样的媒体通常也会符合其他文化规范或期望。不管怎么说，语言从一开始就将受众隔离开来。[133]只要可以选择，人们都会选择所偏爱语言的媒体，对其他语言的媒体一概不理。在像美国这样的国家，西班牙语媒体已经广泛存在，说西班牙语的人们几乎只选择西班牙语节目。[134]在全球范围内，人们也是浏览访问所偏爱语言的网站。其他语种的网站或许提供全新的信息，或者为旧信息提供不同视角，但是这些可能永远不会进入他们的视野。[135]这样的忠诚不足为奇，但是在一个多元文化的世界，语言忠诚足以建立紧密相连的社交网络，形成媒体用户的小团体。

日常生活的结构深刻影响了人们使用媒体的方式。结构经久不衰且润物无声。人们的情绪或者他们所寻求的满足，或者与之类似的、人们还不是那么清楚的偏好，都没有社会结构那样持久。人们在哪里生活和工作，说什么语言，都可以算作常量。这些常量创造了稳定的环境。稳定的环境促进某种类型的媒介使用，也遏制其他类型的媒介使用。这些环境因素如何影响到人们关注什么、不关注什么，这个问题很少有人思考。

偏好之谜

毫无疑问，数字媒体提供的很多东西，我们都予以关注。我们似乎有无穷无尽的东西可以选择。社交媒体为我们提供了工具。我们借助这些工具创建越来越多的东西，并与朋友和家人分享。但是，这些活动并不都能上升为有意义的公众注意力模式。我们的挑战是找到用户聚积为受众的原因。为什么有些媒体广受欢迎，创造共有知识和文化通货（cultural currency）？哪些可能的因素让受众忠诚经久不衰？这些因素让我们变得人人富足还是彼此分裂？

从很多方面看，答案就在用户偏好中。在当今世界，媒体几乎是不付分文便可随时随地取用。要想知道人们看什么听什么，了解他们的偏好似乎是一个稳操胜券的办法。毫无疑问，了解人们的偏好

> 偏好是一个谜。大多数人以为偏好能为我们提供一个稳固的（理论）基础，实际上这个基础并没有那么牢靠。

能够帮助我们解释媒介使用行为——这正是我们费力梳理那些媒介选择理论的原因。我们把偏好作为解释受众行为的核心策略，然而它的作用也将止步于此。偏好是一个谜。大多数人以为偏好能为我们提供一个稳固的（理论）基础，实际上这个基础并没有那么牢靠。

首先，随着时移势迁，我们的媒介偏好也经常是含糊易变。虽然每个人都可能有一些讨厌的东西，但很多人都是"杂食动物"。很多人讨厌硬新闻（hard news）。但是对于那些可能受喜爱的东西，我们很多时候很难知道某个人会从中选择什么。我们

> 丰富的媒体赋予人们选择的自由，也让他们面临困境。我们越来越依靠社交网络和推荐机制来完善选择机制。但是这些机制也有自身的缺陷，让选择过程出现新的偏差。

的偏好随着情绪、社会线索（social cues）和时代要求的不同而改变。

其次，即使人们知道自己想要哪种媒体，他们也并不总能找到最佳选择。丰富的媒体赋予人们选择的自由，也让他们面临困境。太多的东西想

要赢得我们的注意力，我们只好借助一些工具和技术（做出选择）。我们将选择的范围缩小，只关注一小部分平台和应用。我们利用几个经验法则在眼前的媒体中迅速选出最喜欢的。遗憾的是，这些机制远非完美，所以最好的选择很可能已被我们忽略。我们越来越依靠社交网络和推荐机制来完善选择机制。但是这些机制也有自身的缺陷，让选择过程出现新的偏差。我们接下来会讨论到这一点。

最后，我们并没有完全了解偏好从何而来。有些学术理论尝试解释偏好的来源。偏好显然反映了我们的教养和阶层。偏好有助于满足某些需求，找出某些偏见，缓解某些情绪。但是，所有这些理论都假设人们的偏好是事先存在的。人们将先有偏好带入媒体，并据此做出选择。这些理论扼杀了另外一种可能，即，我们选择媒体另有原因，所选择的媒体影响了我们的偏好。这样的话，传统的因果关系便颠倒了过来。

如果这种可能成立的话，那么在有限理性的条件下，我们那些不很稳定的偏好便受到媒体环境的影响。如果媒体积极培育我们的口味，并操纵我们的媒介接触，这种可能性就更高了。在下一章，我们将会看到，媒体正在做这些事情。

第三章 | 媒体

在媒体变得应有尽有的世界里,注意力是稀缺的资源,因而也是宝贵的资源。媒体制作者想要宣扬理念、塑造文化或者赚取钞票,注意力都是不可或缺的。

其实,新媒体很少提供全新的东西。它们只不过选择性地扩大了已经存在的东西。

如果注意力经济正在兴起的话,搜索引擎就是交易大厅。

媒体为人们提供资源。不久之前，这些资源是有限的，而且被大的机构所控制。时至今日，数字技术为人们提供了诸多工具，这些工具在几年前是难以想象的。用户可以随时随地取用媒体。他们创建媒体，并与朋友甚至整个世界分享。实际上，传统媒体机构和用户之间的界限变得越来越模糊。然而，不管是新媒体还是旧媒体，多数媒体生产者都想得到公众的注意力，都竭尽所能地去吸引受众。在本章中，我们将会思考注意力经济的基本逻辑和"媒体"是如何建构受众的。

注意力经济

充足的数字媒体争夺有限的人类注意力，便产生了有些人所说的"注意力经济"。[1]在媒体变得应有尽有的世界里，注意力是稀缺的资源，因而也是宝贵的资源。媒体制作者想要宣扬理念、塑造文化或者赚取钞票，注意力都是不可或缺的。媒体通常被大的机构控制，后者主要是受商业利益驱动的。但是对于那些公共资助的媒体和越来越在"分享经济"规则下运行的媒体供应商而言，受众同样至关重要。不管受众的动机是什么，他们都是注意力经济的参与者。

商业型经济

在美国，媒体机构的首要动机是赚钱。在这一点上，全世界的情况日趋一致。当具有经济价值的东西被交换时，便意味着"商业经济"的存在。[2]从广义上讲，商业媒体通过两种途径赚钱。第一种，它们直接向用户出售媒介产品和服务。典型的例子包括电影制片厂、唱片公司和诸如亚马逊、奈飞和 iTunes 之类的零售商。第二种，媒体向广告商出售用户的注意力。它们必须首先购买或制作媒体，然后利用媒体吸引受众，然后再将其销售。第二种情况被称为"双重产品"市场，因为它同时包括向受众提供媒体和向广告商提供受众。[3]一个典型的例子就是商业广播。商业媒体往往同时通过两种途径赚钱。用户和广告商成为大多数有线电视、报纸和杂志的收入来源。

但是，传统的大众媒体并非唯一想要赚钱的媒体。大多数互联网平台的运作方式与传统媒体非常相似。谷歌、Facebook 和 YouTube 都是先提供产品和服务、吸引受众，然后将受众注意力卖给广告商。很多博客主也参与了进来。海瑟·阿姆斯特朗，"妈妈博客主中的女王"，每天能够吸引10万人访问她的博客。从2004年起，她开始与广告商合作。目前，她的合作商每年投放的广告价值超过100万美元。[4]对于那些在商业经济体系中运行的媒体而言，公众注意力就是通货，所以吸引受众是至关重要的。但是能否吸引受众，通常取决于竞争的激烈程度。

在选择匮乏的环境中，只有三个或四个电视台参与竞争。合理的做法是，它们都提供吸引最广泛受众的节目，以期将受众"最大化"。[5]经济学家认为，这种做法使媒体提供的产品"过于同化"[6]，或者导致有些人所说的"最小公分母"节目。随着竞争加剧，新入局者倾向于提供不同的东西。至少在入不敷出之前，他们都会这样做。这种情况使公众的选择更加多样化。图克斯伯里和里滕伯格指出："经济学解释精确地描述了目前媒体市场发生的变化。主要是相对较小的、较新的媒体更愿意以利基受众为目标。"[7]当然，以利基受众为目标的媒体也有兴趣将受众最大化，但是它们的目标通常限定在由人口统计学特征和类型偏好所定义的更小范围内。

公共资助的媒体与纯粹的商业媒体拥有很多相同的特征。它们通常都是庞大的机构，例如 BBC，它会花费巨资购买或制作节目。然而，公共资助媒体的资金来源各不相同，比如国家补贴、执照费和用户捐赠。所以，公共资助媒体的理念也各不相同。在历史上，国有广播机构一直被赋予向公民持续提供优质节目的使命。20世纪80年代后期，一份英国政府报告指出，BBC"应该提供涵盖全部公众品味和兴趣的优质节目，包括大众喜爱的节目和少数人喜爱的节目，应该提供教育、信息和文化，也应该提供娱乐"[8]。

当时，英国只有四个电视台，所以在吸引受众方面几乎不存在任何挑战。但是，和商业媒体一样，公共媒体也面临着日益加剧的竞争，所以受众行为现在已经成为整个欧洲的政策制定者所关心的问题。[9]一位受众研究方面的资深学者指出，即使是公共资助媒体也需要"确保生存，也需要建构自身在社会、文化和心理上的影响力。它们也需要通过（采集）媒体受众规模和使用规律方面的数据，才能做到上述两点"[10]。所以，这些媒体机构所做的事情无外乎吸引受众和记录受众。

这并不是说，媒体机构（商业媒体抑或其他媒体）中的每一个人都齐步走在建构受众的道路上。在这些机构中，有些人可能对"受众要什么就给什么"这个理念无动于衷，甚至反对和抵制它。在娱乐行业中，有些创作人员更愿意"为了艺术而艺术"，而不是取悦受众。[11]在新闻机构，职业规范鼓励编辑和记者"给予受众他们所需要的"。因此，新闻机构提供了太多硬新闻，而人们似乎并不想要那么多。我在（美国）西北大学的同事们研究发现，新闻网站上的硬新闻与访问者实际阅读的新闻之间总是存在不一致——这个情况在全世界很多地方也都存在。[12]那些离经叛道者能否在刀光剑影的竞争中幸免一死，至今未可知也。然而，建构受众仍然势在必行。即便对于那些乐于"免费"分享媒体的人们来说，情况也是一样。

分享型经济

历史学家早就意识到，商业型经济并非主导人类交换活动的唯一体系。[13]社交媒体的发展，不受经济收益驱动的用户出现，重新燃起人们对"赠予型"（gift）或"分享型"（sharing）经济的兴趣。[14]与商业型经济不同的是，分享型经济不存在金钱交易。人们免费分享或交换东西，包括用户生成内容、推荐或共同感兴趣的东西。在分享型经济中，生产和扩散媒介的是用户。他们成为"媒体"的业余成员。

分享型经济的出现一直让社会各界欢呼雀跃。纽约大学著名新闻学教授杰伊·罗森在博客中代表受众向传统媒体致辞:"眼球不属于你。新闻界现已分化为专业领域和业余领域,它也不属于你。新平台上的生产不是单向的,它不受你控制。我们和你之间的势力对比已是今非昔比。"[15]

类似的评论还来自亨利·詹金斯和他的同事:"我们的文化形态,谢天谢地,仍然处于过渡阶段,而且——正因为如此——我们仍然可能通过集体斗争界定可拓展媒体环境的边界,打造一个比以往更具包容性、更有活力、更具参与性的媒体环境。"[16]毋庸置疑,在当前的媒体中,许多内容提供者似乎并没有按照旧体系的规则行事,那么,他们的动机又是什么呢?

与商业型经济相比,分享型经济中的动机更加多样化、更加不透明。[17]有些人似乎真的是利他主义。经典的例子,正如很多作者所引用的那样,是维基百科和 Linux 软件。[18]二者都是由匿名贡献者创建内容和服务。他们为了公共利益而努力工作。还有一些人似乎意在围绕某些艺人、艺术类型或政治事业建立社群。[19]还有一些人利用社交媒体提高社交网络内的凝聚力、增加他们的社会资本、塑造他们的公共身份或者获取"微名人"(micro-celebrity)地位。[20]

一个人分享的动机往往看似无私,实际上却是为了自己。比如尤查·本科勒指出的"乔·爱因斯坦"(Joe Einstein)现象。它指的是一个人免费(与他人)分享知识。但是,分享知识亦有利于提高分享者的知名度或者对"提高知名度有好处"。知名度的价值会在其他地方体现出来。[21]同样,知名作家、"免费"媒体的提倡者克里斯·安德森解释说:"电子书的边际成本很低。实际上,它是对演讲或咨询的营销。后者的边际成本很高。"安德森也承认这正是他的盈利模式。[22]所以,很多分享方式都有可能带来好处,都有一个隐蔽的动机。正因为如此,那些提供分享的人才会不遗余力地寻求公众的注意力。

然而,想要让这些分享达到它们的目的,就必须要有某种受众予以关注。因而，大多数媒体生产者都有想象中的受众，并讨好他们。一项对推特用户的研究指出："并非只有那些拥有众多粉丝的人们才会使用微名人策略。很多用户都有意识地将推特当作一个获取和维持注意力的平台。他们针对目标受众的兴趣推送内容，并在不同的话题区域间保持平衡。"[23]

在分享型经济中，情况也是如此。受众会以出乎意料的方式突然出现。很多人由于个人原因使用社交媒体。[24]他们为了创建媒体而创建媒体，或者是为了与家人朋友分享而制作内容。公共站点上的媒体内容什么时候能够开始"病毒式"传播，这很难预料。例如，当本书行文至此时，一段名为"查理咬我手指"的家庭录像成为 YouTube 上观看最多的视频。媒体流通的方式出乎制作者的想象。所以，即使对公众注意力没有兴趣，人们也不得不面对它——上述情况因此也与本书相关。

不管怎样，商业型经济和分享型经济都有一个同样的目标——建构受众。商业媒体的使命显然就是如此，不管它是向人们出售产品，还是将人们卖给广告商。然而，对于很多无意获取利润的媒体提供者来说，建构受众也是他们的目标。亨利·詹金斯和他的同事们承认，"在线生成内容的用户往往对扩大自己的受众范围、提高自己的知名度很感兴趣。他们把能够在推特上吸引多少粉丝作为衡量自己成功与否的标准，这和电视经营者重视节目能够吸引多少眼球如出一辙"[25]。在这个意义上，注意力经济的逻辑是无处不在的。所以，本章余下部分的焦点是：机构实践和人际交往是如何培育公众注意力的。

> 通常你需要做两件事来培育公众注意力。第一，你需要生产能够保持用户兴趣的媒介，比如节目或推特。第二，你需要设计一些路径，让人们接触到你所创造的内容。第一件事是关于媒体生产的。第二件事是关于建构受众的。

通常你需要做两件事来培育公众注意力。第一，你需要生产能够保持用户兴趣的媒介，比如节目或推特。第二，你需要设计一些路径，让人们接触到你所创造的内容。第一件事是关于媒体生产的。第二件事是关于建构受众的。接下来，我们对二者分别加以讨论。

媒体生产

媒体生产可以说范围很广，从博客主的最新沉思到电影公司投资几百万美元的电影。这显然属于不同类型的活动，需要不同的资源，也给创造者带来不同的挑战和回报。即便有挂一漏万的风险，我们还是可以找到媒体生产的几个指导原则。这些原则包括三个相互关联的决策：投资多少；如何在充满不确定性的环境下生产媒体；如何最大限度地利用现有的媒体产品。

决定投资多少

媒体生产者首先要决定的事情是投入什么资源去生产一个东西（例如，一篇博客或一部电影）。在商业企业中，这个考量分为两个部分。第一个部分，对预期市场的规模进行评估；预期受众的规模越大、越富有，潜在回报越大。因此，市场规模越大，前期投资就越大。这也是为什么好莱坞愿意花费几百万美元制作电影的原因。这些电影可以触达规模庞大、生活富裕的、说英语的人群；某些类型的电影还可以通过高超的制作水准吸引到全世界的观众。[26]

媒体的形式不同，所需的生产成本可能大不相同。制作一部好莱坞巨片可能需要超过1亿美元的投入。黄金时段的电视连续剧可能每集都要花费几百万美元。即便是不那么传统的点播服务，比如奈飞和亚马逊，在电视连续剧上的花费也是数以百万计。[27]所有这些媒体都有很高的"首份拷贝成本"。[28]也就是说，制作首份电影或电视节目的拷贝是非常昂贵的。而且制作首份拷贝的成本必须在得到回报之前支出，或者"沉没"。[29]所以，失败风险极高。很多互联网平台，例如谷歌或亚马逊，都有各自版本的高昂首份拷贝成本。这些平台通常可以根据需求的增长增加投资，所以也并非所有的成本都预先沉没。但是，为了提供具有竞争力的服务，它们仍然不得不在软件和服务器场（server farms）上投入巨资。[30]

其他形式的媒体生产，例如写博客、写书、录制音乐、拍摄家庭录像或合作开发软件、编写维基，成本则相对较低。[31] 除了自己的时间，上述媒体生产者并不需要承担多少风险便能迅速进入市场。

这样我们就进入了投资决策的第二个部分：对竞争情况进行评估。假如你所追求的受众炙手可热，那么你很有可能面临竞争。有些媒体生产和分配成本高昂，给进入市场设置了障碍。我们必须面对这一点：尽管很多公司觉得为了美国电视观众而竞争是争有所值，但不是所有人都有运营电视台所需的必要资金。当生产成本较低、散播方式容易掌控时，市场的准入门槛较低。在这样的市场上，例如博客空间或万维网，竞争基本上是无限的。2012 年，尼尔森追踪到超过 1.8 亿个博客——但是胜者又有几何呢？[32]

> 投资媒体的经济逻辑包括：对潜在受众的规模进行评估，对他人进入市场的可能性进行判断。

所以，投资媒体的冰冷经济逻辑包括：对潜在受众的规模进行评估，对他人进入市场的可能性进行判断。尽管每个媒体生产者都想要独享整块蛋糕，但是有时候得到大蛋糕的一小块足以算得上优厚回报。对于投资者来说，不幸的是：受众的不可预测让投资决策变得复杂。即使竞争者的数量不变，同样规模的投资所建构的受众可能非常多，也可能非常少。

决定生产什么

谈到媒体生产，人们一般认为"无人知晓"什么东西能在市场上取得成功。[33] "无人知晓"这个说法来源于编剧威廉·高曼。他观察到，在好莱坞没有人能够预测哪个电影会成功、哪个电影会失败。[34] 电影产业中到处都是这样的例子：大电影公司耗费巨资的影片遭遇票房滑铁卢（例如《约翰·卡特》、《星际冒险王》、《天堂之门》等），而小投资影片却大获全胜（例如《女巫布莱尔》、《灵动：鬼影实录》等）。[35] 电视与电影没什么两样。尽管聘用最优秀的人才、先期推出试验性节目，大部分新电视节目还是会失败。某位电视台经理曾经说过："所有的成功都是侥幸。"[36]《哈利·波特》的第一部，在出版之前，甚至曾被 8 家出版社拒绝。[37] 所以，只凭媒体本身，即使是专家也很难知道哪些新出的媒体产品能够找到受众。世上没有制作畅销作品的灵丹妙药。不论是大投资的媒体，还是用户生成内容，情况都是如此。

然而，投资最多因而输得也最多的是机构生产者。这个生意的本质就是高成本高风险，所以他们要多面下注。这需要制作一些新奇但又熟悉的内容，还需要在领导市场和追随市场之间做出选择。[38]即使是在竞争性的市场，参与者的决策也往往导致文化产品惊人地趋同。

新奇 VS 熟悉 意在吸引受众的媒体制作者面临着一个困惑。正如约瑟夫·蓝佩尔及其同事所解释的那样，"文化产业的竞争是由寻求新奇所驱动的。然而，消费者既期望新奇的文化商品，也期望这个新奇是可以理解的，是自己熟悉的"[39]。在二者之间做到微妙的平衡，从而实现某位教授所说的"可靠的惊奇"，这对娱乐和新闻的生产者来说都是一个挑战。[40]

> 在新奇与熟悉这二者之间做到微妙的平衡，从而实现"可靠的惊奇"，这对娱乐和新闻的生产者来说都是一个挑战。

电视制片人试图处理好二者之间的平衡。他们在开发新节目时不会远离原来的成功。他们兜售作者或制片人曾经取得的成功，并以此力荐新的节目。或者，他们强调新节目如何与成功者相似——实际上也几乎没有什么差别。[41]只要承受得起价钱，创意产业倾向于使用同一拨"一流"人才。[42]哈佛商学院的安妮塔·埃尔贝斯指出："电影公司付给超级明星演员（比如约翰尼·德普、詹妮弗·劳伦斯、威尔·史密斯、克里斯汀·斯图尔特和小罗伯特·唐尼）优厚的报酬，目的是为了将这些影星的粉丝转化为影片的受众。电视台的情况也是如此……只关注明星演员的做法现在已经蔓延到几乎所有的娱乐产业。"[43]

这些策略都不能万无一失地消除风险，却至少可以帮助媒体制作者在"无人知晓"的环境中进行合理决策。这也有助于解释为什么电视台倾向于委托制作衍生剧集，比如《犯罪现场调查》和《法律与秩序》，或者为什么电影公司倾向于制作续集，例如《星球大战》或《加勒比海盗》。

其实，很多电视节目模式都在全球范围内风行。[44]《美国偶像》最初是一个名为《流行偶像》的英国节目。《好声音》的原型来自荷兰，现在已经被复制到50多个国家。[45]以《幸存者》或《百万富翁》为基础的其他节目出现在全世界几十个国家。通常，这些"超级模式"会根据当地受众的情感特质作出调整。正如简·查拉比所指出的，"模式能够流行正是因为它们能够根据当地口味做出调整，聚合了来自不同文化的元素和语言。"[46]这将最终使全球文化同一化，还是会促进健康的国际文化交流？这个问题有待争论。[47]

> 模式能够流行是因为它够根据当地口味做出调整，来自不同文化的元素和语言。

在处理新奇和熟悉的关系时还有一个重要的因素：媒体产品的类型。我们在第二章提到，人们利用类型决定关注什么、不关注什么。如果人们识别出某个东西属于自己偏爱的类型，它便跨过了第一个门槛。假如无法识别是什么类型，人们不会再多看它一眼。只要遵循类型的规则，媒体制作者就能够清楚说明媒体产品是什么。例如，电影公司能够"为影院观众呈现核心的、易于识别的类型特征（例如西部片中的枪战和马匹、恐怖片中的血刀、科幻片中的异形）。设计这些特征的目的就是确立电影的类型身份以及目标受众"[48]。

创新型公司不靠广告支持运营，但是也倾向于提供熟悉的、不逾越类型边界的内容。如今，奈飞在原创节目上的投资有几个亿。但是《连线》杂志却这样写道：

> 奈飞所有的新节目都是以现存电视和书籍为基础的：这些节目至少在某种意义上是可知的，因此公司对消费者会有什么反应更有把握……这些节目与消费者的口味相匹配，而且可以归入现有的类型——奈飞网站上的类别更加精确（"愚笨喜剧"、"颇受好评的烧脑外剧"、"离奇疑案＋强势女领导"）。公司真正想要的是优秀的内容——并非主题激进的内容，因为公司不知道如何把激进内容包装给消费者。[49]

类型跨界可以带来新奇，改变口味或许也能令人耳目一新。例如，2011年一部名为《牛仔与异形》的电影（丹尼尔·克雷格和哈里森·福特主演）糅合了两种类型，并取得了某种票房成功。然而，"杂交"类型往往会遭遇麻烦。这并不是因为它不优秀，而是因为受众不知道如何理解它。[50]已故影评家罗杰·埃伯特在给《牛仔与异形》的影评中写道："我希望这是一部西部片。你知道,那种传统的西部片,没有宇宙飞船的。丹尼尔·克雷格冷静而且瘦弱,扮演了一个熟悉的西部片角色。"[51]所以,媒体制作者在类型上跨界,是要承担风险的。

新闻生产者也要在新奇和熟悉之间保持平衡。顾名思义,每天的新闻都是新的。但是,新闻的包装方式提供了一种令人舒服的熟悉,从而有助于保持受众。正如经济学家理查德·汉密尔顿所解释的,"在消费之前,报道内容具有不确定性……这导致新闻机构产生对信息组织与呈现的预期。公司可能会强调记者的个人特点。因为即便报道主题变化,记者的个人特点也不会改变。因此,读者和观众知道他们能从媒介产品中得到什么,即使他们可能并不知道将要消费的事实是什么。"[52]

> 新闻生产者也要在新奇和熟悉之间保持平衡。顾名思义,每天的新闻都是新的。但是,新闻的包装方式提供了一种令人舒服的熟悉,从而有助于保持受众。

不管经济学理论怎样预测,增加竞争并不能有效增加新闻产品的多样性。相反,2006版的《新闻媒体现状》(State of the News Media)指出:"新闻界遭遇的新悖论是,新闻机构越来越多,报道越来越少。随着生产新闻的地方越来越多,每个新闻机构的受众却在缩减,每个机构的记者数量也降低了。全国性的新闻机构仍然需要报道大事件。因此,我们每天还是会看到更多对同样一组话题的报道。"[53]

新闻机构更多了,新闻报道更少了。造成这个现象的原因还有一个:记者倾向于互相模仿。阿姆斯特丹大学的彼得·瓦斯特曼(Peter Vasterman)指出:"新闻业是一个自我参照程度特别高的系统:新闻就是其他媒体认为具有新闻价值的东西。其结果是,新闻选择中具有很高程度的单一性,每张新闻办公桌上都有合群的压力。"[54]合群心态产生"自我强化的新闻波浪",席卷了受众,并有效征用了公众注意力。有时候,某些主题似乎是必须报道的,例如自然灾难或就职典礼。有时候,狂热报道的好处则有待商榷,例如名人的婚礼、离婚和逝世。你或许认为通过网络发布更多的新闻可以增加报道主题的多样化,然而事实并非如此。

大多数新闻编辑室都有在线平台,从而更容易监测竞争对手的所作所为。

如果某个对手首先报道了一则新闻，在线散播能够让这则新闻迅速复制并触达受众。毕竟，你不想失去对那则新闻感兴趣的读者，而且互联网对页数并没有严格限制。我在西北大学的同事帕布鲁·博奇科夫斯基认为，这导致了他所谓的"同一的螺旋"（spiral of sameness）。他在书中写道："同质化在新闻中的上升导致了一个记者和消费者都不喜欢却又无力改变的局面。"[55]

领导 VS 追随　一只眼睛盯住竞争，另一只眼镜盯住受众。这句话强调的是媒体制作者必须面对的另一个压力。他们追随市场、迎合现有的偏好，还是领导市场、培育一种新的需求？这两个策略都能奏效："文化产品的成功可能是因为它有意或偶然投中消费者的先有偏好，或者是因为它引导消费者根据产品调整口味。"[56] 后一个策略的成功几率取决于媒体改变人们偏好的能力。这个问题我将在第六章讲到。前一个策略比较保守，媒介测量在其中起到尤为重要的作用。

一般来说，任何行业内的公司都依赖"市场信息机制"了解消费者和竞争者的所作所为。[57] 在商业媒体中，受众视听率一直是使用最广泛的市场信息机制。它所提供的数字——"视听率"（ratings）——早就被用于监测和评价媒体（电视台、电视网和具体的电视节目）的成功。[58] 视听率，或者与之同样的票房或销售数字，往往需要一段时间才能到达媒体制作者手中，这导致他们与市场之间存在某种隔绝。[59]

但是，数字媒体几乎能够实时追踪和报告用户的行为，从而将市场信息置于很多生产过程的中心。正如《纽约时报》所报道的："忘记（故事中的）僵尸吧。数据僵尸正在入侵好莱坞。重新塑造了政治和电商的数据分析正在日益被用于娱乐产业。"[60]

这些数据影响了媒体的种类和导向特定受众的方式。在问题的一端，如同以往，受众信息为创意决策或编辑决策提供了信息，只不过现在它的作用随着决策的完成变得更大。[61] 在另一端，它支持着一个冷冰冰的程序。在这个程序中，媒体按照受众需求制作内容，然后呈给目标用户。一般来说，媒体会注意吸引特定广告商，同时对特定产品进行营销。[62]

C. W. 安德森对在线新闻编辑室进行了研究。他指出，记者和编辑越来越多地（有时痴迷地）使用网络测量指标（例如综合浏览量）来决定哪些报道该上、在哪里上。例如，他引用一位网络制作人的话说，"通常我给一个报道至少一个小时来让它证明自己。500个综合浏览量就很好，1 000个非常好。"[63]安德森还观察到，"在测量数据广泛扩散的同时，人们十分渴求更大的流量，以此提高在线广告收入。管理学对上述两点的有意强调使网络制作者……越来越依靠原始的定量数据做出对新闻的判断"[64]。

安德森的研究具有指导意义，原因有二。第一，传统上，记者和其他创作者一直无视（如果不是敌视）用户反馈。[65]然而，现在的理念是普通用户积极创造和分享新闻，再加上竞争加剧，所以"关于受众需要的定量数据"[66]开始持续供应。新闻生产文化由此发生改变。它更倾向于追随受众的领导。第二，网络测量展示了受众是如何促使媒体机构做出调整的。在第二章我们提到，当用户被视为集合时，他们施行了一种强有力的能动性。我们已经展示过商业媒体制作者是如何看待和回应受众的。

现在的互联网平台，例如奈飞和亚马逊，制作媒体并拥有数据收集能力。这将使上述现象得以蔓延。《连线》杂志指出："奈飞拥有的东西就连HBO市场调研人员也无法望其项背：数年几近完美的关于用户所看所爱的数据。奈飞已经在利用这些数据挑选新的项目。"[67]同样，亚马逊追踪试验节目引起的反应，创造了"一个超大的分散电视焦点小组。观看数据和反馈被用于遴选——和改进——最具前途的项目，所以，当剧集播出时，它们的质量和知名度已经最大限度地优化了"[68]。

这些数据的使用会开辟《连线》所说的新的"电视白金时代"，还是仅仅制作了稍微不同的媒体产品？我们将拭目以待。很多作者和制作者都不是特别乐意看到对研究的依赖日益增强。一位电影作者认为："它是创造力的敌人，无异于拙劣模仿已有的作品。这只会导致毫无特点的同质化日益加剧，导致为争取中间道路引发的盲动。"[69]然而，媒体制作貌似越来越多地使用受众测量数据。《纽约时报》的一位记者给出的结论是："随着电影制作的风险越来越高，好莱坞越来越依赖研究来降低工作中的猜测成分。"[70]

现在，完全不同的东西 我至此描述的大部分媒体都是商业性的，它们都有很多资金做后盾。但是还有一种可能的情况是，那些草根的、用户生成内容无需承担高昂的生产成本，也没有令投资者满意带来的那么多压力，从而为我们提供了完全不同的东西。我们确实可以看到，音乐制作、图书写作、（规模更小一点的）独立电影和视频制作都表现出日益增加的多样性和原创性。[71]

然而，草根公民新闻所创造的乐观预期超过了上述情况。观察家们例如丹·吉尔默和尤查·本科勒看到，数字媒体解放了普通民众，使他们可以在传统主流媒体渠道之外收集和报告信息。这些被吉尔默称为"原来的受众"的人们正在"学习如何加入新闻流程，帮助建立大规模对话，而且在某些情况下比专业新闻人士做得还要出色"[72]。

在有些人看来，这个改变似乎不可避免。长期担任谷歌首席执行官的埃里克·施密特与其合作者认为："显而易见，主流媒体机构将会越来越发现它们在全球新闻播报中落后了一步。不管它们的记者和通讯员如何具有天赋，不管它们有多少信息源，

> 在互联时代，世界上的突发新闻很多来自诸如推特之类的平台：开放的网络有利于即时的、广泛的、以易于理解的包装方式呈现的信息分享。

这些组织机构显然无法在互联时代迅速行动。取而代之的是，世界上的突发新闻将继续来自诸如推特之类的平台：开放的网络有利于即时的、广泛的，以易于理解的包装方式呈现的信息分享。"[73]

其实，普通公民有时候也报道突发新闻、发布图片或者揭露专业记者未能报道的事实。而且，在数字网络中分享这样的信息还能催生新形式的集体行动。[74]然而，事实也证明，相当数量的社交媒体新闻或博客新闻来自传统媒体。

"卓越新闻工程"（The Project for Excellence in Journalism）对巴尔的摩市的主要新闻（包括博客和网站上的新闻）进行了研究。研究发现，"整整83%的新闻基本上是重复性的，没有提供任何新信息。在包含新信息的新闻中，有17%几乎全部来自传统媒体，或者来自传统媒体的平台，或者来自它们新的数字平台。"[75]此外，剽窃的新闻通常不注明出处，让受众相信它们看到的是原创，其实不然。

同样，如《广告时代》（*Advertising Age*）所指出的，社交新闻网站红迪网（Reddit）俨然一个主流媒体，博客经常从中获取新闻，用户通过"投票"将新闻"提升"到头版。

红迪网已经成为，用简单的话说，主流媒体……2012年（它）以超过370亿综合浏览量和4亿单独访问量封账。即使是不经常访问——或者从来不访问——所谓社交新闻网站的人们也经常感受到红迪效应（Reddit Effect）。因为……主流博客几乎近于荒谬地（甚至病态地）依赖红迪……红迪的永久标签是"互联网的头版"，但是它同样容易成为"那些需要浏览量配额的、疲倦的博客主们的剽窃版"。[76]

更笼统地讲，很多被当作原创用户生成内容广为流传的东西，都来源于现有的大众媒体。用户盗用图片或故事情节或音乐，并将其"重糅"成另外一样东西。[77] 他们的这些做法往往反映并强化了流行文化。正如詹金斯及其同事所承认的，"实际上……受众经常把商业性生产者商品化、货币化的内容当作自己社交互动的原始材料"。[78]

然而，将媒体内容归功于新媒体或旧媒体，忽略了另外一个更大的问题。社交媒体和主流媒体经常相互合作，为公众注意力提供新闻和流行文化。[79] 斯坦福大学和康奈尔大学的研究者们研究了"模因"（meme）或者微小文本是如何在主流媒体和博客之间流通的。例如，在2008年共和党全国会议上，副总统提名人萨拉·帕林开玩笑说，曲棍球妈妈与斗牛犬的唯一区别是口红。① 此后不久，当时的总统候选人奥巴马使用"猪涂口红"（lipstick on a pig）这个表达，极大地冒犯了麦凯恩的竞选团队。②[80] 模因追踪者们在全媒体平台上记录到"猪涂口红"的使用峰值。这个事件创造了一个"新闻波浪"，在新旧媒体间来回激荡。在很短的一段时间内，似乎每个人都在谈论它。根据他们的研究，新闻基本上从主要新闻机构传到博客，

---

① 萨拉·帕林的意思是她是涂了口红的斗牛犬，随时会向民主党发起攻击。
② 奥巴马说猪涂了口红还是一头猪，意思是说共和党候选人麦凯恩提出的竞选纲领换汤不换药，与共和党总统布什没有什么两样。

此间往往有两个半小时的时差;"只有在3.5%的情况下,新闻首先在博客空间内占据主导位置,然后才缓慢传到主流媒体"[81]。在后续研究中,斯坦福的研究者发现,推特也遵循了相似的规律。[82]所以,新媒体很少提供全新的东西。它们只不过选择性地扩大了已经存在的东西。

> 新媒体很少提供全新的东西。它们只不过选择性地扩大了已经存在的东西。

充分利用你已拥有的

一旦媒介内容被制作出来,制作者往往尽其所能地从投资中获取所有。他们努力为"已杀青"的东西寻找新的受众。一个策略是根据付款意愿将受众进行分类。例如,只要《哈利·波特》或《暮光之城》一上映,有些人就会马上排队买票。另外一些人则十分愿意等到它们在奈飞、HBO或"免费"电视上播映。好莱坞早就在使用这个价格区分策略。这个策略被称为"窗口化"(windowing),即将电影可能赚到的每一块钱都赚到。[83]另一个策略是在不同情境下重复使用一些或全部产品。不同类型的媒介内容建构受众的潜能可能大不相同。电影制片厂拥有的老电影可能会特别值钱。像《绿野仙踪》或《教父》这样的电影攒聚了好几代观众。然而,昨日新闻的生命就如同昙花一现。因此,媒介内容能否被一遍遍地重新发布、重新包装、改作他用,这是(生产者)决定投资多少时首先要考虑的。

数字媒体为重复使用提供了颇为有趣的可能性,因为数字媒体的复制几乎不费任何成本。它属于经济学家所说的"公共产品"。[84]也就是说,一旦被制作出来,任意数量的人们就都可以消费,并不减少其他人可以消费的数量。数字媒体与"私有产品"有很大不同。例如,一个人购买了一块面包或一本纸质书,总的库存就会减少。

> 数字媒体为重复使用提供了颇为有趣的可能性,因为数字媒体的复制几乎不费任何成本。它属于经济学家所说的"公共产品"。也就是说,一旦被制作出来,任意数量的人们就都可以消费,并不减少其他人可以消费的数量。数字媒体的公共产品性质对商业型经济和分享型经济都造成了深远广泛的影响。

数字媒体的公共产品性质对商业型经济和分享型经济都造成了深远广泛的影响。对于以生产利润为目的的企业来说,制作低成本的复本为它们定价提供了相当大的灵活性——假如它们能够保护自己免遭盗版。它们也得以对内容进行拆分和复用，例如在多个平台散播新闻或视频剪辑。对于社交媒体来说，人们得以不费吹灰之力地分享他们自己创造或从他人那里找到的内容。正如"可拓展媒体"的支持者们所指出的："数字产品能够同时在多个情境下被分享，某个产品的使用权可以被出售或赠与，同时内容的所有权并不发生改变。"所以，即便是在分享型经济规则下运行，已有的数字媒体也可以被最大限度的利用。

> 正如"可拓展媒体"的支持者们所指出的："数字产品能够同时在多个情境下被分享，某个产品的使用权可以被出售或赠与，同时内容的所有权并不发生改变。"

受众建构

在这些媒介内容制作活动中，没有一项能够有效建构受众。毕竟，建构受众才是这个游戏的名字。投入很多金钱制作高生产价值的东西，或许有助于建构受众，但是"无人知晓"（结果会怎样）。从最好的方面看，在新奇和熟悉之间保持平衡，难度也很大。在生产过程中加入反馈研究也不能确保成功。然而，媒体还是可以做些事情来吸引公众注意力。

一般来说，建构受众的策略可以分为两个维度。第一个维度与媒体传送技术有关。线性媒体，例如有线电视网，使用一种"流"来呈现内容，为建构受众创造了机会。非线性媒体，例如视频点播或大多数互联网平台，则表现出不同的挑战和机遇。第二个维度涉及媒体是否积极为用户"推送"（push）东西或是否帮助用户自主"拉取"（pull）媒体。我们将会看到，为了获取公众注意力，媒体混合使用这些工具和技术，混合的形式各不相同。

线性 VS 非线性

电子媒体肇始于线性传送系统。广播和后来的电视都为受众提供持续不断的节目，供受众收听或收看。时至今日，有线电视和卫星传送着几百个频道，然而用户仍可能不得不让自己适应线性传送的时间表。到了20世纪80年代早期，低成本的录像机（VCRs）开始打破预定节目表的限制。[85]虽然录像机使"时移"成为可能,但是它使用起来仍然不方便。它并不是某些人想象的那种能够改变游戏规则的技术。然而,到了21世纪初,一系列用户友好型非线性系统纷纷问世,包括数字录像机(DVRs)、视频点播(VOD)、网络平台(如iTunes、YouTube和奈飞)、博客和主流媒体的在线平台。所有这些让用户能够在几乎任何时间取用他们想要的东西。

非线性媒体的便利让人们能够在想要的时候得到想要的东西。于是很多人猜测,线性媒体已濒临灭亡。一位广告经理在接受《纽约时报杂志》(*New York Times Magazine*)的采访时解释道:

> 大多数媒体,像电视,都曾经是一种"流"(flow)。你坐下来,打开它,观看它。广告彻底不行的原因是"流"不再存在。不再有黄金时段。不再有一种叫做必看电视的东西。每个人都在编制自己的"流"。而且,一旦开始自己编制自己的"流",你就不能回到过去。你就会这样问,既然习惯了自我安排节目,为什么还要让别人决定我看什么?[86]

同样,一份关于英国数字未来的详尽报告预测道:"用户将会从一个环境跨越到另一个环境。在前一个环境中,用户通过线性时间表被动消费内容;在后一个环境中,用户通过搜索和点播主动消费内容。"[87]

这些宣言让人想到马克·吐温的著名妙语——"关于我死亡的消息太夸张了"("the reports of my death are greatly exaggerated")。① 或许,等到时机成熟时,线性媒体就会消失,但并不是马上消失。一方面,人们拒绝放弃线性媒体。虽然有些人已经转而使用非线性传送,但是美国人仍然花费90%的观看时间来收看电视。[88]线性媒体使用的顽强,在全世界都是显而易见的。[89]而且,新一点的服务,例如潘多拉(Pandora),继续保持了线性传

> 或许,等到时机成熟时,线性媒体就会消失,但并不是马上消失。

---

① 这句话源自一个典故:报纸上误报马克·吐温快要死了,后来马克·吐温回忆此事时说了这句话。本书作者引用这句话的意思是很多人都在宣示线性媒体的灭亡,实际上线性媒体还存在。

送性质。

社交媒体的广泛使用也巩固了线性媒体。在（电视）节目或媒体事件播出时，有很多人都就此发推特。根据某项统计，"推特使用达到峰值时，其中有整整40%的推特与电视有关"[90]。《鸦林镇》和《美少女的谎言》的执行制片人马琳·金这样评价这个现象：

> 感觉好像社交媒体正在重造"必看电视"。因为我们的粉丝想要在周二晚上剧集播出时举行大规模推特派对，所以他们都坐下来看电视。他们不想在派对上迟到。他们不想稍后看剧情提示。他们想要一起体验。所以，我们感觉到，粉丝们又重新被带回电视直播。他们不愿使用数字录像机，不想错过与朋友们同步跟进。[91]

很多媒体机构也对线性播送偏爱有加。虽然商业媒体有一定的意愿想要一次播放整个剧集，例如《纸牌屋》就可以选好后坐下来一次看完，但是公众对"狂看"（binge viewing）的需求还是有限的。[92]用时代华纳首席执行官杰夫·比克斯的话说，"五年之后你很难看到所有（内容）都变成点播：你怎样找到所有的内容？你必须使用有线电视网，以人们可以理解的方式来发布内容"[93]。当然，拥有很多线性有线电视网的时代华纳，并非一个与此无利益关系的中立者。但是，大多数商业播出机构的确看起来要继续在原来的电视机上播出节目，同时也创造一些与观众喜爱节目相关的辅助材料，可以在网络或移动设备上观看。[94]所以，线性播送似乎不会消失，除非用户要求通过非线性方式得到所有内容。显然，并没有任何迹象表明他们要那样做。

> 线性媒体建构受众的潜力来自它所创造的"流"。"流"的创造有很多方式。线性媒体将一个个节目或歌曲串在一起，引导受众接触新的或没有预期到的东西。

线性媒体建构受众的潜力来自它所创造的"流"（flow）。我在此提到的很多策略都是以此为基础的。人们观看或收听某个东西，然后他们碰到不在预期之内的另一样东西。"流"的创造有很多方式。线性媒体将一个个节目或歌曲串在一起，引导受众接触新的或没有预期到的东西。大多数广告正是这样运作的。但是，线性媒体和非线性媒体还创造了第二种"流"。一

> 我们的核心兴趣是，受众如何从一个媒体转到下一个媒体。只有人们"跟随"它，文本流才是重要的。

旦你接触到一个媒介产品，它就能够向你介绍事先没有选择的东西。某个综艺节目可能会诱使你收听一个从未听过的乐队演唱（奏）。某个网站可能会为你讲述一个并非你要寻找的故事。只要做得巧妙且用户配合，所有这些都可以建构受众。

这将我们带入一个值得一提的细微区别。到底是什么在流动？媒体还是受众？自 20 世纪 70 年代起，文化批评家就注意到，线性媒体如何通过"栏目化"（viewing strips）和"文本流"（flow texts）来编排"流"。[95]他们对文本的强调是可以理解的。在一个有很多频道、没有遥控器的媒体环境中，很可能是节目时间表决定了观众流。然而，即使是关于"可拓展媒体"的最新著作也在询问："我们如何能够更好地理解物质在网络文化中的运动方式？"[96]就我们的目的而言，最重要的问题是人们如何处理文本的并列或传送。我们的核心兴趣是，受众如何从一个媒体转到下一个媒体。只有人们"跟随"它，文本流才是重要的。

推送 VS 拉取

建构受众的第二个维度涉及人们有时所说的"推送"媒体和"拉取"媒体。尽管这两个词汇几乎经常出现在商业和学术出版物中，但是它们的定义各不相同。实质上，它们代表两种截然不同的受众建构策略。在推送策略中，媒体寻找用户。最粗暴的例子是广告。在广告中，信息被推送给目标受众。有时候它具有很高的精准度。在拉取策略中，用户寻找媒体。例如，人们可能会安排一天的时间观看超级碗或世界杯。两个策略尽管看似截然相反，但是它们经常联手并进。

> 在推送策略中，媒体寻找用户。在拉取策略中，用户寻找媒体。两个策略尽管看似截然相反，但是它们经常联手并进。

推送和拉取本身具有很多含义。推送媒体一般与线性传送体系相关。后者通过提供媒体点播的菜单对"被动"受众加以利用。拉取媒体往往与非线性媒体相关。在非线性媒体中，"主动"受众挑选他们自己喜爱的东西。

然而，更多的选择和更大的用户权力带来一个具有讽刺意味的意外结果。在数字媒体为人们提供越来越多选择的同时，人们也遭遇了"用户的困境"（见第二章）。他们越来越依赖曲目、经验法则和各式各样的推荐。这又重新呈现了推送媒体的特征。例如，正如我们将要在下一章中看到的，大多数推荐机制有效地将人们引至流行选择和个性选择的方向。也就是说，它们也推送某些类型的内容。

事实是，线性媒体和非线性媒体都会在建构受众时同时使用推送和拉取两种策略。在很长时间内，广播和电视为了培育受众忠诚度用尽了书本上的每一个技巧。它们按顺序编排节目以加强受众流，并用视听率数据来监测效果。而很多网站也在玩相同的游戏，它们尽其所能地提高自身的"黏度"（stickiness）。詹金斯等人认为："提高黏度的关键是将东西放在一个核心位置，然后将人们吸引到那里，并以最有益于网站分析数据的方式将人们无限期地留在那里。（这个过程与将牲畜关入栅栏没什么两样；为了配合分析数据，沿着预定的、与出版者测量需求一致的路线，受众被推着、赶着、轰着。）"[97]

受众建构策略示意图

所以，线性媒体和非线性媒体或者推送媒体和拉取媒体之间的区别往往是模糊的。然而，这些维度仍为我们摸清媒体所用的各种受众建构策略提供了有价值的方式，详见图3—1。

左上象限涵盖了很多人们最熟悉的受众建构方式。传统上，广播通过将广告放到节目流中向受众推送信息。广告商主要根据受众的规模和构成选择节目或电台，尽管有时候他们会为了结交特别受欢迎或特别有声望的播出机构而出高价。仅在美国一个国家，广告商在广播、电视和有线电视上建构受众的花费就几乎达到1 000亿美元。[98]公众注意力的购买越来越需要数据支持，越来越与实际将受众交付广告的节目内容脱离关系。这种媒体购买也出现在2012年大选时奥巴马的竞选活动中。据《华盛顿邮报》报道，"（奥巴马的竞选）团队购买了几百万有线观众的详细收视数据，这些数据显示观众在收看哪些频道，有时候能精确到每一秒。这个信息——通过机顶盒收集，由一个名为 Rentrak 的公司出售——并不显示谁在收看，但是竞选团队请第三方公司将收视数据与选民的内部名单和民意调查数据相匹配。"[99]

```
                          线性
                           │
              广电广告      │    "预约收看"
               受众流       │     频道曲目
                           │
  推送 ─────────────────────┼───────────────────── 拉取
                           │
             广告服务器     │     寻找网址
             推荐机制       │     应用和书签
                           │
                         非线性
```

图 3—1 建构受众策略

然而，线性媒体所做的远不止向广告商出售受众。对于节目编排者来说，利用现有的"流"是最有效的建构受众策略之一。例如，在引入新节目时，一个经过考验证明的方法是将其安排在一个成功的节目之后，最好是安排在两个成功节目中间。这样的策略被称为"续看效应"（lead-in effects）或"吊床策略"（hammocking）。[100]节目内部的流可以有效地向受众介绍新东西。有多少喜剧演员或乐队是通过深夜脱口秀节目取得首次广泛关注？尽管有些人认为受众流的时代已经结束了[101]，但是并没有多少证据支持这种观点。在美国和全世界，受众流仍然是十分显而易见的。[102]

线性节目的受众倾向于从一个内容流向另外一个内容。这显然可以用于商业目的，但是这种受众建构方法并非仅用于赚钱。国家广播电视机构，比如各个地方的老牌有线电视网，经历了竞争造成的新闻受众萎缩。为了"诱捕"观众，有些机构，例如荷兰有线电视网，已经开始在一天中的不同时间播送新闻简报[103]，它们通过这种方法取得了一定的成功。安克·沃纳波尔格尔及其同事指出："在商业频道和公众服务频道同时播出这些新闻简报，看电视时就更容易看到新闻。这些简报或许短得恰到好处，观众即使本来并无兴趣看新闻，也不至于改换频道。"[104]

所有这些受众建构策略都利用了媒体环境中的结构特点，给受众形成带来一定的确定性。仅凭一部新电影或图书自身的特点，很难对其受众进行预测。然而，你可以做很多事情来增加它热播或热销的几率。[105]

线性媒体提供了一项重要工具，使人们能够在建构受众时有一定的把握。如果能在对的时间、对的平台播出，新闻节目便能在竞争中取得优势。实际上，电视和电台广告就是依靠线性受众的稳定性来预测未来的。在美国，广告播出之前，受众已经就位了。在电视方面，大部分（广告）在"预售"时就已经卖出去了，这个时候离秋季首播还有好几个月。媒体买家主要依靠日常生活的结构和线性受众流的稳定性来预测节目的收视率。[106] 所以，尽管"无人知晓"，但是媒体幸运的地方是，建构受众不完全取决于媒体内容本身。

> 线性媒体提供了一项重要工具，使人们能够在建构受众时有一定的把握。如果能在对的时间、对的平台播出，新闻节目便能在竞争中取得优势。

图3—1的左下角象限指的是非线性网络向受众推送媒体的方式，包括使用广告服务器和推荐机制，更广泛一点，还包括所有的社交媒体。

大多数形式的数字媒体是通过叫做"服务器"的巨型计算机传送给我们的。服务器储存了无穷无尽的网页和视频，当我们发出请求时，网站就会将其发送给我们。服务器还管理着数字网络（例如互联网）中的流量。当我们进入"广告服务器"范围内时，它们就会向我们投放广告。这种广告类型在某些方面与其线性表兄弟类似，在其他方面则并不相同。

与广播和电视广告相似，这种广告利用的是：人们被某项服务或某个内容、最喜爱的博客或在线新闻上的某个故事或者经常使用的电子邮箱所吸引。只要广告服务器发现了你，就会向你发送广告——通常是先推测你的身份，然后据此量身定制广告。如果你曾感觉到上网时总是碰到某种类型的广告，很有可能是广告服务器在起作用。

虽然这个策略与线性媒体广告大体类似，但是仍有几处重要的不同。第一，它的定位程度更高。广播和电视广告能够到达大量人口，但是用广告术语说，这些受众中有很多是"浪费的曝露"（wasted exposures）。广告服务器则有可能向特定的人投放特定的信息。第二，与广播和电视广告相比，它更加依靠数据驱动。服务器记录访问者的每个活动，同时对这些数据进行分析。《纽约时报》对这种后果进行了解释："在网上，强大的算法根据大量数据点对你进行评估。你用谷歌搜索过什么，访问过哪些站点，点击过哪些广告。与此同时，向你投放广告的机会被出高价者买走。"[107] 第三，通过这种方式购买注意力，广告与其外围的内容得以有效分离。与广电模式相比，人类眼球更加转化为一种商品。

> 推荐机制也能建构受众。很多人将其视为无害的服务。但是，这些机制从来都不是中立的，有其隐蔽的动机。即便是搜索引擎也有偏见。

这些强大的受众建构工具带来的后果，可能比简单地操纵注意力更令人担忧。宾夕法尼亚大学教授乔·图罗相信，它们将会创造"名声筒仓（reputation silos）：通过自动包装广告信息和重要评论向人们呈现内容——广告、信息、娱乐和新闻，这些内容是根据数据挖掘所确定的受众身份量身定制的"[108]。最终结果可能会威胁到独立的、优秀的媒体生产，使出版者更加依附于广告商。

我们都依赖的推荐机制也能建构受众。很多人将其视为无害的服务，认为人们由此得以更加有效地拉取内容。正如热衷大数据的人们所指出的："不管怎样，亚马逊能够推荐理想的图书，谷歌能够对最相关的网站进行排序，Facebook 知道我们的喜好，领英（Linkedin）推测我们认识的人。"[109] 但是，我们将在有关媒介测量的下一章看到，这些机制从来都不是中立的。显然，亚马逊和其他零售商在推荐媒体时都有一个隐蔽动机。即便是搜索引擎也有偏见。例如，它们往往将注意力导向最受关注的网站，使富者愈富的现象愈演愈烈。[110]

> 一位专家指出："任何想要让广大受众接触自己信息的人都必须想办法进入各种搜索引擎的结果页面。如果注意力经济正在兴起的话，搜索引擎就是交易大厅。"

实际上，对于那些想要在网上吸引公众注意力的人们来说，搜索引擎是一个重要工具。一位专家指出："任何想要让广大受众接触自己信息的人都必须想办法进入各种搜索引擎的结果页面。如果注意力经济正在兴起的话，搜索引擎就是交易大厅。"[111] 意识到这一点，内容提供者们，从大机构到博客主，都要想办法提高自己的排名。对于那些有购买能力的，甚至有公司专门为它们做"搜索引擎优化"。这些公司收取费用后，会采取措施提高某个站点的可见度。所以，大多数推荐机制实际上在向我们推送东西。

社交网络也向我们推送东西。有时候，它们推送的东西受人欢迎，有时候则令人厌烦——例如 Facebook 在我们的新闻聚合中投放太多的婴儿照片。有时候，这是为了改变我们的意见或者取悦于我们的偏见——例如人们为了政治效果转发推特信息。[112] 推送者的意图也不总是透明的。我们已经看到分享的动机是如何的多种多样。很多情况下，这些人际交流不会扩大到公众注意力的层面。但是，它们都向我们推送东西，假如它们"像病毒一样传播"，我们几乎无处可逃。

在图 3—1 的右半部分，媒体对人们施以拉力，从而建构受众。坦率地说，真正靠拉取建构受众的做法十分少见。的确，人们很多时候会主动寻找媒体。但是你首先要知道，他们选其所选的偏好从何而来。至于偏好的根源，我们将在第六章讨论。现在，我们假定人们具有影响选择的先有偏好。

谈到线性媒体所使用的拉取策略，最明显的例子是"预约收看"。人们知道什么时候上映某个媒体事件或自己喜爱的节目，然后在节目播出时如约成为受众。很多走红或受热捧的节目能够享有这种供奉。某些类型如体育赛事或某些重大事件如奥斯卡，往往仅在某一段很短的时间内播映，似乎也能让人们预约收看。

你或许认为，非线性平台的广泛存在，例如数字录像机、视频点播或 Hulu，会让预约收看寿终正寝。然而，事实并非如此。很多人喜欢他们最爱的节目首播带来的隆重感（sense of occasion）。正如我们所看到的，推特和其他社交媒体使用的增多似乎加强了那种隆重感，让人们收看更多的直播。流行节目例如《美国偶像》或《与星共舞》创造了实时轰动，而时移节目就未必能做到。

我在第二章中提到，当用户面临过于丰裕的选择时，他们的办法之一就是使用频道保留曲目（channel repertoires）。几乎每个人都有一小组频道，通常少于 20 个。即便有几百个频道可以选择，人们也是重复观看这一小组频道。[113] 频道所属的这些播出机构，通常包括主要的有线电视网，为人们所熟悉，而且曾经成功为人们提供他们最有可能喜爱的节目。

有些广电网络仍在努力为每个人提供内容。除了它们之外，大多数小型网络都在依照经济学理论预测的那样行事。它们首先找到利基，然后努力控制市场。实际上，这意味着频道变身为内容专家，它们的品牌易于辨认。ESPN 专门做体育，CNN 专门做新闻，美食频道（The Food Network）——你知道的。人们知道这些机构提供什么，当需要每种类型的内容时就会找到相应的机构。从这个意义上说，它们所支持的是受众建构的拉取模型。

当然，大多数频道都想让你尽可能久地收看。所以像网站一样，频道也可以具有黏性。它们显然也利用一切机会来控制受众流。正如所有线性媒体一样，它们向你介绍你事先没有选择的东西。你打开音乐电视，可能是为了看某个真人秀，却被另外一个节目所吸引。你选择福克斯新闻，可能是为了观看"公平公正"的报道，却听到评论员赋予"公平公正"新的含义。所以，即便是在这里，主要还是推送媒体的技巧在起作用。

我们的图 3—1 的最后一个象限是非线性媒体所支持的拉取策略。在这个象限，你或许能够找到最丰富的、崭新的、潜在的受众建构机会。人们使用点播平台例如数字录像机和 Hulu 抓取特定内容，虽然这些平台往往为"直播"电视建构了受众。人们使用搜索引擎，显然是为了找到特定的网址。例如，他们想看某个饭店的菜单，所以需要饭店的网址。或者，他们像使用频道保留曲目一样在智能手机上使用应用。但是我们又要回到之前所讨论的，用户真正拉取媒体的情况少得令人吃惊。伊莱·帕里泽解释道："热衷互联网的人们对推送转为拉取感到兴奋，原因非常明显：拉取媒体并没有用稀释过的最小公分母内容冲洗大众，而是将控制权交给用户。问题是拉取的工作量实际上很大。"[114] 人们依靠捷径来简化决策。一般来说，当他们这样做的时候，就为推送媒体的重现打开了大门。

渴求注意力

商业媒体、公共广播电视、众多免费分享媒体的人们都在渴求注意力。

不管你是要施加影响、启迪民众、塑造公共身份或品牌，还是要赚钱，受众都是不可或缺的。如果你不能吸引公众注意力，媒体生产几乎没有任何意义。然而，在数字媒体市场，获取注意力并非易事。

你能否成功获取注意力，在一定程度上取决于你所生产的媒介产品。所有媒介生产者都必须在提供新东西和用户熟悉内容之间保持平衡。一些媒介的生产成本高昂，例如电影、电视甚至很多网络服务。随着媒介生产成本的增长，做错的风险也提高了。为了对冲风险，媒体通常模仿已经取得成功的东西。甚至用户生成内容也经常从流行文化中汲取营养。有资源的机构广泛利用受众数据，向人们提供他们看起来想要的东西。这样做的结果是，整个数字媒体环境中存在一种令人惊讶的同一性，这种同一性被数量的绝对丰富掩盖了。而且，仍然"无人知晓"什么能够吸引公众注意力。

但是，任何媒介产品的命运都很少取决于媒介产品本身。《梦幻之地》①中的原则——"建造之后，他们自来"（"build it and they will come"）——并不适用于注意力市场。媒介产品不论大小，都有其建构受众的方式。就像社交网络中偶然流行的词句这么简单的媒介产品，也不例外。但是，话又说回来，没有人知道什么会具备吸引力、什么不会。

> 你能否成功获取注意力，在一定程度上取决于你所生产的媒介产品。所有媒介生产者都必须在提供新东西和用户熟悉内容之间保持平衡。这样做的结果是，整个数字媒体环境中存在一种令人惊讶的同一性，这种同一性被数量的绝对丰富掩盖了。

很多时候，建构受众包括为优化搜索引擎排名而进行的精心设计，对现有媒体流的特征加以利用，向特定受众投放特定信息或调用大牌电影公司和出版商的宣传机器。安妮塔·埃尔贝斯这样总结商业媒体的受众建构策略：

> 做得最好的娱乐业将赌注压在一小部分标题上，然后投入巨资促其发展。它们通常在投入市场之前（"赶快来附近影院"）就用高额推广费用提供支持，并尽可能广泛地分销，从而成为赢家。也许这并不像其他经济部门的产品推介，但是它卓有成效。[115]

---

① 《梦幻之地》是一部1989年上映的美国影片。主人翁听到神秘声音说"你建造之后，他们自来"。于是他在玉米地上建造了一个棒球场，然后主人翁喜爱的棒球明星真的出现，在他的棒球场打球。这句话在美国电影学院评选的"100句最难忘的电影台词"中排名第39位。

我们遇到的大部分媒体都在向我们推送，即使我们并没有意识到这一点。在所有这些建构、操纵或者"货币化"受众的活动中，数据与分析扮演着越来越重要的角色。媒介测量正在成为联结用户和媒体的纽带。

第四章 | 媒介测量

任何改变都会产生赢家和输家。不管你喜欢与否，网络都有能力收集个人信息。这产生了一对矛盾：一方面是这些数据衍生的利益——由机构和用户享有；另一方面是人们对保护隐私的期望。这对矛盾不会很快消失，在更多情况下，它们是属于政治范畴的问题，而不是研究方法的问题。

个性化给人们带来的最大担忧是，它让用户撤回到舒服的飞地，其结果是用户的视野变窄，偏见增强。

信息时代带给我们的另一个风险是：我们分享如此多的信息，以至于我们的独立性被降低了。相反，我们寻找和我们一样思考的人们，吹嘘我们有多少"好友"和"粉丝"。

数字从来不会自己说话。数据必须经过分析才能产生意义。数据必须要清理、加权、整理。很多时候，大数据被输入到算法中，产生可指导行动的测量数据。然而，预测人们会做什么、要什么或对什么满意，比物理世界的预测更难。

在可使用的媒体中，我们每个人只使用其中很小一部分。我们的行动通常反映了习惯与偏好的组合，但是我们的兴趣各不相同，对媒体的了解也并不完美。所以，要在我们想要的时候，准确地得到我们想要的东西，并非一件容易的事情。我们每个人的选择加在一起，创造了一种对媒体有价值的东西——公众注意力。因此，媒体尽其所能地创造并维持公众注意力，包括设计赤裸裸的强力曝露活动，也包括悄悄地对我们曲意逢迎。用户和媒体一直处于互动之中。双方都对自己的选择进行评估，寻找有利条件，并根据看起来可能的条件调整自己。但是，这些评估是如何进行的？目前，双方日益依赖媒介测量来处理自己的事务。

一个世纪以来，测量已经成为媒体产业的重要组成部分。然而，在选择丰富的数字媒体时代，普通用户也变得依赖媒介测量。即使保守地说，收集和报告数据的活动也会带来深远的影响。《纽约时报杂志》的一篇文章给出结论："改变你对美国文化消费的测量方式……你就改变了美国的文化行业。或许，你甚至改变了文化本身。"[1]

> 《纽约时报杂志》的一篇文章给出结论："改变你对美国文化消费的测量方式……你就改变了美国的文化行业。或许，你甚至改变了文化本身。"

在本章中，我们将会思考媒介测量的兴起以及不同"信息机制"是如何产生的。我们将会提到：它们在创造测量标准和推荐时所使用的方法，这些测量标准中所包含的偏见，这些做法如何影响受众形成和"或许甚至改变文化本身"。

媒介测量的兴起

媒介测量始于 20 世纪早期，当时是作为广告商评估媒体价值的一种方式。报纸杂志只需确定印刷了多少份就能知道受众的规模。然而，广播遇到一个新的问题：听众并没有留下足迹。广播听众分散在广阔的天地，隐匿在私密空间，就像承载广播信号的电波一样无影无踪。想要成为成功的广告媒介，广播需要一个方法来确认谁在收听。到了20世纪30年代，相关行业在一种专门做受众测量的新公司那里找到了解决方法。这些"收听率"机构，正如后来人们所熟悉的那样，使用新开发的取样工具和统计推断来估算听众规模。有了收听率信息，广播行业从此兴旺发达。电视后来出现时，也采纳了广播的测量手段。

到了20世纪80年代，大多数西方国家（它们起初并不像美国那样依赖广告商支持）也拥有了固定的受众测量。不管是哪种情况，测量的基本处方是一样的。视听率机构首先抽取一个代表性的样本，然后通过问卷、日志或仪表来测量人们的选择，最后推测更大受众群体的规模与构成。[2]

社会学家有一个说法叫做"市场信息机制"（market information regimes），视听率机构便是它的实例。这些机制成为"身处竞争领域的生产者了解自己、消费者、竞争对手和供应商行为的首要信息来源"[3]。很多机构，例如媒体，都需要稳定的数据才能运转。如果没有数据，他们就是盲人。然而，他们所依赖的信息永远都不是完全中立的。视听率是建构的，而且建构的方式影响了它所要测量的东西本身。

> 社会学家有一个说法叫做"市场信息机制"（market information regimes），视听率机构便是它的实例。这些机制成为"身处竞争领域的生产者了解自己、消费者、竞争对手和供应商行为的首要信息来源"。

例如，唱片行业曾经通过《公告牌》（*Billboard*）杂志的排行榜来确定一首歌的流行程度。20世纪80年代，唱片行业开始使用更准确的"音乐统计"（Sound-Scan）系统。这个系统基于扫描条形码所收集的销售数据。然而，测量方法的改变也使唱片行业产生了分化，某些音乐类型（例如乡村音乐）因此变得更加重要。[4] 测量改变行业，相似的案例也发生在电视和图书出版业。[5]

视听率机构继续演化。它们根据新媒体做出调整，并开始使用新的数据源（例如推特和Facebook）。[6] 随着人员和广告在不同媒体间迅速流动，人们还要对"跨平台"受众进行评估。[7] 时至今日，在全世界范围内，媒体测量引导了广告行业大约5 000亿美元的资金配置。[8]因为媒介测量是判断成败的通用标准,所以它们也往往成为媒体制作者的灾星或救星。

然而,到了20世纪90年代,一种新的信息机制开始出现。万维网不断发展,它为人们提供的选择多到让人眼花缭乱。在这个背景下,媒体用户需要获取信息,才能最大限度地利用这些媒体资源。搜索引擎、门户网站、社交分享平台都开始为用户提供工具。用户利用这些工具了解自己所做的选择。普通用户也可以使用这些"用户信息机制"了。

市场信息机制为机构提供监测,用户信息机制为用户提供上网工具,二者看似很不相同,但是实际上,它们在很多方面都是相似的。一般来说,二者都对媒体用户的行为或自我表达进行记录,进而整合数据。用户行为在时间和空间上通常是分散的,信息机制将这些行为记录下来,并使之可视化。接下来,数据被简化,然后排行榜、推荐和统计概要被制作出来,最后用户据此采取行动。此外,这些测量数据是通过整合普通民众言行得到的,所以它们似乎更值得信任。[9]

现在,很多机构将公司数据(如谷歌公司)当作市场信息。这进一步模糊了市场信息机制和用户信息机制之间的界限。所以,谷歌——也包括Facebook和推特——有着不同的服务对象。它们所收集的数据服务于不同的目的。正如媒体批评家、活动家伊莱·帕里泽所解释的:"Facebook和谷歌所收集的大量数据有两个用途。对于用户来说,这些数据为找到与个人相关的新闻和搜索结果提供了线索。对于广告商来说,这些数据是能否找到潜在买家的关键。拥有最多的数据并能充分利用,这样的公司才能赚到广告费。"[10]既然数据能够有力地影响媒体环境,我们有必要了解一下媒介测量是如何进行的。

测量标准的建立

你或许会想象——如果你对此进行思考的话——视听率机构和搜索引擎所提供的测量,是将最科学的方法应用于要解决的问题所得到的公正结果。如果是这样的话，它们所展示的便是一个完整的、客观的媒体环境图像。虽然好的测量手段充分利用了最佳的科学方法，但是最终的测量结果永远无法完整地、完全客观地捕捉媒体的使用情况。[11]相反，它们是商业考量的结果，反映的是市场的政治经济学现实。测量公司在这些限制条件下选择研究方法和结果的报告方式，这些选择所产生的测量数据和服务，在某些方面不可避免地具有偏见。

> 虽然好的测量手段充分利用了最佳的科学方法，但是最终的测量结果永远无法完整地、完全客观地捕捉媒体的使用情况。相反，它们是商业考量的结果，反映的是市场的政治经济学现实。测量公司在这些限制条件下选择研究方法和结果的报告方式，这些选择所产生的测量数据和服务，在某些方面不可避免地具有偏见。

测量行业

在美国，视听率机构是盈利公司。它们为得到广告商和媒体的生意而相互竞争。在很多别的地方，视听率数据的用户建立了名为"产业联合委员会"（joint industry committees，JIC）的联盟。他们通过这个联盟购买并支付测量服务。[12]虽然新推荐机制的运行规则在一定程度上有所不同，但是所有涉足测量的企业都要让客户满意，其行为都受到预算的限制。如果是这样的话，媒介测量标准的建立过程中就掺杂了政治和财务考量。测量标准与科学方法相去甚远。

2002年，尼尔森开始改变地区性电视收视率的测量方法。显然，这一改变就体现了上述考量。几十年以来，从纽约到北普拉特，美国市场主要是混合使用家庭收视记录仪（household meters）和纸质日志（paper diaries）两种测量方法，尽管很多地方只使用纸质日志。尼尔森想要在最大的市场上引入个人收视记录仪（people meters）。它使用这种技术测量全国性电视收视率，已经超过十年的时间。我们知道，基于日志的收视率往往高估流行内容的受众规模，低估大多数有线网络的受众规模。尼尔森的这个做法能够提高日志收视率的准确性，也让尼尔森能够将新安装个人收视记录仪的家庭并入全国固定样本，从而提高全国性估算的准确性。[13]

这似乎是一个无可争议的进步。但是，任何改变都会产生赢家和输家。广告商和有线网络肯定会获利，所以一般都会支持这样的改变。老牌电台和电视台认为个人收视记录仪会产生更高的成本和更低的视听率，所以并不高兴。鲁伯特·默多克，福克斯电视台的所有者，尤其不高兴。然而，如果仅仅因为福克斯从旧系统的缺陷中获利就反对个人收视记录仪，那就不明智了。所以，默多克导演了公众反对尼尔森的起义，虽然这起初看起来像是公众的自发行为。他资助了一个名为"不要漏掉我们"（Don't Count Us Out）的少数群体联盟。这个联盟声称，尼尔森在计算时漏掉了少数群体观众——即便从最好的角度看，这个宣言也是不牢靠的——从而威胁到面向少数群体的节目安排。[14]根据某种说法，默多克在幕后花费了将近200万美元，用来组织新闻发布会、运作煽动性广告、运营电话号码库。[15]这个风暴随后引发了国会听证会和监管警告。

虽然尼尔森避免了新的立法监管，并最终完成了预定的改变，但是这件事也暴露出测量的政治经济维度。并非所有争吵都如此不雅。更多的时候，有关各方通过行业协会、自监管团体〔例如媒体视听率评级委员会（Media Rating Council）〕、如JIC一样的实体机构或专门的产业组织〔例如媒介测量创新联合会（Coalition for Innovative Media Measurement）〕进行博弈。然而，这都是一个政治过程。而且，这并不是传统视听率机构独有的。

像谷歌和Facebook这样的企业，最初成立时是为建立更好的搜索引擎或更具活力的社交网络。和其他"Web 2.0"平台一样，它们为用户提供了各种各样的服务，并希望从中赚钱。很多平台与传统大众媒体类似，例如搜索引擎、社交网络和热门博客。换句话说，它们为人们提供服务——通常是免费的——然后将因提供服务而获得的用户注意力卖给广告商。其他平台，例如亚马逊、奈飞和iTunes，则引导人们从巨大的媒体库中购买某个特定的媒体产品。不管是哪种情况，它们都靠数据生存。

蒂姆·奥莱利，Web 2.0这个词的创造者，曾经提到："迄今为止，每一项重要的互联网应用，都有一个专门的数据库作支撑。"[16]谷歌"爬梳"全网，以追踪网页是如何互联的。Facebook收集海量的信息，包括用户自我声明的特征、喜好、朋友圈及其互动程度。移动设备越来越多地收集与人们地理位置有关的信息，并拍摄能用于图片识别的照片。[17]

这些数据首先为吸引用户的服务提供了动力。人们使用某个平台越多，他们所提供的数据也就越多。被收集的数据越多，数据库越具有力量和价值。如奥莱利和他的合著者约翰·巴特利所解释的："如果某个公司控制了某些应用运转所需的独有数据源，那么它们便可以从数据使用中收取垄断性租金。尤其是，如果数据库源于用户的贡献，那么随着数据库规模和价值的增长超过其他新进入者，市场领导者的回报将会日益增加。"[18]

然而，使用这些数据来引导或操纵用户，本身就具有很多经济和政治意义。我们曾经提到，谷歌不仅测量知名度，还创造知名度。谷歌所拥有的这种力量并没有逃过那些渴望爬上谷歌排名榜首的机构和个人的眼睛。实际上，有一种家庭作坊式的企业专门做"搜索引擎优化"。它们利用谷歌的排名方法为客户谋利。谷歌对这种情况进行了监测。它不断改进算法以提高搜索质量[19]，有时也会惩罚作弊者。2011年，杰西潘尼（JCPenney）被发现制作了几千个虚假链接，人为提高了它的排名。作为惩罚，谷歌隐藏了杰西潘尼的搜索结果。[20] 与电视的收视率相似，搜索排名影响到收益，所以这个惩罚颇有效力。

然而，与传统视听率服务不同，Web 2.0服务往往悄无声息地收集信息，没有人主动同意被调查。在一本具有前瞻性并大体持乐观态度的书——《新数字时代》（*The New Digital Age*）中，两位谷歌高管如此描述这个问题："今天，很多在线平台都将数据传回公司和第三方，这些数据涉及用户的活动，而用户却未被明确告知。人们所分享的东西，远远超过他们所能意识到的。对于政府和公司来说，这个蓬勃发展的数据库就是一个馈赠。有了数据库，它们可以更好地回应公民和消费者的关切，可以精确定位特定的人口群体。而且，随着预测分析行业的问世，它们还可以利用数据库预测未来。"[21]

不管你喜欢与否，网络都有能力收集个人信息。这产生了一对矛盾：一方面是这些数据衍生的利益——由机构和用户享有；另一方面是人们对保护隐私的期望。这对矛盾不会很快消失，在更多情况下，它们属于政治范畴的问题，而不是研究方法的问题。在美国，由于人们的努力，浏览器中强制加入了"无痕浏览"的醒目提示。[22] 在欧洲，人们对"老大哥"监视自己的恐惧更加明显。因此，欧洲人对"被遗忘权"进行了严肃的讨论。[23] 所以，在信息如何收集和报告方面，测量行业受到政治条件的限制。

什么信息被收集？

由于这些限制条件的存在，所有的收集数据的活动都需要在收集什么信息上做出决策。一般来说，它包括两种考虑：我们要研究谁？我们要测量他们的哪些方面？有时候，在决定如何回答这些问题时，研究者们拥有相当大的自由。有时候，答案基本上是固定的。

我在本章引言中提到，长久以来，受众信息采集的基本处方是，先抽取一个代表性样本，然后询问问题或记录行为，最后推断更大的人口整体。这个策略给予研究者很大的灵活性，而且仍在大量使用。然而，面对数字媒体的极大丰富，这个策略遇到了麻烦。[24] 长话短说，由于人口高度分化，如果没有大规模样本，很难对其行为进行估算。可是，大规模样本又非常昂贵。大的市场，例如全美国或万维网，有时候值得花这笔钱。但是，小一点的市场就不值得了，所以人们找到了新的处方。

最重要的创新包括对服务器的使用。大多数 Web 2.0 服务都是由服务器提供的。实际上，几乎所有数字媒体的运行都依靠被我们称作服务器的计算机。当你通过有线或卫星看电视时，信号通常被传输到"数字机顶盒"。当你从某个网站请求网页或视频时，某个计算机在为你服务。当你不断看到烦人的广告似乎总是在网上跟随着你时，这是广告服务器在作祟。当你在 Facebook 或推特上与好友互动时，这也是服务器在起作用。这些机器将发生了什么、人们做了什么都记录下来。伊莱·帕里泽指出："Gmail 和 Facebook 是有益的免费工具，也是极其高效、极其贪婪的榨取机器，源源不断地吸取我们私密生活的细节。"[25]

从测量的角度看，好消息是，服务器生产了与大量用户相关的海量数据。而且，它们对用户的观察往往是悄无声息的。这样做能否得到真实的普查数据尚不能确定，但足以解决困扰抽样的分化问题。[26]坏消息是，这个策略付出了代价，即，你所研究的人，更重要的，你所能测量的东西受到了限制——这些都是非常重要的限制。

为了解释这一点，你可以想一下基于机顶盒（set-top boxes，STB）数据的收视率。这些盒子，安装在几百万个家庭，收集电视频道、电影点播或任何被请求的东西所占用的数字信号。一个程序设计得当的盒子能够记录屏幕所显示的东西和电视改换频道的时间。如果想要提供视听率服务，似乎只需要收集反馈回来的信息就可以了。有时候，这种方法的支持者们声称，这将提供所有收视的普查数据，无须再对受众进行统计学推断。然而，这样的宣言是误导性的。

首先，并非所有的家庭都安装了有线或卫星服务。甚至在装有这些服务的家庭，有些电视是从"空中"获取信号的。任何不与盒子相连的设备——装在厨房或卧室的电视、使用无线网络的 iPad 等等——都不能被检测到，所以你几乎永远得不到所有收视的普查数据。当然，对于那些不能直接测量的受众，人们有办法估算他们的规模和构成。但是，这样的方法又回到了统计学推断。

大多数以服务器为中心的数据都在不同程度上受到这样的限制。为了识别访问者的身份，网站从访问者的 IP 地址中获取信息，或者在访问者的浏览器植入"cookies"，或者利用支离破碎的信息推断访问者年龄与性别。[27]这些技术固然有用，但远非完美。[28]说到底，测量机构、搜索引擎或社交网站都不能从所有相关人群那里收集到它们想要的所有信息。

什么信息被报告？

尽管如此，仍有相当多的数据被采集。然而，原始形式的数据并没有多大用处。必须先将它们简化为摘要或推荐，人们才能理解它们，并据此采取行动。实际上，对数据的分析和解释，有时候也被称为"数据整理"。[29]数据整理很复杂，本书并不是讨论它的地方。然而，有两个笼统的方法如此常见、如此重要，所以值得我进行解释。第一个方法：整合数据以提供摘要。所有形式的媒体都在使用这个方法。第二个方法：发明算法以提供推荐。这正是很多 Web 2.0 服务的生意所在。

了解海量数据的最简单方法是数人头。有多少人访问了网站、浏览了网页或下载了视频？在观看某个电视节目的人群中，有多少是女性、多大年纪？在所有这些情况中，你描述的是受众的规模，通常也包括受众的构成。将数据相加，归入不同的类别，并用数字呈现统计结果。这是最基本的流行度测量方法。当这些数字用人口百分比（例如 10% 的家庭观看了某个节目）表示时，我们称之为"收视率"。而且，正如我们所看到的，视听率具有很高的价值。

当然，数数也并不是那么简单。视听率机构试图准确描述人口整体。但是，没有一个测量机构能够收集到所有相关人口的信息。它们都会进行统计学调整。视听率机构通常对代表不足或过分代表的人口类别进行加权，从而使之"比例均衡"。这并不是一个完美的解决方案。但是它达到的效果是，在最终估算中，不同类型人群的权重是成比例的。更重要的是，统计学调整的过程对视听率用户是透明的。它通常由机构外的第三方鉴定。[30]

新一点的数字媒体也充斥着数人头的做法。推特上的话题"趋势"对用户是即时可见的，而且经常被新闻媒体报道。同样的社交聊天也被"社交监听"公司捕获，然后转换为数据，用来评定参与度。[31] 在 YouTube 上，我们很容易看到某段视频被观看了多少次。iTunes 上显示了歌曲的流行度。老一点媒体的网络版，例如《纽约时报》，通常让读者知道哪些文章阅读最多、哪些电邮最多、哪些评论最多。越来越无处不在的"喜欢"按钮，为更多的数人头活动提供了原材料。

显然，这些新的测量方法颇具吸引力。或许，与少数几位专家的评断相比，它们提供的价值评估方法更加民主。或许，在一个选择无限的世界里，它们对选项的遴选更合时宜、更加全面。此外，与传统视听率不同，它直接对公众开放。正如奥莱利和巴特利所提到的："这仅仅是个开始。有了类似推特和 Facebook 的'状态更新'服务，网络就有了一种新的数据源——实时显示我们集体思考的内容。"[32]这些测量数据显然成为一种塑造公众注意力的力量。[33]

然而，这种测量往往不如传统视听率透明。问题通常是，我们不知道聚合数据代表了谁、代表了什么。康奈尔大学的塔尔顿·吉莱斯皮指出："不经意地浏览一下推特的主页，你会觉得推特趋势是一个并不复杂的词语列表，看起来更像是一种简单的运算。但是，粗略看一下推特对其运行方式的解释——在它的政策和帮助页面上、在它的公司博客上、在所发的推特中、在它对媒体询问的回应中，甚至在讨论审查制度的普通帖子中——（就会知道）推特说得很清楚，推特趋势考虑了各式各样的加权系数。"[34]

因此，使用社交媒体评估公众注意力的态势，具有一定欺骗性。不是所有的人都使用社交媒体，也不是所有的社交媒体用户都同等活跃。一般来说，只有一小部分人主导了社交分享平台［例如YouTube和顶客（Digg）］，他们似乎从获取关注中得到满足。[35]例如，我们都知道，Facebook上的少量"超级用户"（power users）比普通用户更容易发表评论或者使用"喜欢"按钮。[36]如果某个东西成为推特上的趋势，这是否意味着广大公众对它感兴趣？这是因为少量超级用户关注了它，还是数据的加权方式影响了结果？原则上，这是可以回答的问题。实际上，这很难回答。在一定程度上，收集和报告数据的公司（很多公司都希望出售广告）都藏而不露。它们也许会，也可能不会将它们的方法公之于众。

海量的数据需要简化为指导行动的推荐。算法为此提供了另外一种方法。随着服务器生产的数据不断增加、高速计算机不断增多，算法的应用已是司空见惯。实际上，有一本书曾经声称，算法已经"统治了我们的世界"。[37]简单地说，算法就是一个计算机程序。它通过一系列指令或决策点运算数据，得到某种理想的结果。算法的目的通常是预测。例如，算法可以预测哪些网站最有可能给予我们想要的信息或者推荐我们喜欢的书籍和电影。

有很多方法可以建立算法。但是有两个用于推荐的方法最为常见，值得我们在此描述：搜索和协同过滤（collaborative filtering）。然而，任何相关的讨论，都应该从一句警告开始——"我们不知道的事情还很多"。大多数算法都是独家私有的。尽管我们大概知道谷歌或亚马逊如何进行推荐，但是具体的算法却是秘密。此外，流行的算法并非一成不变。它们一直在不断改进。例如，谷歌每年对其搜索算法的改进超过 500 次。[38]

搜索引擎根据询问提供推荐。只要输入一个搜索词，你就会得到推荐。这个推荐一般是超链接的函数。[39]很多网站都通过提供链接指向其他站点。只要有足够大的计算机，就有可能"爬梳"（crawl）整个网络，从而知道众多网页是如何互联的。例如，谷歌每天将 200 万个网页编入索引。[40]虽然链接表示的是路径的存在，而不是实际的流量，但是它们经常被用来表示流通数量、联系强度，甚至直接就表示重要性。[41]

谷歌的算法被称作"佩奇排名"（PageRank）。它利用网页的链接情况，对网页的重要性进行打分。[42]这个算法所基于的命题是，指向某个网页的其他网页的重要性表示该网页的重要性。某位计算机科学家解释说："实际上有三个不同的因素，决定了某个网页的佩奇排名：它收到的链接数量，相互链接网页的链接倾向性，也就是说，转到其他网页的链接数量，和相互链接网页的佩奇排名。"[43]

这个方法可能会创造一个富者愈富的闭环，所以人们设法调整算法，引入新鲜的血液。[44]今天，现代的搜索引擎

> 使用复杂的算法和数以百计的不同排名标准，生成搜索结果。数据源包括：搜索词频所产生的反馈环（feedback loop）、用户点击搜索结果的次数和我们的搜索历史和浏览记录。例如，如果大多数用户对某个搜索结果页面第五项的点击量超过了第一项，谷歌算法会将此视为第五个结果优于第一个，并最终据此调整搜索结果。[45]

Facebook 也增加了"图谱搜索"（graph search）。这个算法不是依靠链接，而是依靠"喜欢"按钮功能来找到人、地点或事物。从链接到喜欢，很有可能会产生截然不同的搜索结果。[46]但是，正如营销专家克拉拉·史所指出的，使用"喜欢"可能会"创造一个良性的循环：广受欢迎的网页出现在图谱搜索中，用户更容易接触到图谱搜索中出现的网页，这些网页更

容易出现在将来的搜索结果中,以此类推"[47]。所以,不管怎样,海量信息被提取到一个排序列表,最重要的或者最受欢迎的东西被置于顶部。

另一个生成推荐的方法是协同过滤。众所周知,亚马逊和奈飞使用的就是这个方法。一言以蔽之,这些机制通过追踪每个用户的购买、租赁、下载、评价等行为,从而为他们建立档案。然后,算法将他们与具有相似档案的人们进行比较。[48]目标是向你推荐"像你一样的人"可能喜欢的东西。例如,如果大多数与你档案相似的人购买了《格雷的50道阴影》(Fifty Shades of Grey)这本书,而你没有购买,那么你很可能收到一个对该书的推荐。协同过滤被用于推荐电影、音乐、新闻、电视节目,甚至任何东西。最新一代的推荐机制考虑了各种各样的背景信息,例如你在哪里或你的日历上有什么,从而预测出你接下来可能想要什么——即使你并没有要求它这样做。[49]

除了帮助人们找到东西,这些自动推荐也常常试图向你出售另外一本书或传送定位性非常强的信息。大多数用户可能看穿了这些动机,但是推荐机制似乎仍然受到欢迎。推荐机构能否在对的时间推荐对的东西,根本上取决于它们收集数据的规模和范围。它们需要大量由服务器收集来的信息,来优化行动推荐和背景推荐。如果这些数据能与其他描述用户的信息(购买、偏好、社会关系、活动等)相结合,就能进一步加强定位能力,提高吸引力。[50]

> 推荐机构能否在对的时间推荐对的东西,根本上取决于它们收集数据的规模和范围。它们需要大量由服务器收集来的信息,来优化行动推荐和背景推荐。

测量中的偏见

所有的媒介测量都具有偏见。这并不是说,它们为了达到某个不道德的目的而故意歪曲——虽然也存在这个可能。意思是说,它们永远无法提供一个完全客观的现实图像。在收集和整理数据的过程中,偏见是固有的。能被观测到的东西是无限的。记录这些东西的方法各不相同。而且,正如我们所见,有很多不同的方法可以将所有数据凝缩为可用的测量标准。在这个过程中，有些东西未被探索到，有些东西则牺牲在"剪辑室"。

主导这个过程的是人类。他们决定什么是有用的、可行的或可以营销的。这样的判断已经烙入到所有的测量中，并从此产生偏见。重要的是识别最常见的偏见形式，并了解它们是如何影响市场运行的。有三种偏见值得一提：行为偏见、个性化偏见和流行度偏见。

行为偏见

绝大多数数字媒体的测量手段是通过记录人们的行为建构的。从广播的最初岁月开始就是这样，直至今日未曾改变。第一个视听率测量机构决定通过记录听众的收听行为来测量广播接触。这并不是理解媒介使用的唯一方式——它也可以被定义为听众关注或参与，但是接触迅速成为业界共识。历史学家马克·巴尔内夫斯及其同事解释道："出于买卖广告时段或买卖节目的目的，一种能显示收听某个节目和收听时间的测量标准具有某种简洁性，这对高竞争性环境中的议价十分重要。"[51]数字电视的现代测量技术与此并无二致。个人收视记录仪和机顶盒记录下人们所选择的内容或频道，并从这些选择中推断接触。[52]

Web 2.0 机构对行为数据的依赖并没有减少。虽然有些机构从用户评论中获得见解，但是大多数被采集的信息都是作为行为数据被加以解释的。服务器追踪人们买了什么、访问了什么网站、索取了什么信息、下载了什么材料、链接到了什么网页、分享了什么东西。实际上，每一天的每一秒钟都有海量的行为数据被制造出来。它的优点是价格低廉、数量丰富，从而成为一种具有诱惑力的资源。但是，即便测量得精确，行为也很难被解释。

人们面临的最大诱惑是将选择当作偏好的替身。其实，经济学中有一个正式的假设，即，选择是"显示性偏好"（revealed preferences）的度量。[53]在推荐机制中，这种思路十分常见。甚至这些机制的批评者似乎也忽略了二者的区别。"新一代的互联网过滤机制盯着你看起来喜欢的东西——你实际的所作所为，或者与你类似的人们所喜欢的东西，并试图做出推断。"[54]但是，正如我们在第二章所看到的，我们有理由怀疑，选择是不是先有偏好的直接反映。媒介使用并不总是我们个人偏好的良好体现。我们所属社交网络的特质、我们用来寻找内容的工具和日常生活的结构都影响了媒介使用。[55]

因此，通过行为进行推断时必须要谨慎。观看一段视频意味着你喜欢它吗？亚马逊上的每次购买都应该被理解为向"像你一样的人"做出的无声推荐吗？链接到某个网页或分享某个链接代表的是赞许还是谴责？转发某条推特信息是对其创新性的判断，还是身份表达和"社交纽带"（social bonding）？点击"喜欢"按钮意味着你真正喜欢它，还是仅仅为了获取免费的东西？行为的意义并不总是直白明了。然而，当我们将它们简化为"人头数量"或推荐时，往往认为行为的意义就是这样简明。行为数据给我们的东西也许无限接近吸引公众注意力的东西，但是却很少告诉我们为什么。

> 行为数据给我们的东西也许无限接近吸引公众注意力的东西，但是却很少告诉我们为什么。

个性化偏见

可选择的东西如此之多，可用于选择的时间如此之少。媒介测量的一项重要功能是为人们的选择提供向导。个性化推荐在一定程度上能够预见我们认为有用或有趣的东西。它意味着我们无须在搜索上浪费时间，无须考虑每个选项。获取提供这些推荐的技能，一直是在网络上取得成功的处方。然而，商业平台并非唯一具有个性化偏见的平台。接下来我将论证，测量手段让我们以个性化的方式接触数字媒体，这在一定程度上是由我们社交网络的本质属性造成的。

营利网站具有追求个性化的欲望，这并不难理解。这个被帕里泽称为"为相关性而进行的竞赛"，驱动着大多数硅谷企业。因为它们意识到创造忠诚客户的最好方法是，"提供真正对应每个人独特兴趣、欲望和需求的内容"[56]。正如我们所看到的，这也正是协同过滤的存在理由。谷歌从2009年开始提供个性化搜索结果。[57] Facebook 的图谱搜索提供了另一种个性化方法。根据《纽约时报》的说法，"在用户的 Facebook 好友中哪一个与用户最亲密,在搜索结果中用户最想看到谁的答案,这些都是由算法审定的"[58]。

社交网络和亲密小组也在无意中造成了个性化偏见。正如第二章所指出的,几乎所有的社交网络都是同质化的。[59]社交网络的成员倾向于拥有相似的背景、兴趣和性情。在这些网络之中,照顾到相关群体兴趣、规范和偏见的媒介更容易得到广泛传播。社交新闻网站,如红迪网(Reddit)或顶客(Digg),通过推导、综合和排名向人们推荐值得关注的东西,从而鼓励了这种选择性。

其实,社交网络呈现给我们的推荐,可能比我们想象的还要自动化。Facebook通过一种名为"刀锋排名"(EdgeRank)的算法,为每个用户提供个性化的动态新闻(newsfeed)。[60]刀锋排名是(Facebook的)专利,但是与图谱搜索类似,它也是优先呈现来自与我们关系密切的人们的最新消息。换句话说,在所有的Facebook好友中,我们更可能听到像我们一样的人们的消息。在一定程度上,这种定制内容造成了社交媒体上普遍存在的个性化偏见。

个性化给人们带来的最大担忧是,它让用户撤回到舒服的飞地,其结果是用户的视野变窄,偏见增强。[61]例如,个性化可能会鼓励保守主义者收看"红媒",自由主义者收看"蓝媒"。帕里泽将这些飞地称作"过滤气泡"。他认为用户往往并没意识到过滤气泡的存在。[62]

然而,我们很难确定这些来自朋友的推荐所产生的社会效应。区分社交传染效应与同质性效应,对我们来说是一项挑战。[63]人们可能会看到同样的东西,做同样的事情,这不是因为推荐,而是因为他们彼此相同。然而,也有证据证明,朋友的督促能够促使人们去投票,从而影响难分伯仲的选举结果。[64]而且,似乎来自熟人的推荐压倒了选择性接触的倾向。[65]穆茨和杨猜测,自动化的"非人类"推荐,例如协同过滤——或许不如"人类"推荐更具潜在影响力。[66]然而,在当今世界,随着Facebook和推特使用算法滤出个人信息和推荐,人类推荐和非人类推荐之间的

> 个性化给人们带来的最大担忧是,它让用户撤回到舒服的飞地,其结果是用户的视野变窄,偏见增强。

界限也变得日益模糊。

流行度偏见

几乎所有上述方法都产生一个推荐排序表。搜索引擎根据内向链接的数量和重要性进行网页筛选。社交网络和内容提供者将用户指向阅读最多的故事、观看最多的视频或者大多数"像你一样的人们"所购买的、租赁的或喜爱的东西。用户信息机制经常使用的方法,都特别倚重流行度。《华尔街日报》的"数字先生"(numbers guy)① 卡尔·比亚利克有一句妙语:"互联网促进了流行度竞赛的爆发。"[67]

尽管在历史上,大众文化的批判者曾经质疑被当作质量指标的流行度,但是推荐机制基本上能够免于此类质疑。相反,用户和社会评论家都赞赏这些机制,认为它们体现了"群众的智慧"——意思是说众多普通决策者能够创造优于专家的集体判断。这个流行概念给那些自私机构和告诉人们什么最好的自认权威提供了诱人的修正。然而,即使接受这个假设,用户信息机制也往往不能满足做出优秀决定所需的前提条件。

根据詹姆斯·索罗维基(他是帮助这个概念流行开来的作者)的说法[68],当大量不同个体独立做出决定或预测时,智慧得以实现。将这些自主决定加在一起,通常可以产生一个明显优于专家意见的结果。不幸的是,大多数用户信息机制违反了这些规则,这一点连索罗维基自己也承认。

首先,推荐通常以相对较小的同质群体为基础。如我们所见,社交网络或亲密小组的成员是同质的。在大多数群组中,成员的数量是有限的。人类学家罗宾·邓巴认为,人类最多能够维持150多个有意义的人际关系,因此社交网络的规模是有限的。[69]有些人找到证据证明社交媒体使用中存在天花板[70],另外一些社交网络分析者却认为,"邓巴数"太低了。[71]不管怎

---

① "Numbers Guy"是由卡尔·比亚利克创办并供稿的《华尔街日报》专栏,这个专栏是关于新闻所使用(特别是误用)的数字和统计的。

样，社交网络，作为推荐实体，通常并不具备做出聪明判断所需的规模和多样性。协同过滤也不能纠正这个问题。最好的推荐机制横跨多个数据库。它们必须这样做，因为相对来说，只有少数人在进行推荐时最终具备价值。也就是说，过滤算法搜索并优先考虑与你"最亲密的人"或离你"最近的人"。[72]这些人通常只占数据库的极小一部分。

其次，在上面提到的用户信息机制中，没有一个促进了最佳推荐所需的那种独立决策。搜索引擎为用户提供有关其他人所作所为的信息，有效引导接下来的决策，整合并报告某个网站的访问者选择了什么或者某个社交网络的成员推荐了什么，为追随者提供了强烈的社会期望信号。人类有随大流的倾向[73]，见到他人在做什么，能够引发狂乱冲动行为（stampedes）。

例如，哥伦比亚大学的社会学家进行了一项基于互联网的大规模实验。在实验中，人们被允许从一些不知名乐队中选择一个，并下载它的音乐。[74]在实验条件下，人们能够看到有关别人所下载内容的信息越多，他们越倾向于追随领导者。歌曲的质量相对来说并不重要。在不同的实验条件下，用户信息产生的结果都是"赢者通吃"。然而，你还是无法事先预知谁会成为赢者。

如果自主决策产生最佳结果，传染和从众似乎是"智慧自群众中来"（这个观点的持有者）最不喜欢的。正如预测专家纳特·西尔弗所警告的："这是信息时代的另一个风险：我们分享如此多的信息，以至于我们的独立性被降低了。相反，我们寻找和我们一样思考的人们，吹嘘我们有多少'好友'和'粉丝'。"[75]但是，这些以流行度为基础的排名比比皆是，所以，我们应该谨慎对待测量中的流行度偏见。这样的测量标准能够告诉我们什么在吸引注意力——同时也提升流行度，但是它们并非找到真正价值所在的无误向导。

透过大数据看世界

我们已经注意到,服务器能够追踪上百万个用户在每一天的每一秒钟所参与的上万亿宗交易。谷歌每天处理的搜索请求超过 30 亿。[76] Facebook 用户每天点击"喜欢"按钮 27 亿次,更不用说被记录下的所有其他活动。[77]实际上,大多数经济领域都在经历被收集信息总量的爆炸式增长。[78]这个洪水般的数据总量一般被称作"大数据"。

很多评论家和顾问早就指出,大数据的出现将促使我们革新一切,从制造到市场营销、到医药、到天气预测、到股票交易、到科学自身的每项实践。[79]我曾间接提到服务器所产生的数据对媒介测量的影响,但是我们还是应该认真考虑,大数据是否从根本上改变了我们看待注意力市场的方式,是否在此过程中改变了市场的运行方式。

大数据这个词模糊得让人喜欢。对有些人来说,它是一切电子计算表中大到无法处理的数据;对另一些人来说,它只不过是一个需要超级计算机进行运算的数据集。它通常包括两个截然不同却又经常合在一起的话题:数据与分析。为了掌握大数据的贡献和局限,我们应该对二者分别对待。

大数据的拥护者们经常表示,越大一定越好。我曾指出,大多数媒介测量都有一个行为偏见,行为偏见让它们的解释存在问题。但是在克里斯·安德森(他曾长期担任《连线》杂志编辑)看来,日益增加的数据以某种方式消除了这个问题。"谁知道为什么人们为其所为、做其所做?重点是他们做了,而且我们能够追踪,并以前所未有的保真度测量他们的活动。有了足够的数据,数字自己就会说话。"[80]然而,大多数知道数据包括什么、不包括什么的人们却得出截然不同的结论。微软研究院的研究员们将真实世界中大数据的不足进行了分类,从代表性问题到显而易见的错误。他们得出的结论是:"大数据为我们提供了海量数据,但这并不意味着方法问题不再重要。例如,对样本的理解,现在比以往任何时候都更重要。"[81]

> 数字从来不会自己说话。数据必须经过分析才能产生意义。数据必须要清理、加权、整理。

数字从来不会自己说话。数据必须经过分析才能产生意义。数据必须要清理、加权、整理。很多时候，大数据被输入到算法中，产生可指导行动的测量数据。正如克里斯·斯坦纳所指出的："在华尔街和其他地方，所有因算法而实现的革命，只有一个核心的、执着的目标：预测——更精确地说，预测其他人会做什么。"[82]

然而，预测人们会做什么，要什么或对什么满意，比物理世界的预测更难。想一想用大数据预测天气。预测并不能改变天气。预测一英寸的雨水并不能让此成真。假如真的下雨，你就可以对预测的精确度进行测量。你只需到雨水测量器前看一看就知道你预测的对不对。人类世界并不总是按照同样的规则运行。

对社交活动的预测会影响他们所预测的东西。如果谷歌预测某个网站会有价值并因为这个预测促进了网站流量，似乎就能够进一步证明这个推荐的正确性。如果《纽约时报》网站将某篇文章吹捧为阅读量最多的文章，就会引诱人们去阅读它。如果我们接受这个间接推荐，它对其他人的诱惑力就会增强。如果亚马逊预测我们将会喜欢某本书，因为"像我们一样的人们"购买了该书，我们可能就会将该书加入到购物车，从而使销售增长。倘若不是这样，这个增长是不存在的。测量并没有与它们所要测量的现实相互分离，测量重塑了现实。

职业媒体人手中的测量可能也是这样的。例如，媒体都想在新人出名之前发现他们。《广告时代》如此描述这个挑战："很多年以来，品牌一直在和YouTube明星合作——贾斯汀、谢伊·卡尔、米歇尔·潘等等，但是，如果你能够在明星成为大腕之前就发现他们，又会怎样呢？"[83]为了做到这一点，代理机构要在YouTube上追踪5万个频道、2 500万个视频，从而预测谁处在成名的临界点，表现优秀的那些可以签下合约。以这种方式发现的人才可能无须干预便获得成功。但是，使用测量发现赢者的同时也能创造赢者。与天气不一样，社会预测能够改变结果。

在很多大数据支持者的眼中，预测物理世界与预测人类世界的区别似乎不再存在。在人类社会，由大数据驱动的算法有可能创造"自我应验的预言"。伟大的社会学家罗伯特·K·默顿解释道："某个情况（预言或预测）的公共定义成为这个情况的组成部分，因此影响到事态的后续发展。这是人类事务特有的。自然界中并不存在。"[84]自我应验的预言产生两个问题，一个是分析者的问题，另一个是我们其他人的问题。

算法的预测质量应该根据预测的准确性判断。但是，任何评估都取决于我们能否很好地测量我们所预测的东西。在大数据的世界里，比起其他事情，有些事情更容易知道。我们也许能判断出某种模式在多大程度上决定了电视节目的收视率，或者操控推销辞令如何影响了购买行为。[85]但是，当谷歌预测我们会觉得某个网站有价值，或者奈飞预测我们会喜欢某部电影时，我们怎能知道这些预测真正找到了具有价值或令人喜爱的东西呢？我们可能发现这些推荐有价值，但是我们无法确定它们是否为最佳选择。将人们对某个建议的接受当作质量高的证据，或许只会让自我应验的预言继续存在。在人类世界中判断预测的质量，并不像看一眼雨水测量器那样简单。

自我应验预言的更大后果是，它们能够影响文化消费本身的性质。公共测量可能会与其所测量的世界"发生反应"，从而改变社会现实。[86]这极有可能会发生，因为测量日益引导了我们的选择，有些系统性偏见是测量固有的。两种偏见，个性化偏见和流行度偏见，可能都有这个能力（改变社会现实）。

> 自我应验预言的更大后果是，它们能够影响文化消费本身的性质。公共测量可能会与其所测量的世界"发生反应"，从而改变社会现实。

个性化推荐将我们引向那些关心我们兴趣和偏见的媒体。通常，推荐者需要从我们过去的行为进行推断，从而猜测我们是谁、喜欢什么。伊莱·帕里泽将此称为"你循环"（you loop），并对其机制作出如下解释："你点击一个链接，说明你喜欢其中某个东西，这意味着你接下来很有可能会看到与那个话题相关的文章，然后它进一步为你启动（priming）了那个话题。你陷入了'你循环'，如果你的身份被误表达，就会产生一些奇怪的模式，就像扩音器中出现的回响。"[87]有一种可能是，某些东西被启动，而其他东西未被启动，我们可能会培养起一种对所推荐东西的品位。正如我们所看到的，很多社会评论家担心个性化可能会使社会极化，但是如果这些机制迎合并创造偏好的话，其效果可能会更加显著。我们将会在第六章深入探索这种可能性。

然而，流行度偏见可能会缓解这种效果。它不是将我们撕裂，而是倾向于使公众注意力集中。流行度并非找到最高价值或最高质量的安全法则。然而，似乎显而易见的是，推荐流行的东西会驱动流量，并进一步提高流行度。将海量数据转化成简单的数人头活动，包括将此公布于众，会夸大最终的计数结果。

在这些倾向中，没有一个由于大数据的大而得到缓解。与所有媒介测量手段一样，新的测量手段也是人类创造的。正因为如此，它们也不能免于偏见和误用。但是，它们现在无处不在。这不是原来就有的，因此它们成为人们必须考虑的日益重要的力量。它们能够为机构和个人提供超级有用的工具。[88]然而，它们并不是注意力市场上的中立者。媒介测量以强有力的方式进入注意力市场。这种进入方式并没有得到足够重视，往往也很难被普通用户识别出来。显然，人类世界会与数据所鼓励我们看到的十分相似。

第五章 ｜ 受众形成

在传统广播媒体和其他"主流媒体"看来，新媒体"侵蚀"了它们的受众，是不受欢迎的竞争者。然而，在受众分化是好是坏的问题上，社会评论家们产生了分歧。一些评论家歌颂这些变化，认为它们意味着市场反应更加迅速、公共领域更加强健。另一些评论家则看到让人担忧的理由。在他们看来，受众分化预示着共有文化论坛的终结，或者，更为严重的是，这将产生相互隔绝的媒体飞地或者领域分子。

几乎没有证据表明在用户的媒体选择中存在大规模平行文化。人们只表现出较低程度的类型忠诚和意识形态忠诚。他们不会将自己圈在充斥顺耳言论或某一个类型媒体的飞地中度过一生。然而，我们有大量证据证明大规模重叠文化的存在。在这个文化中，人们在各种文化内容间自由流动。

我们已经费力读完了大量有关受众行为的资料。在公众注意力的形成过程中，媒体使用者、媒体以及他们依赖的测量都起到了一定作用。然而，这些因素的组合会导致何种类型的受众形成？在这个问题上，人们并没有形成共识。或许，有些用户从点播媒体平台中获得了力量。他们表现出明显的忠诚，这种忠诚有效地将他们的媒体菜单缩减到少数几个偏爱的媒体。然而，也有可能是，偏好的多变特性导致同样多变的消费模式。或许，数字媒体将会促进无尽的受众分化，造成畅销作品的消亡，形成很多滴水不漏的飞地。然而，也有可能是，我们的社会性本质和过滤机制的流行度偏好，将会继续使公众注意力集中。

梳理这些可能性的最好方式是看一看有关受众真实行为的硬证据。在上一章中，我刚刚解释到，所有媒介测量本质上是不完美的和具有偏见的。现在提到"硬证据"，我也许应该讲一讲自己的偏见。接下来要讨论的受众形成，全部是以行为测量为基础的。在信息丰裕时代，媒体用户只需轻点一下鼠标或通过远程控制，就可以获取大部分信息。人们对自身行为的自我报告特别容易出现偏差。[1]因此，我所描述的受众形成，尽可能以仪器或服务器生成的数据为基础。尽管这些数据不能告诉我们想知道的一切，却能相当准确地测量受众的媒介接触。同样，这些数据也为我们评估人们如何处理自己手上的媒体资源提供了基础。

这些研究不仅包含我自己的工作，也包含了学界和业界同事的努力。其中大部分是最新的。有些是获得版权的正式出版物，有些仅仅在研讨会或专业性会议上出现过。回顾这些研究成果，是为了关注那些能够帮助我们判断对未来的种种预测，明晰我们所面临的观点分歧的研究。第一部分梳理的是受众分化研究和流行原因研究。然后，我们讨论的是受众忠诚的驱动因素。我将展示地方新闻信息受众的证据，这是一个容易忽视却具有潜在重要性的议题。最后，我将充分证明，媒介使用中存在着"大规模重叠文化"。

受众分化

受众分化是数字媒体发展带来的最受瞩目的后果之一。随着宽带网络为人们提供了更多的内容，人们有了更多按需索取的选择，媒介使用的模式也变得更加分散。在传统广播电视媒体和其他"主流媒体"看来，新媒体"侵蚀"了它们的受众，是不受欢迎的竞争者。然而，在受众分化是好是坏的问题上，社会评论家们产生了分歧。一些评论家歌颂这些变化，认为它们意味着市场反应更加迅速、公共领域更加强健。[2] 另一些评论家则看到让人担忧的理由。在他们看来，受众分化预示着共有文化论坛的终结，或者，更为严重的是，这将产生相互隔绝的媒体飞地或者领域分子（sphericules）。[3] 因此，我们需要对受众分化的现状和受众分化的原因进行评估。

尽管有很多种方法可以将受众分化概念化[4]，迄今为止，最常见的方法是"以媒体为中心"的路径。它着眼于相互独立的媒体机构（电视频道、网站等）或媒介产品（电影、音乐、视频等），研究它们的受众规模。这些机构或产品有时候会被归入更大的类别或品牌。在某个时间点上[5]，或在某个时间段上的一系列横截面"快照"中[6]，每个机构或产品的总受众规模都可以被记录下来。横截面快照经常被用来展现受众分化的长期趋势，也是许多产业报告和产业预测的主要内容。

例如，图 5—1 用直方图描述了美国最老牌的电视网——ABC、CBS、NBC——在黄金时段综合受众数量下降的情况。1985 年，"三巨头"占到人们几乎 70% 的收视时间。在接下来的 20 年里，它们的整体受众规模持续下降，逐步降到了 30% 以下。带三角形的上升黑色曲线表示的是，争夺受众的电视频道数量不断增长，其增长方式（与"三巨头"受众规模下降的方

> 在传统广播电视媒体和其他"主流媒体"看来，新媒体"侵蚀"了它们的受众，是不受欢迎的竞争者。

式）一样显著。2008年，尼尔森最后一次发布此类报告。根据它的报告，一个普通的美国家庭大约能收到130个电视频道。欧洲和亚洲的国有广播电视公司也在经历同样的受众流失。[7]

"长尾"是一种描绘"以媒体为中心"数据的流行方法。[8]在"长尾"图中，媒体单位按照受欢迎程度由高到低排列，每个单位的总体受众（例如月访问量、独立访客数、销售总额等）比对纵轴标识。长尾分布有很多名字，例如幂律和帕累托分布。有一个现象与长尾相关，市场营销人员称之为80/20法则。在这个现象中，分析单位是人而不是事。也就是说，在大多数消费市场，20%的消费者占到销售总额的80%。这些数据分布所描绘的，都是使用模式的失衡。少数几个重量级选手占据消费的绝大部分。在文化消费领域，通常存在这种"赢家通吃"的市场。[9]

图5—2和图5—3表示的都是长尾分布，基于2009年3月的尼尔森数据。图5—2中展示的是美国电视频道的受众。图5—3展示的是主要互联网品牌的受众。

如图5—2所示，与其主要竞争对手有线电视网相比，美国主要的广播电视网（灰色竖条所示）到达更高比例的人口（即，每月累积收视率）。所以，尽管近年来广播电视网的受众数量不断下降，但是在获取公众注意力方面，仍无人能望其项背。图中逐步下滑的坡度暗示了中等程度的市场集中。

图5—3展示的是互联网品牌的长尾分布。它们按月访问量高低依次排列（即，独立访客占受众总数的比例）。市场领导者是谷歌（58.92%），其次是雅虎（51.19%）、MSN/Windows Live（39.40%）、YouTube（35.77%）、美国在线媒体网络（32.51%）和Facebook（29.35%）。然而，在这个数据中，随着向尾部移动，我们可以看到，受众人数的下降相对来说更加急剧。这表明，与我们之前看到的广播电视市场相比，互联网市场更为集中。此图仅包含了排在前138名以内的互联网品牌，所以我们可以想象得出来，假如把所有互联网品牌都列出来，长尾部分会变得很长很细。因此，在长尾分布中，受众集中与受众分化是同时存在的。但是，二者的平衡程度会因媒体的不同而发生变化。

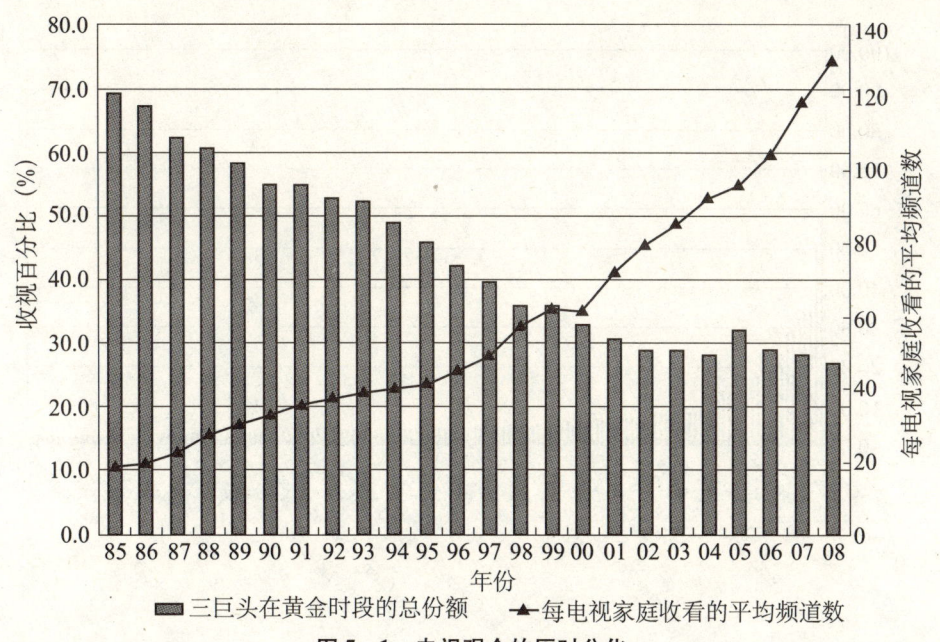

图 5—1 电视观众的历时分化

资料来源：Adapted from Webster, James G. "Beneath the Veneer of Fragmentation: Television Audience Polarization in a Multichannel World." *Journal of Communication* 55, no. 2 (2005): 366–382.

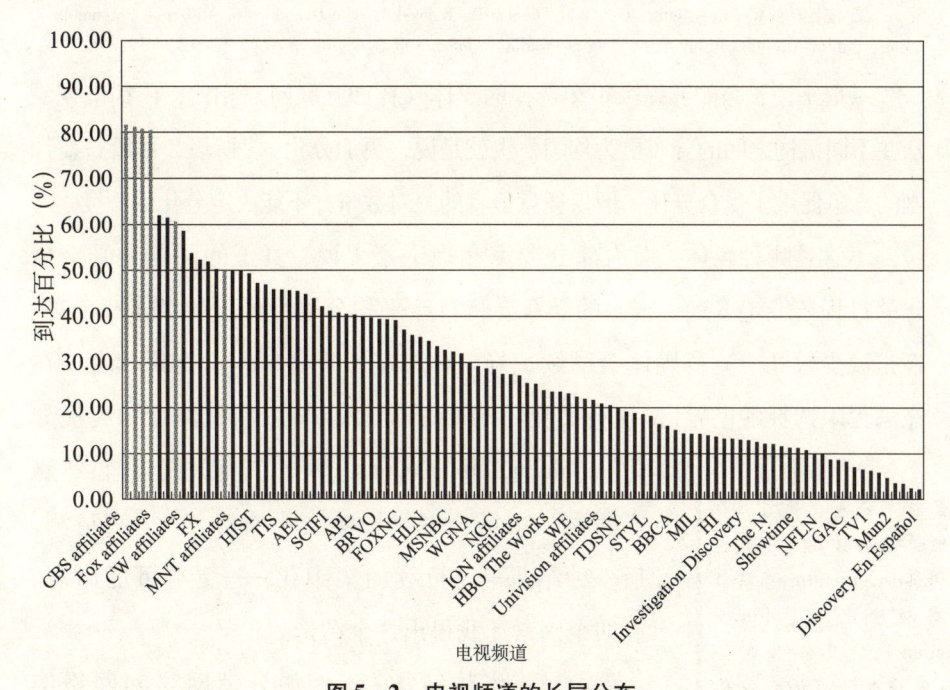

图 5—2 电视频道的长尾分布

资料来源：Webster, James G., and Thomas B. Ksiazek. "The Dynamics of Audience Fragmentation: Public Attention in an Age of Digital Media." *Journal of Communication* 62 (2012): 39–56.

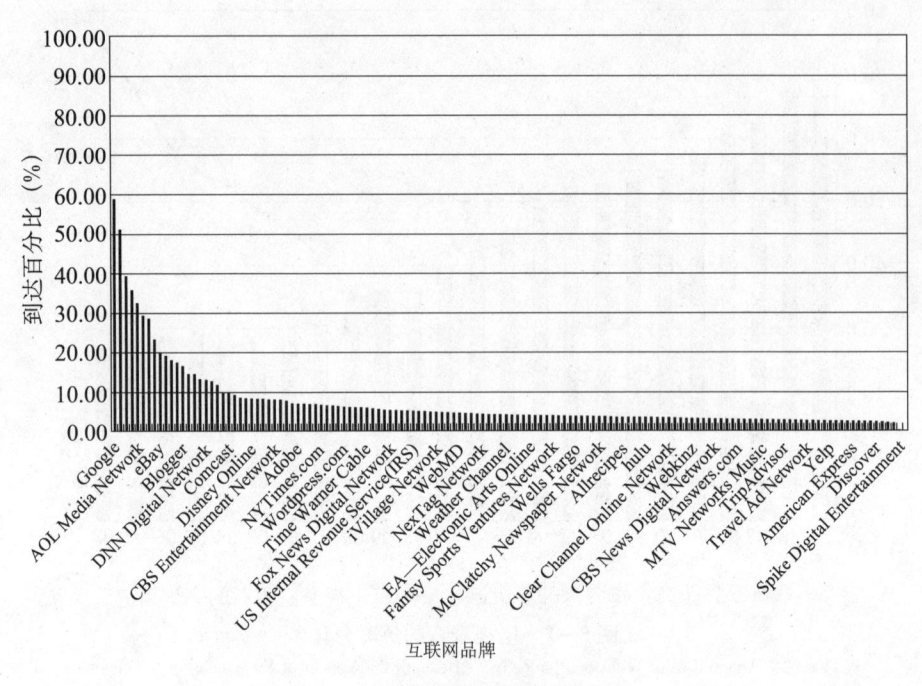

图 5—3　互联网品牌的长尾分布

资料来源：Webster, James G., and Thomas B. Ksiazek. "The Dynamics of Audience Fragmentation: Public Attention in an Age of Digital Media." *Journal of Communication* 62 (2012): 39–56.

一般来说，与能够提供很多选择的媒体（比如互联网）相比，广播电视受众在不同机构之间的分布更为均匀，也就是说，更加分化。[10] 所以，尽管日益加剧的竞争促进了受众分化，但仅凭竞争者的绝对数量并不能决定分化的程度。

不管是哪种媒体，对大部分专家和理论家来说，真正的问题是受众分化的过程还能走多远。未来的受众会将自己平均分配给可用的媒体选项吗？还是说少数几个流行媒体会继续主导媒体市场？克里斯·安德森预言，在充满无限选择的世界，"流行文化"（hit-driven culture）将让路于"终极分化"（ultimate fragmentation）。[11] 其他人则坚信，"赢家通吃"市场会继续影响文化消费。[12] 据我猜测，后一种结果——持续的集中化——更有可能出现。有四个因素让我得出这个结论。

第一，媒体结构——例如分销网络和网络架构——老调地、近乎机械地解释了吸引公众注意力的因素。媒体结构也会随着人们媒介使用方式的改变而演化，但是这个过程需要时间。电视网络覆盖（即，能够接收电视信号的受众数量）就是这样一个结构。老一点的广播电视网信号所到达的家庭数量仍多于有线电视信号。而且，新一点的有线电视唯有经过奋战才能杀进有线系统。现有广播电视网拥有更多潜在受众，所以它们才会加大节目投资。因此，不足为奇的是，它们将继续拥有最大规模的受众。当然，跨平台数字传输可能会让市场重新洗牌，但是对网络的日益依赖很可能会产生另一种不平等。

数字网络以其自有的方式给予现有站点（老一点的节点）特权。传播网络分析专家将这一现象称为"优先连接"（preferential attachment）。[13] 换而言之，当新成员加入网络时，他们倾向于优先连接到更显要和更繁忙的站点。当然，也有不少新网站迅速流行的案例［比如拼趣（Pinterest）和推特］。但是，一般来说，网络有助于富者愈富。这种现象与网站质量无关。正如一位专家所指出的："互联网（以及许多相似的网络）似乎天然倾向于将大量链接指向少数站点：网络挑选赢家。"[14]

第二，质量无疑在集中公众注意力方面起到作用。众所周知，质量评估很难实现，但是媒体产品的质量肯定参差不齐。只要价格不是高得让人望而却步，高质量的选项一定会吸引更多的人。数字媒体为用户消费高质量产品提供了便利。一方面，数字媒体具有纯粹的"公共产品"特性，因此容易被复制，而且经常是"免费"复制。[15] 经济学家罗伯特·弗兰克和菲利普·库克指出："如果优秀人才的努力能够以低边际成本复制，那么市场为低水平人才提供的空间会很小。"[16] 进一步说，可用的点播媒体越多，人们越挑剔。旧的线性传播体系有时会让用户被迫接受信息。然而，正如克里斯·安德森所指出的，CD 变成了 iTunes，而且有了个性化推荐，用户从此可以在唱片中跳过"烂歌"直接选择"最佳单曲"。[17] 在数字市场上，受众只去消费那些最好的产品，这比以往任何时候都更容易实现。如果公众能在产品质量标准上达成共识，选

> CD 变成了 iTunes，而且有了个性化推荐，用户从此可以在唱片中跳过"烂歌"直接选择"最佳单曲"。在数字市场上，受众只去消费那些最好的产品，这比以往任何时候都更容易实现。如果公众能在产品质量标准上达成共识，选择的数量将有效降低，公众注意力将集中于这些（高质量的）选择。

择的数量将有效降低，公众注意力将集中于这些（高质量的）选择。

第三，媒体消费的社会性将继续使公众注意力集中。长期以来，媒体一直在社会情境中充当"交换货币"（coin of exchange）。[18]电视节目、体育赛事或者 YouTube 上的短片都可以成为我们的谈资，同时也让想要加入讨论的人们加入进来，听一听别人在讨论什么。随着社交媒体（例如 Facebook 与推特）的出现，这些闲谈延伸到了虚拟空间，并将社交网络的注意力集中在成员们认为值得关注的东西上。[19]注意力通常集中在知名媒体、热门节目或者由事件驱动的直播节目，例如超级碗、奥运会、奥斯卡和格莱美。

第四，在媒介测量中，对产品质量的追求与媒体的社会维度共存。我们已经看到，人们经常使用推荐机制来评估他们的选项，指导他们做出选择。在有限理性的世界，这些测量意味着人们似乎在质量标准上达成了共识，并且告诉人们"像你一样的人"在选择什么。测量也对流行的东西偏爱有加。这些推荐越显要，人们越容易被流行的东西吸引。[20]通过这种方式量化"群众智慧"[21]可能并不是评定产品质量的可靠指标，但是它却能使公众注意力集中。

那些凝聚受众的力量——以及媒体自身模仿流行事物的倾向——意味着受众不会四处分化。人们（专业的和业余的）生产的媒介产品无穷无尽，所以长尾会越来越长。然而，无限的媒体供应不会产生无限的受众分化。一小部分以病毒方式传播的电影、博客和视频，将继续占有绝大部分公众注意力，而其他大部分媒体产品则注定无人知晓。[22]假如我们能做出什么预测的话，那就是长尾的头部将会继续保持原样，尾部则会变得越来越细、越来越长。[23]

然而，比长尾分布展示了什么更重要的是它隐含了什么。有了长尾分布，我们很容易区分哪些是流行的，哪些不是。但是，长尾分布并没有告诉我们，人们如何在不同媒体产品间流动。或许，大部分人是忠诚的，他们偏爱某些特别的媒介类型，并在偏爱的小天地里安营扎寨。还有一种可能是，人们在所有媒介选项间广泛流动。在受众分化的外表之下，潜伏着两种可能性。[24]进一步了解这个问题，对媒体建构受众和用户构建社区或社交网络来说，具有十分重要的意义。所以，接下来我们要了解受众忠诚的本质。

偏好驱动的忠诚

到目前为止，人们普遍认为，受众忠诚是由用户偏好驱动的。正如第二章所指出的，针对这个问题，不同学科都有各自版本的解释。根据经济学家和营销专家的假设，人们具有明确的节目类型忠诚。这可以解释他们的选择模式。唯一的办法就是找到这些节目类型具体是什么。根据社会学家的假设，人们的品位可以转化为对现有音乐流派的偏好（例如古典音乐 V.S. 摇滚音乐）。心理学家和政治学家认为人们具有确认偏误（confirmation bias）①，尤其是对新闻和信息。这种偏误促使人们"选择性接触"志趣相投的言论，回避一切与自己认知相左的东西。传播学家关注的是人们的需求和他们满足需求的欲望。

正如我们所看到的，以上每个传统观点都有证明自己假设的相应研究。然而，令人惊讶的是，没有一项研究符合我之前对"硬证据"的定义。接下来，我们将会讨论一些使用媒介接触数据来评估节目类型忠诚——也包括对新闻的厌恶——的研究和一些证明所谓红媒—蓝媒鸿沟的研究。

2011年，特纳广播公司开始了一项研究项目，目的是帮助识别观众定义的节目类型。作为时代华纳的子公司，特纳广播公司运营着许多电视网，包括TBS、TNT和truTV。每个电视网都专注于某个特定的节目类型，致力于将其打造成自己的"品牌"。TBS侧重喜剧节目，TNT侧重影视剧，truTV主要提供它所谓的"真人秀"节目。TNT和truTV都特别依赖真人秀节目。问题是，真人秀节目很多，它们未必都是一样的。真人秀包括从《美国偶像》、《美国铁人料理》、《美国警察》到《幸存者》在内的所有节目。喜欢某个真人秀节目的观众似乎不太可能一定喜欢其他所有真人秀节目。特纳广播公司想要按照观众的偏好将真人秀节目细分为亚类型，以便完善电视网的节目编排。

---

① "确认偏误"（或称确认偏差、证实偏差、肯证偏误、验证性偏见）是指个人选择性地回忆、搜集有利细节，忽略不利或矛盾的资讯，来支持自己已有的想法。

特纳广播公司与尼尔森合作，按照收看模式将电视节目进行分类。如果某些节目倾向于拥有相同受众，就可以推断出它们属于"同一类型"。为此，他们使用了一种叫做因子分析①的数据简化技术。从19世纪60年代开始，受众研究者一直在使用这项技术。[25]这项研究将真人秀节目划分为18个类别或亚类型。[26]

其中一项研究成果是，特纳广播公司发现，两个听起来类似的节目——《典当之星》（Pawn Stars）与《典当现场》（Hardcore Pawn）吸引的观众类型却不相同。前者着重刻画人物与其背后的故事，后者则侧重肢体冲突。《典当之星》更适合 TNT，而《典当现场》更适合 truTV。

从这项研究中，我们所学到的第一件事情是，尽管节目类型所属的类别并不总是清晰明显，但是对于媒体来说，受众定义的节目类型具有实用价值。类型偏好（如果这样定义的话）能够恰当描述并培养受众忠诚。

这项研究带给我们的更大启示是双重性的。媒体（至少那些拥有充足资源的媒体）通过测量了解并适应用户的行为。[27]从理论上讲，这解释了"二元性"在媒体市场的运作方式。测量让受众行为可见。我们得以了解媒体环境之结构特点被复制、被改变的机制。从分析的角度讲，二元性让我们很难把能动性的影响与结构的影响分开。例如，人们是因为某个电视频道或网站提供了他们所喜欢的内容而忠于它们，还是因为内容来自他们所忠于的媒体机构，所以他们才喜欢这个内容？二者是混合在一起的。而且很有可能，我们所观察到的模式是由二者合力所致。

> 根据普赖尔的观点，许多人喜欢娱乐，反感新闻。一直以来这都是事实。但是，在电视发展的早期岁月，观众无法逃避新闻。原因是美国仅有几家广播电视网在播放电视节目，并且它们都在同一时段播放新闻。

新闻是人们特别感兴趣的一种类型。如果公民想要在一个现代民主体制中有效地生活，收看或者阅读新闻似乎十分必要。2007年，普林斯顿大学的政治学家马库斯·普赖尔出版了一本颇具争议的书。他在书中提出，媒体环境的结构变化正在重塑新闻受众。[28]根据普赖尔的观点，许多人喜欢娱乐，反

---

① "因子分析"是指研究从变量群中提取共性因子的统计技术。

感新闻。一直以来这都是事实。但是，在电视发展的早期岁月，观众无法逃避新闻。原因是美国仅有几家广播电视网在播放电视节目，并且它们都在同一时段播放新闻。如果和大多数人一样，你也想看电视节目，那么你只能收看新闻、了解时事，这并不由你控制。然而，随着有线电视的出现，有了越来越多的频道可供人们选择，那些从来都不喜欢新闻的观众便不再收看。同样，那些喜欢新闻的观众现在可以 24 小时收看新闻。因此，新闻消费的平均值虽相对稳定，却日益两极分化。也就是说，起初每个人都看一些新闻，而现在的情况是，一些人观看大量新闻，另一些人却完全不看。马库斯·普赖尔接着写道，这个变化将导致人们在政治知识和投票倾向上的差异。

现在看来，"回避新闻"现象不仅发生在各个媒体平台[29]，在不同程度上，也超越了文化界限[30]。尽管有过于简化文献的风险——现有文献对新闻接触的定义和测量方法不尽相同，我还是用图 5—4 描述出了一般的新闻接触模式。

上图（a）是基于收视记录仪收集的 2006 年纽约与芝加哥媒体市场的新闻视听率数据。下图（b）是基于个人收视记录仪收集的 2001 年与 2007 年韩国首尔的新闻收视率数据。上图的平均新闻消费更高。在某种程度上，这是因为它对新闻的定义更加宽泛。然而，这两个图都表明，大约三分之一的人口完全不收看新闻节目，仅有一小部分观众是"新闻迷"。这个新闻消费模式基本符合 80/20 法则——相对较小比例的人口占据绝大部分的消费。

然而，这些似乎最受关注的新闻偏好是由人们的政治意识形态驱动的。[31] 保守主义用户或自由主义用户只使用与自己观点一致的媒体吗？如果是这样的话，它将在受众忠诚中体现出来，很可能会使选民两极分化。在美国，这种现象经常被称作红媒—蓝媒鸿沟。这也是一个更普遍现象——选择性接触——的具体案例。然而，话又说回来，令人吃惊的是，我们几乎没有用来测量党派新闻接触的可靠方法。在下文中，我将选择一些对红蓝鸿沟的研究进行综述。这些研究涉及的媒体包括电视、在线新闻和社交媒体。

拉库尔（LaCour）的数据来自综合媒介测量公司（Integrated Media Measurement Incorporated, IMMI）。2006 年，IMMI 开始致力于提供视听率测

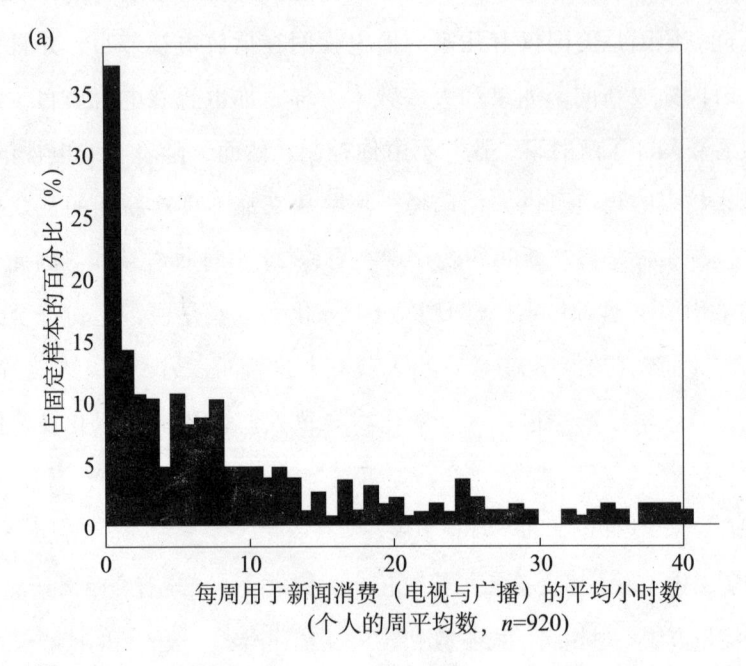

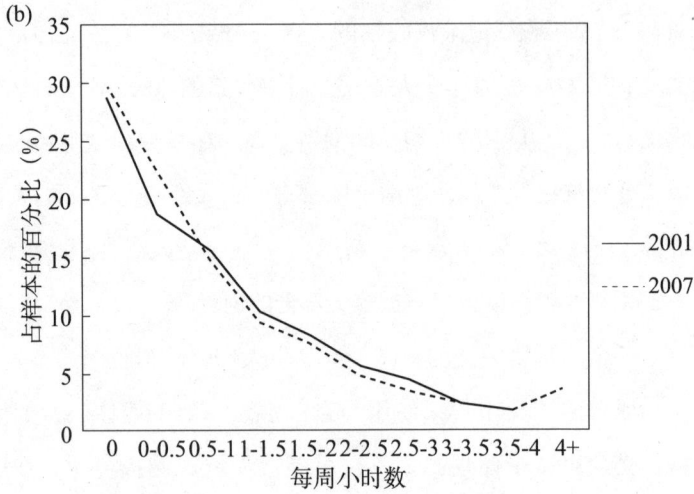

图 5—4　美国与韩国的新闻接触

资料来源：(a) LaCour, Michael J. "A Balanced News Diet, Not Selective Exposure: Evidence from a Real World Measure of Media Exposure." Presented at the Annual Midwest Political Science Association, Chicago, April 2012. Reproduced with permission of the author. (b) Adapted from Kim, Su Jung, and James G. Webster. "The Impact of a Multichannel Environment on Television News Viewing: A Longitudinal Study of News Audience Polarization in South Korea." *International Journal of Communication* (2012): 838–856.

评服务。[32] IMMI 利用智能手机收集数据。在几个月的时间内，纽约与芝加哥媒体市场的固定样本成员，从早到晚携带着智能手机。手机上安装的程序每隔 30 秒探测一次机主所收看（听）电视和广播的声音，所收集到的数据被当作媒介接触的证据。有了这些数据，拉库尔得以建构非常精准的测量工具，用以测量受众对保守主义电视新闻或自由主义电视新闻的接触。保守主义新闻有《奥莱利实情》（The O'Reilly Factor）和《福克斯新闻直播》（Fox News Live），自由主义新闻有《MSNBC 新闻直播》（MSNBC News Live）和《每日秀》（The Daily Show）。拉库尔还建构一个"净选择性"（net selectivity）指标，用来测量每个人对"观点一致"新闻或"观点交叉"新闻的接触。例如，如果一个共和党人在看《奥莱利实情》，那么她接触的是"观点一致"新闻。反之，如果她在看自由主义新闻（例如《每日秀》），那么她的新闻接触就是交叉性的。如果是民主党人，将情况反过来即可。图 5—5 呈现的是拉库尔的研究结果。

出人意料的是，研究结果并不是特别两极分化。虽然与共和党人相比，民主党人更倾向于收看与自己观点一致的新闻，但是双方都接触了相当数量的交叉新闻。唯一值得一提的例外是，一小部分共和党人完全不看自由主义新闻，这符合"选择性接触"假设。

但是，电视也许仍然是一个真正支持意识形态忠诚的大众媒体。与之相比，网络媒体却是按需索取的。它们可能会比你在电视上看到的任何东西都要极端。芝加哥大学布斯商学院教授根茨科与夏皮罗决定检验一下网络意识形态隔离的证据。[33] 他们使用的是 comScore 公司 2009 年的数据。comScore 公司提供全球几十个国家的网络视听率数据。

利用这些数据，他们查看了自称保守访客的比例，从而对 1 379 个全国性新闻评论网站的保守程度进行评估。他们的分析表明，新闻网站的受众高度集中——俨然全部网站的长尾分布图："前 4 个网站——雅虎新闻、美国在线新闻、msnbc.com 和 cnn.com——占到总访客数量的 50% 以上；前 10 个网站占到总访客数量的 60% 以上，前 20 个网站占到接近 80% 的总访客数量。"[34] 这个数据与服务器生成的流量数据相一致。[35] 最大的媒体倾向于政

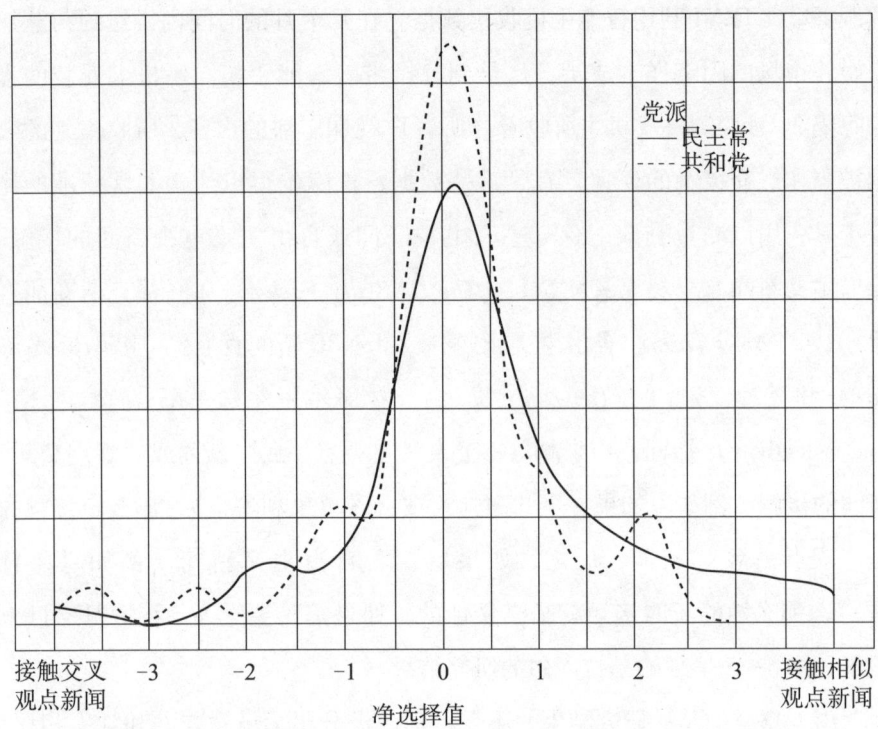

图 5—5　不同党派的受众对相似观点新闻和交叉观点新闻的接触

资料来源：LaCour, Michael J. "A Balanced News Diet, Not Selective Exposure: Evidence from a Real World Measure of Media Exposure." Presented at the Annual Midwest Political Science Association, Chicago, April 2012. Reproduced with permission of the author.

治中立。因此，虽然有不少政治极端网站存在，但是这些网站的流量很少。

根茨科与夏皮罗还提到，用户经常访问许多意识形态多元化的网站。"与一个普通在线新闻读者相比，极端保守主义网站（例如 rushlimbaugh.com 和 glennbeck.com）的访客更有可能访问过《纽约时报》网站，极端自由主义网站（例如 think progress.org 和 moveon.org）的访客更有可能访问过福克斯新闻网。"[36]

所以，与电视新闻很像，网络新闻也存在大量的交叉性接触。总体而言，网络受众对意识形态的忠诚仅比电视受众稍微明显一点。比较而言，人们在邻里坊间或工作场所的面对面交流，比在线新闻消费表现出更明显的意识形态隔离。[37]

当然，这些"面对面"交流越来越多地发生在社交媒体平台，例如

Facebook 和推特。这些社交网络（或许和各种各样的用户生成内容一起）是否更容易在意识形态上走向极端？有些证据予以了肯定，有些证据却予以了否定。印第安纳大学的研究人员发现，"政治性的推特转发"是高度分裂的。也就是说，党派拥护者将政治信息转发给与自己身处同一意识形态阵营的人们。然而，根据他们的@行为，我们却得出不同的结论："我们可以确定，意识形态相悖的用户会通过'@'或者提供链接相互交流，然而同一党派的拥护者在交流时，却很少分享来自对立阵营的信息。"[38] 同样，有政治倾向的博客向读者提供其他视频或者其他博客的链接。这说明"向唱诗班传道"和交叉互动同时存在。[39]

然而，这些链接的存在，不管是观点一致的还是认知相悖的，并不能告诉我们链接背后的目的。我们不知道受众是否关注这些链接，也不知道人们如何了解他们所接触的内容。社交媒体的特性在迅速发生演变。哈佛大学伯克曼互联网与社会中心研究员给出的结论，似乎很适合解释社交媒体上显而易见的党派忠诚："发帖、评论、讨论的模式，网络参与，博客空间推动不同层面参与的能力。我们必须对上述内容进行进一步的、更加细致的、'高分辨率'的研究，才能更充分地理解它们的意义。"[40]

总体而言，几乎没有任何证据表明，政治意识形态能够将人们隔离在滴水不漏的"回音室"中——只能听到与自己观点一致的声音。相反，尽管新闻受众能够也确实会从与自己意气相投的媒体那里接收健康剂量的信息，但是他们也会经常接触一些交叉观点的报道、图片和评论。这些受众行为模式应该能够减轻我们最大的担忧，即红蓝鸿沟不可逾越。[41] 然而，我们在根据媒介接触数据做出推断时，受到了一定的限制。

我们仅仅知道用户接触了某个内容，并不知道这个内容对他们的意义。正如第二章所指出的，人们选择性地理解媒体信息。说到带有意识形态的新闻，宾夕法尼亚大学的研究者是这样认为的：保守主义媒体，尤其是福克斯新闻、拉什·林博和《华尔街日报》的评论版，为其受众呈现出一个清晰的

> 总体而言，几乎没有任何证据表明，政治意识形态能够将人们隔离在滴水不漏的"回音室"中——只能听到与自己观点一致的声音。相反，尽管新闻受众能够也确实会从与自己意气相投的媒体那里接收健康剂量的信息，但是他们也会经常接触一些交叉观点的报道、图片和评论。

政治世界图像——这个图像将"主流媒体"刻画成具有双重标准和自由主义偏见的形象。如果受众接受了这些框架,他们就能免于交叉接触的影响。也就是说,尽管保守主义者可能也会收看主流媒体,但是他们不会接受主流媒体的观点。实际上,这些新闻框架"促使受众重新解释主流媒体,从而使回音室内的声音得到加强"[42]。

政治学者同时也担心,过于关注人们的意识形态差异或政策分歧,会使我们忽略一种更加隐蔽的两极分化。有证据表明,至少在美国,自由主义者与保守主义者之间的相互憎恶在不断加深。[43]共和党人似乎前所未有地憎恶民主党人,反之亦然。普通选民也开始了"情感极化"(affective polarization),人们很难再找到共同点。尽管令人讨厌的竞选广告和党派媒体似乎牵涉其中,然而引发这一现象的原因尚不明确。所以,从这些接触模式中,我们可以了解公众注意力的形成,却未必能明白这些接触带来的后果。

结构驱动的忠诚

在数字媒体可以随时随地取用的时代,我们倾向于将偏好当作受众忠诚的唯一原因。媒体结构(如电视频道或者节目时间表)似乎越来越不重要。但是,点播媒体的发展并不意味着旧的媒体结构不再重要,也并不是说没有出现更新的、更隐蔽的结构(例如过滤算法)。结构并非媒体独有的特征。用户生活在社会结构中,结构促进受众忠诚的产生。这种受众忠诚可能与类型偏好或观点一致性毫不相干。接下来,我们将会看到,媒体结构,以及日常生活的结构,是如何塑造受众忠诚的。

上溯到20世纪60年代,在市场营销研究领域有一个传统。这个传统包括"受众流"研究和"频道忠诚"研究。它们都将受众忠诚看作媒体结构的函数。[44]这两类研究证明,与类型忠诚相比,节目安排为"受众重叠(audience duplication)"[45]提供了更好的解释。事实上,研究者当时曾自信地宣称"根本没有这样的倾向,即观看某个类型节目的人们,也会观看同一类型的其他节目"[46]。偏好驱动忠诚的说法应该停下来了!当然,问题是：在得出这个结论的年代只有三个电视频道，节目之间差异很小，观众很少有机会表露自己的真实偏好。

尽管如此，这个研究传统内的最新成果却与原来的结论相差无几。受众仍倾向于在连续播放的节目之间流动，尽管同一类型节目的列队播放加强了这种流动。[47]这就是为什么热播剧的续集马上就会播出（例如《海军罪案调查处》）。而且，频道似乎依然很重要。事实上，与过去相比，现在受众对频道的忠诚更加明显。[48]这似乎是由于频道越来越专注于特定的节目类型，例如之前提到的特纳广播公司旗下的多个电视网。因此，我们被再次提醒，在多频道环境中，频道与偏好是混合在一起的。

思考忠诚的另一个方法是，识别某个频道或者某个网站的重度用户（heavy user），而不是解密各种受众重叠模式。换句话说，谁是忠诚用户？2012年夏天，美国公共广播公司（PBS）展示了一项研究，将忠诚用户定义为所有公共电视观众的前20%。[49]这项研究发现，忠诚用户占到PBS所有收视的83%。也就是说，PBS所有节目观众中的20%，为PBS贡献了83%的"受众小时数"（people hours）。相比较而言，福克斯新闻前20%的观众占到福克斯总收视的95%，而喜剧中心频道（Comedy Central）的忠诚用户占总收视的77%。[50]这些模式非常符合80/20法则。

你可能会认为，忠诚用户将生活中的大部分时间——至少是他们的媒介使用时间，都用来收看他们喜爱的电视频道了。当然，许多人都会认为，专门频道和小众节目的受众很少但是很忠诚。这种思维方式只会让人想起一个挑剔用户的形象：他们只对专门节目情有独钟，对其他节目置之不理。然而，这些都不符合事实。

在受众行为与市场营销中，有一个得到广泛确认的现象，叫做"双重危险法则"（law of double jeopardy）。[51]简而言之，该法则规定，不受欢迎的节目有两个问题：受众数量很少；确实收看节目的受众也不是那么喜欢它们，而且没有长时间收看。这种现象之所以发生，是因为利基产品（例如不知名的电影或书籍）吸引了同类媒体的挑剔用户。一般来说，不受欢迎节目的受众是重度用户。受欢迎的节目吸引的是轻度用户。这也正是它们流行的原因。

与双重危险法则描述一致的是，美国公共广播公司发现，总体来讲，忠诚用户仅仅将其总收视时间的 6% 用于收看公共电视节目。大部分电视频道的受众都有这个特点。[52] 频道的忠诚用户（至少根据这个定义）通常只是媒介的重度用户。在这种情况下，一部分人选择 PBS 节目，是因为他们选择了观看电视。然而，电视看得多，主要是因为闲暇时间多。所以，有些用户看起来忠诚于某个特定媒体或某个节目类型，其实是由日常生活结构驱动的。

在第二章，我提到过很多诸如此类的日常结构。工作与娱乐的模式引起不同媒体平台受众的变化，这已经不是秘密了。[53] 这正是黄金时段受众最多的原因。然而，由语言和地理位置造成的受众忠诚却很少被人们提及。

在任何一个媒体市场，语言都能产生忠诚。事实上，早期市场研究者唯一能找到的"少量但是忠诚的受众"是在"小语种"广播中。[54] 换句话说，小语种电视台吸引到的受众很少，但是，只要成为它的受众，人们就会花费大量时间观看。2008 年，我和同事汤姆·齐亚泽克利用便携式个人收视记录仪[55] 所收集的数据进行了一项研究。我们想要看一看，在德克萨斯州休斯敦市，语言是如何影响电视使用和广播接触的。[56] 休斯敦有大量的拉美裔人口，其中有些人使用双语，有些人只使用西班牙语。你或许想象到了，讲西班牙语的人们极度依赖西班牙语媒体，而讲英语的人几乎完全在使用英语媒体。与意识形态忠诚相比，语言对受众的隔离更加有效。只有双语用户可以轻松使用两个不同语言的媒体。

在多个媒体市场，例如万维网，语言与地理混在一起，这让事情变得更加复杂。为了尽可能地简化问题，我们找到解释全球平台上受众形成的两种不同观点。一种观点认为，经济结构（例如市场力量和贸易）会让核心国家（尤其是英语站点）继续保持主导地位。[57] 另一种观点认为，文化结构（例如语言和亲缘性）将超过经济优势，表现出更巴尔干化（balkanized)① 的地域忠诚。[58]第一种观点通常把网站相互链接的方式当作证据，这种链接方式揭示了一个以英语为核心的中心化网络。[59]然而，正如之前我所提到的，超链接并不代表实际流量。因此，如果想要知道真实的受众忠诚，我们只能依靠推断。

为了提供一个更清楚的画面，我的同事哈什·塔内贾以网站间的受众流动模式（而不是超链接模式）为基础建构了一个网络。如果任意两个网站之间的重叠受众超出偶然性，二者就相互连接。[60]我们在前1 000个网站中做了这项实验，这些网站占网络总流量的99%。这个基于受众的网络不同于以超链接为基础的网络。在图5—6中，左侧（a）是超链接网络，右侧（b）是相同网站的受众网络。

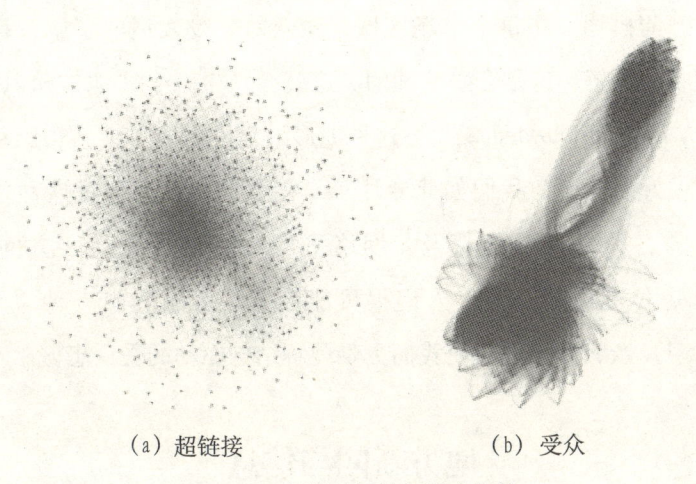

（a）超链接　　　　　　（b）受众

图5—6　超链接网络与受众网络

资料来源：Adapted from Taneja, Harsh. "Mapping an Audience Centric World Wide Web: A Departure from Hyperlink Analysis." Presented at the Association for Education in Journalism and Mass Communication, Washington, DC, August 2013. Used with permission.

正如其他研究者也发现的，以超链接建构的网络（a）十分中心化，而根据受众行为建构的网络（b）更加分散。在右图的右上方，有一个相对独立于其余部分的集群，它是由中国的网站组成的。在它的左下方，有一个

---

① "巴尔干化"是指将大的区域分裂为很多小的、相互对立的国家。

更大的集群，它是以美国和"全球性"网站为中心的。这些全球性网站通常提供多种语言服务，并没有明确的地理归属。它们包括许多企业网站，也包括一些社交网络平台，例如 Facebook 和推特。这个大一点的集群还包含了一些更小集群，只不过在这张黑白图像中，我们很难看到它们。这些集群包括紧密聚集在一起的俄语、日语和韩语网站。总而言之，地理因素对受众重叠模式的解释力最强，其次是语言。超链接并不能很好地解释受众流。[61]万维网上的受众忠诚是由地理与语言合力驱动的，尽管我们仍需进一步区分二者各自的贡献。

地理肯定具有独立于语言的影响。例如，美国可以被划分为 210 个市场区域（芝加哥、拉斯维加斯、纳什维尔、纽约、迈阿密等）。每个市场区域都有地方新闻机构。在每个市场区域，受众对家乡发展的了解，超过对其他区域现状的了解。这是合乎情理的。这就会产生一个"地方知识的地形"（geography of local knowledge）。[62]这种地形的生成更多是由结构驱动的，而不是类型偏好。然而，我们如此专注于全国新闻，以至于对这种差别知之甚少。[63]随着移动设备的普及，网络平台［例如谷歌与四方网（Foursquare）］定位能力的提高，人们很可能会发现并培养出一种"超本地"（hyper-local）亲缘性，从而使我们更难理解结构驱动的受众忠诚。

地方新闻与信息

尽管我们对地方新闻与信息受众的了解相对较少，但这个问题值得我们认真考虑。或许，这不仅能够帮助我们理解"地方知识的地形"，还能纠正（至少）一些"由偏好驱动的忠诚"带来的社会弊病。接下来，我们将要分析的是：地方新闻的内容，它在用户媒介使用中的地位，以及地方新闻是如何缓解党派分歧和政治知识极化的。

正如我所提到的，美国拥有 210 个电视市场区域，每个区域都有地方新闻节目。在其他一些大国，例如中国和大部分欧洲国家，不同城市或地区也拥有自己的地方媒体。[64]在美国市场，通常会有三个或四个加盟电视台

(broadcast affiliates)主导着地方电视新闻市场。更大的市场能够支撑更长的节目时间,然而,大部分媒体市场都将节目安排在傍晚和深夜,也就是黄金时段前后。

拉库尔对党派新闻极化(或没有极化)的研究为我们提供了一个机会,我们得以衡量地方新闻在一个平均观众的新闻消费中所占的比重。结果如图5—7所示。

地方新闻占受众新闻收视时间的60%。观众的政治立场不同,保守主义新闻与自由主义新闻之间的比例就会发生改变。然而,在所有观众的新闻消费中,地方新闻都占到相当大的比例。[65]而且,似乎有些不看全国新闻的受众也收看地方新闻。一项针对跨平台新闻使用的研究发现,将近80%的"新闻回避型"受众都会收看一些地方电视新闻。[66]尽管有证据表明,地方新闻受众,尤其是年轻观众,正在逐渐减少,不过广播电视新闻依然是地方信息的一个重要来源。[67]然而,人们在看什么呢?

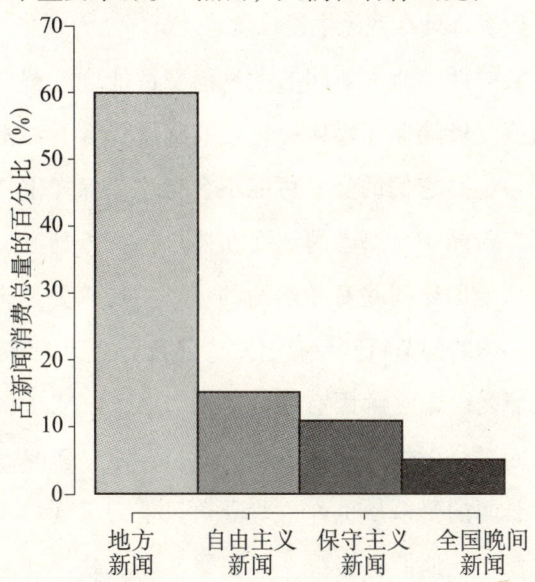

图5—7 新闻消费菜单

资料来源:LaCour, Michael J. "A Balanced News Diet, Not Selective Exposure: Evidence from a Real World Measure of Media Exposure." Presented at the Annual Midwest Political Science Association, Chicago, April 2012. Reproduced with permission of the author.

在不同媒体市场、不同时段，人们看的内容也不尽相同。但是，在所有地方新闻中，最大的内容模块都是天气和体育。[68]这两部分内容一般被安排在半小时时段中的第二个15分钟，因为天气和体育似乎能够吸引观众提前等候，他们在等候时就会收看第一个15分钟的节目。除了运动与天气，地方新闻主要报道的是政治、犯罪、健康和本地人感兴趣的话题。

对于地方电视新闻的政治倾向，我们了解得很少，所以只能猜测。虽然在非常保守或非常自由的媒体市场，电视台应该注意照顾极端情绪，但是它也不愿意在不必要的情况下冷落任何一位观众。在地方媒体市场，通常有三个或四个电视台争夺数量相对较少的当地受众。在这种情况下，选择一个极端的社论立场完全没有价值。在拥有三亿观众的全国媒体市场，福克斯新闻可以使用这个策略。但是，如果你想在一个只有100万观众的市场上赢取三分之一的份额，这个策略就不管用了。这意味着，即便地方新闻易受政治倾向影响，它们却很少带有浓厚的红蓝色彩。据我推测，地方新闻中的大部分内容都处在政治主流位置。

如果这是事实的话，地方新闻的大量消费可能会缓解全国性党派媒体所造成的极化效应。极端保守媒体一直在鼓励消费者不要相信全国性"主流媒体"的报道，但是它们的受众可能不会将这个保守主义框架用在地方新闻身上。在地方新闻中，熟悉的面孔在播报银行抢劫案、车祸或者地方政府的阴谋诡计。他们比那些身在纽约的高薪主持人更显亲切。或许，那些掌控公众注意力的新闻节目并没有引发"你我对立"的解读。

或许，地方新闻也能缓解因有些人不看新闻而产生的政治知识极化。这种担忧来自人们对全国性媒体的分析。但是，地方新闻似乎仍然能够吸引那些不看全国新闻的受众。也许这些受众只是为了观看天气与体育。但是，在等候的过程中，他们也会看一些犯罪新闻或政治新闻，从而产生一种"附带学习"（by-product learning）。这种"附带学习"正是早期全国广播电视的特点。[69]对于这些受众来说，似乎只需很少的新闻曝露，就能提高他们的政治参与。[70]如果线性媒体继续温柔地曝露受众未选的东西，公众的政治知识储备将会有所提高。

大规模重叠文化

关于数字媒体，一个反复出现的预言是公众注意力会变得越来越巴尔干化。这是因为人们相信，偏好驱动的忠诚会将受众分化成不同的利基市场。有时候，我们所说的偏好是政治意识形态。意识形态将政见一致的人们圈入飞地，将与其政见相悖的人们隔在外面。有时候，我们所说的偏好是类型偏好。类型偏好有利于形成不同的品味文化，它们相互之间鲜有互动。

《长尾》是一本广受欢迎却又引发争议的书。该书的作者克里斯·安德森在下面一段话中阐述了他的基本思想："由于长尾力量与技术的存在，在我们所消费的媒体内容中，多样、丰富的选择呈爆炸式增长。但是它们也将我们带进部落的旋涡。当大众文化分崩离析时，它不会再以大众文化形式重现。相反，大众文化分裂为成千上万个小文化部落。"[71] 尽管安德森承认这些小文化部落可能会在某种程度发生互动，但是他预言，最终结果是"大规模平行文化"的出现。同样，技术专栏作家法尔哈德·曼约奥（Farhad Manjoo）认为，数字媒体支持"平行世界"的存在[72]，每个世界都按照自己的一套事实运行。

很多人可能会相信这些预测，但是"平行文化"或"平行世界"的概念可能是误导性的。平行线不会相交。这意味着，人们要坚守由文化内容所定义的线。这个想法更多是基于理论与轶闻，而不是基于媒体用户的真实行为。在第二章中，我曾提到偏好的易变本性，也曾提到很多人成为"杂食者"的倾向。在本章中，我们看到了大量有关交叉新闻接触的证据。所以，未来的另一种前景可能是，我们正在走向"大规模重叠文化"。那么，哪一种预测更恰当呢？

安德森与许多预言巴尔干化的人用受众分化来支持自己的预测。正如我们所看到的，除了媒体产

> 有些人将长尾上非流行内容的大量增加，当作利基市场出现的证据，而利基市场有助于产生高度的受众忠诚。他们就是从这里踏上危险之路的。

品的相对流行度，长尾分布并没有告诉我们更多的东西。然而，有些人将长尾上非流行内容的大量增加，当作利基市场出现的证据，而利基市场有助于产生高度的受众忠诚。他们就是从这里踏上危险之路的。

为了解释这个问题，请读者参阅图5—8。图5—8综合了图5—2与5—3的数据，展现了受众在主要电视台与主要网站的分布情况。在图中，我们可以了解电视台和网站的受欢迎程度，也可以了解到数字市场的集中程度。但是，我们并不知道受众对任何一个媒体的忠诚度。一种可能是，CBS加盟电视台的观众坚守自己最喜欢的频道，并不接触长尾部分的其他媒体。同样可能的是，在长尾的末端，Spike数字娱乐（Spike Digital Entertainment）的少量拥趸在Spike上花费的时间很长。另外一种可能是，用户在众多媒体间广泛分布，从福克斯新闻到ESPN再到推特。单凭长尾分布，分析者所做的推断是不靠谱的。

为了揭示流行度数据所暗藏的信息，我和我的同事建构了一个跨平台的受众网络。这个网络与我们在图5—6中看到的很相似。我们得以建构这个网络，是因为尼尔森的"综合固定样本组"（Convergence Panel）所提供的数据能够追踪每个人的收视或上网情况。每个媒体机构都可以被理解为一个网络节点。如果两个媒体的共有受众超过偶然重叠水平，这两个节点就会被连接起来。[73] 图5—9只是一个拥有236个节点的受众网络的一部分，从中我们可以了解一下整个网络的样子。例如，你可以从图中看到，在一个月的时间内，样本中有一半受众都使用了NBC和雅虎。这远在重叠受众的随机水平之上。

通过这个方法，我们可以得到任何一个频道或网站所连接的媒体数量——传播网络分析专家称之为度数中心度（degree score）。如果CBS的观众除了CBS之外很少收看其他频道，那么它的度数中心度就会很低。但是，如果它的受众倾向于使用很多其他媒体，那么CBS就会有很多的连接，从而得到一个较高的度数中心度。

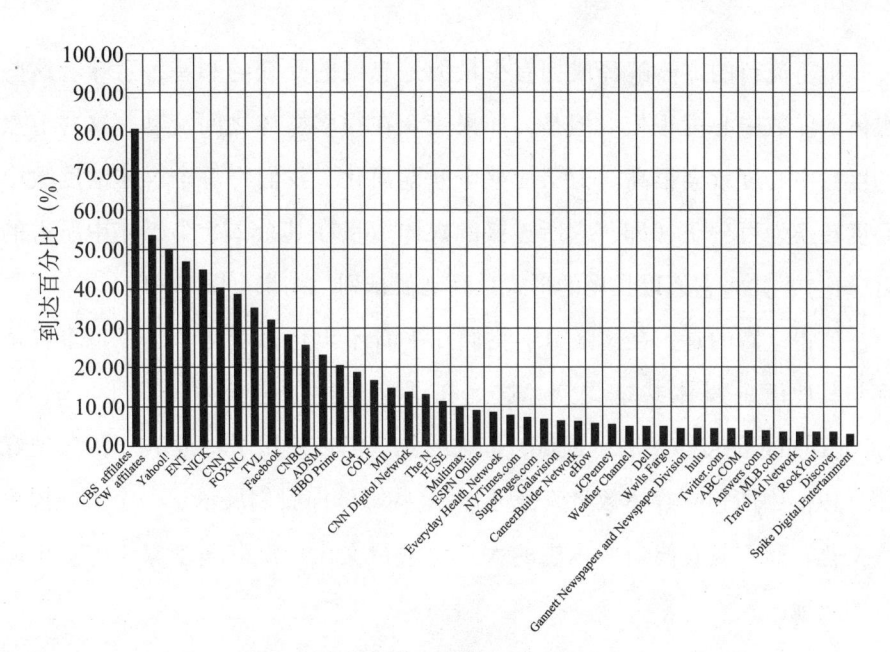

图 5—8　电视与互联网的长尾分布

资料来源：Webster, James G., and Thomas B. Ksiazek. "The Dynamics of Audience Fragmentation: Public Attention in an Age of Digital Media." *Journal of Communication* 62 (2012): 39-56.

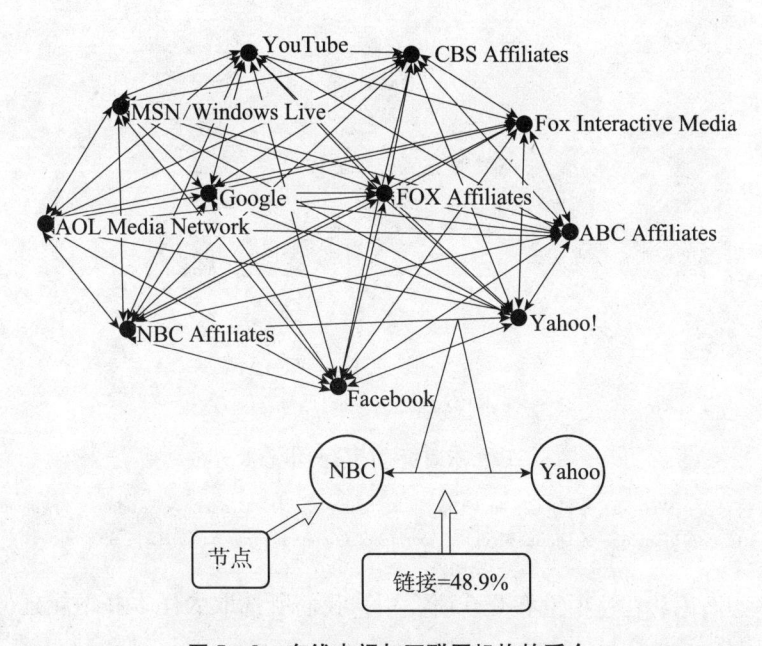

图 5—9　有线电视与互联网机构的受众

资料来源：Webster, James G., and Thomas B. Ksiazek. "The Dynamics of Audience Fragmentation: Public Attention in an Age of Digital Media." *Journal of Communication* 62 (2012): 39-56.

把不流行的媒体解释成拥有少量但是忠诚的受众的利基,意味着这些媒体的度数中心度很低。但是,如果受众在很多媒体之间流动,这些节点的度数中心度就会很高。为了使整个问题简化,我们将每个媒体的度数中心度转换为百分比(即,它所连接的媒体数量在其余 235 个媒体中所占的百分比),并将它们以长尾的形式从高到低排列。结果见图 5—10。

值得注意的是,在这张图中我们几乎看不出什么变化。几乎每个媒体都与其他任一媒体共享受众。这远在偶然发生的重叠水平之上。例如,Spike Digital 的度数中心度最低,但它的受众仍然使用了将近 70% 的其他媒体(以图中所包括媒体数量为分母)。这些媒体向我们展示了一个大规模重叠文化,而不是安德森所预想的大规模平行文化。没有一个媒体独占忠诚者的飞地。

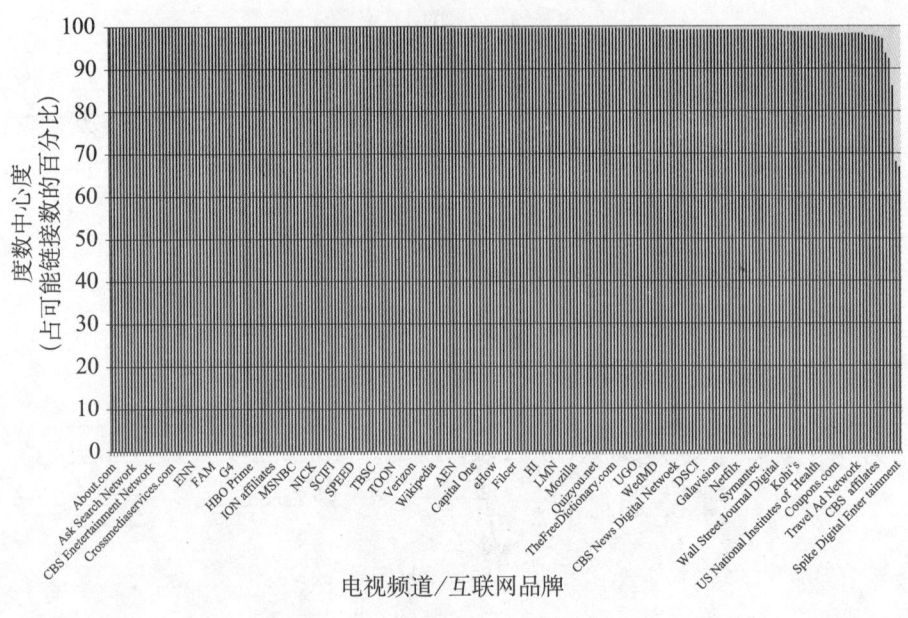

图 5—10 不同机构的度数中心度分布

资料来源:Webster, James G., and Thomas B. Ksiazek. "The Dynamics of Audience Fragmentation: Public Attention in an Age of Digital Media." *Journal of Communication* 62 (2012): 39-56.

平心而论,在这项重叠受众研究中,我们所选取的样本并不能延伸到长尾末端,所以可能解决不了这个问题。或许在长尾末端存在一些利基,它们拥有真正的忠诚用户。然而,也有其他证据表明这不太可能。根茨科与夏皮罗对很多更小、更极端的网站进行了研究。他们仍然发现了受众重叠。他们总结道:"如果我们从保守主义网站（例如 drudgereport.com）的读者中取样，就会发现大部分受众获取的大部分新闻来自一些保守主义程度更低的网站。同样，如果我们从自由主义网站（例如 huffingtonpost.com）的读者中取样，就会发现大部分受众获取的大部分新闻来自一些自由主义程度更低的网站。"[74]

也有可能，以媒体为单位太过宽泛，不能揭示受众从某个频道或网站选取的内容。例如，保守主义者可能只会从某个电视网（例如，CBS）挑选某些信息，避免一切带有"蓝色"色彩的信息。同样是收看 CBS，自由主义用户与保守主义用户可能最终看到不一样的内容。为了进一步揭示问题的本质，我们接下来讨论一个由特纳广播公司所做的收视情况分析。首先，我们将会看到，美国三大新闻网的受众是如何与其他频道受众重叠的。然后，我们将会看到，每个新闻网的受众在收看什么节目。

表 5—1 与表 5—2 是基于 2013 年 2 月 18 日到 24 日的尼尔森数据。这一周的收视水平很高，而且重播非常稀少。最后一天是周日，当晚 ABC 在直播奥斯卡奖。这两个表将受众分为四个组。第一组包括所有 18 岁（含）以上的观众。其余三组分别是 CNN、福克斯新闻和 MSNBC 的 18 岁（含）以上的受众。人们通常认为，福克斯新闻吸引的是保守主义者，MSNBC 吸引的是自由主义者，CNN 更加中立。不管哪种情况，只要受众收看某个电视网的时间达到 6 分钟，就算作该电视网的受众——这是计算电视网"累积"受众的行业标准。[75]我们将会看到，如果某位观众不只收看一个电视网，那么他/她会出现在多个列中。

如表 5—1 所示，在一周的时间内，三个成立较早的广播电视网到达大约一半的成年观众。例如，51% 的成年观众收看 ABC，48% 的成年观众收看 CBS。这些数字代表了它们的非重叠受众或者"到达率"（reach）。在新闻观众中（他们年龄更大，同时花费更多的时间看电视），每个广播电视网的到达率都接近三分之二。即便是广受欢迎的有线电视网，也没有如此多的观众。因此，正如表 5—2 中的每月数据所示，广播电视网依然在收视中占据主要地位。

表 5—1　　　　　　　　　　受众群组间的有线电视到达率

每个分组中收看电视网（左第一列）的百分比			
电视网	所有观众	CNN 观众	*Fox News* 观众	*MSNBC* 观众
ABC	51	75	65	68
CBS	48	68	66	63
NBC	41	62	56	57
FOX	35	45	48	43
Turner Network Television	21	31	30	35
History Channel	21	33	37	35
Comedy Central	15	23	16	32
PBS	14	23	18	24
Fox News Channel	11	30	100	23
MTV：Music Television	10	11	7	15
Cable News Network	10	100	27	38
Black Entertainment Television	7	12	6	16
MSNBC	7	28	16	100
Telemundo	5	2	1	2
CNBC	4	17	14	19

资料来源：Adapted from an analysis by Turner Broadcasting. Copyrighted information © 2013 of The Nielsen Company, licensed for use herein.

表 5—2　　　　　　　　　　新闻网观众观看最多的节目排名

在 18 岁以上成人中的排名					
电视网	节目	所有观众	*CNN* 观众	*Fox News* 观众	*MSNBC* 观众
ABC	The Oscars	1	1	1	1
FOX	NASCAR：Daytona 500	2	2	2	2
CBS	NCIS	3	3	4	3
CBS	The Big Bang Theory	4	7	43	10
FOX	American Idol (2/20)	5	4	15	5
CBS	Person of Interest	7	6	18	7
CBS	CSI	12	37	75	75
ABC	Modern Family	15	53	153	34
CBS	60 Minutes	26	5	41	6
NBC	NBC Nightly News (2/18)	31	11	108	12
CBS	CBS Evening News (2/21)	73	39	166	91
FNC	The O'Reilly Factor (2/20)	168	154	3	262
MSNBC	Hubris：Selling the Iraq War	756	134	658	4

资料来源：Adapted from an analysis by Turner Broadcasting. Copyrighted information © 2013 of The Nielsen Company, licensed for use herein.

值得一提的是，绝大多数成年人在其中任何一周都不收看 CNN。福克斯新闻与 MSNBC 的到达率分别为成年人口的 11% 与 7%。这个观察结果与另一种论述相一致，即，党派新闻节目拥有相对较少的受众，只去吸引那些已有的信徒，主要是在"向唱诗班传道"。因此，党派媒体能够改变态度的空间很小。在选择丰裕的媒体环境中，那些不热衷政治的受众大都屏蔽了党派新闻，他们更愿意收看娱乐节目。[76]

我们还需要注意，MSNBC 和福克斯新闻所谓的自由主义受众或保守主义观众，实际上还收看哪些其他电视网。首先，与 CNN 的观众类似，他们也收看其他的新闻网。38% 的 MSNBC 观众收看 CNN，23% 的观众收看福克斯新闻。

同样，福克斯新闻观众的 27% 收看 CNN，16% 收看 MSNBC。因此，这个研究结果与我们之前所讨论的研究结果相一致。它表明受众对新闻的交叉性接触似乎非常普遍。事实上，福克斯新闻的观众同时收看许多频道，而且有些频道是我们意想不到的。例如，与所有的成年受众相比，他们收看 PBS（18%）和喜剧中心频道（16%）的可能性要稍高一点。这些发现也与其他研究结果一致。所有频道的受众都以相似的方式分配自己的收视时间。[77]

然而，我们知道自由主义者和保守主义者使用了很多不同的频道，但是仍然不知道他们在观看哪些具体节目。或许，共和党人与民主党人的媒体选择完全不同。有几项研究试图评估不同党派的受众是否具有不同的娱乐品味。[78] 通常情况下，这些研究会告诉我们，保守主义者在一些侦探类节目（例如《海军罪案调查处》）和体育赛事［例如纳斯卡车赛（NASCAR）和高尔夫球赛］的受众中超过应占比例，同样，自由主义者更容易观看一些喜剧节目（例如《我为喜剧狂》和《摩登家庭》，当然还包括《每日秀》和《科尔伯特报告》）。这些研究给读者的印象是，红蓝鸿沟已经延伸到娱乐节目。《纽约时报》的一位作家总结道，非新闻类节目"与政治文化完全一样，产生了两极分化"。[79]

然而，我们必须对上述观点持保留态度。尽管它们建立在收视"硬证据"之上，但是也应该满足两个条件。第一，为了判断一个节目属于自由主义还是保守主义，他们创建了一个指数。例如，如果在一个节目的受众中，民主党人超过应占比例的13%，那么这个节目的指数为113，说明它是一个"蓝色"节目。但是，这也意味着该节目的受众包含大量的共和党人。第二，指数值较高的节目一般只有少量受众。例如，《美国圣经挑战》具有很高的保守值，而《大卫·查普尔秀》具有很高的自由值。[80] 指数在100左右的中立节目往往拥有最多的受众。

还有一个考虑问题的方法，就是直接问一问："自由主义者和保守主义者同时最喜欢的节目是什么？"尼尔森不报告观众的政治立场或意识形态。但是，我们可以换个方式。至少我们可以比较一下在福克斯新闻受众与MSNBC受众中最受欢迎的节目。比较的结果如表5—2所示。该表包括在2013年2月的一周内所有播放的节目，并将它们按照到达率高低进行排名。[81]

奥斯卡直播以很大的优势成为最受欢迎的节目。28%的美国成年人口，也就是6 200多万人，收看了这个节目。2013年的提名影片包括《林肯》、《猎杀本·拉登》和《悲惨世界》，获奖影片是《逃离德黑兰》。这些影片都含有大量的"政治"信息，观众很难逃避这些信息。奥斯卡直播轻松成为新闻网受众最欢迎的节目。三分之一的福克斯新闻观众和40%的MSNBC观众都收看了这个节目。

在所有媒体的受众中（包括MSNBC的受众），第二个最受欢迎的节目是周日下午的"代托纳比奇500英里赛"（Daytona 500）。第三名是《海军罪案调查处》——福克斯新闻的观众除外，他们将其排在第四位。除了这三个节目外，不同观众所喜欢的节目出现了差异，虽然每个人主要观看的还是广播电视网的晚间节目。每个人都喜欢《生活大爆炸》、《美国偶像》和《疑犯追踪》。被福克斯新闻观众排在153位的《摩登家庭》甚至可以到达6%的受众，也就是1 400万观众。总体而言，福克斯新闻的受众所喜爱的节目与MSNBC的受众所喜爱的节目具有很高的相关性（$r = 0.7$）[82]。

然而，也有例外。在福克斯新闻的受众中，排名第三的节目是《奥莱利实情》。它拥有19%的福克斯受众。而在MSNBC的受众中，排名第四的节目是《傲慢：伊拉克战争的推销》（Hubris：Selling the Iraq War）。它拥有11%的MSNBC受众。然而，即使是这样，还是有超过50万的MSNBC观众收看了《奥莱利实情》，37万的福克斯观众收看了《傲慢》。

> 几乎没有证据表明在用户的媒体选择中存在大规模平行文化。人们只表现出较低程度的类型忠诚和意识形态忠诚。他们不会将自己圈在充斥顺耳言论或某一个类型媒体的飞地中度过一生。

好了，数字就说到这里。核心意思就是说，几乎没有证据表明在用户的媒体选择中存在大规模平行文化。人们只表现出较低程度的类型忠诚和意识形态忠诚。他们不会将自己圈在充斥顺耳言论或某一个类型媒体的飞地中度过一生。相反，我们有大量证据证明大规模重叠文化的存在。在这个文化中，人们在各种文化内容间自由流动。人们怎么理解这些媒体接触，这很难说。但是，我们可以肯定的是，他们至少拥有这种接触。

第六章 | 建构注意力市场

  社会构成是能动性与结构相互协作的产物，或者说它具有"二重性"。开放性是由很多因素造成的，包括技术、制度化实践和人们使用这些资源的方式。乐观者看到的是，开放性结构允许人们消费、创造和分享多样化的媒体内容；悲观者看到的是，封闭结构会过滤掉那些逆耳的媒体内容，并将人们分割成不同群组。

  接触与偏好的关系并不是一条"单行道"，而是交互影响。

  即使是最复杂的算法和最大限度的大数据挖掘，也会将多维度受众变成简单的模型。

本书的前几章提供了一块块悬而未解的问题的拼图。它们描述了媒体用户的性情倾向、媒体提供者所使用的策略和所受的限制、媒介测量的作用——这些都是影响公众注意力的因素。然而，我们很少将这些不同种类的论点与证据放在一起，来完整描述受众的形成。相反，我们遇到各式各样的理论。这些理论告诉我们，人们与体系应该会怎样做。我们刚刚回顾了受众形成方面的文献。文献中的研究对这些理论进行了粗略的实证检验。遗憾的是，我们对受众行为的预期与人们的实际行为并不总是一致的。因此，本章的目的是，利用所有的理论建立一个更加全面、更加动态、更加高效的模型，来解释注意力市场是如何建构的。

结构化

在第一章，我描述了一种社会结构化理论。我们可以用它来解释数字媒体环境的运行。根据这个理论，有目的性的、进行理性思考的能动者使用结构（比如语言和社会制度）实现自我目的。而且，在这个过程中，他们复制并改变了那些结构。尽管结构化"说得再好也只是一个不受喜爱的术语"[1]，但是它能够有效地将我们所接触的材料组织到一个统一框架中。

在这个框架中，我们关注的焦点是结构与能动性相互作用的本质。安东尼·吉登斯是研究结构与能动性的先驱。自他之后，许多学者都曾尝试明确二者的关系。[2]历史上，结构与能动性经常被放在相互对立的位置。威廉·休厄尔曾提到一个令人遗憾的倾向，即，将结构理解为严格不变的要素，"就像建筑物的大梁"，它限制并决定能动者能做什么不能做什么。[3]

如今，人们似乎都认为结构更具延展性。结构为人们提供了一种施展能动性的方式,反过来,能动性能够延续并修改这些结构。社会构成是能动性与结构相互协作的产物,或者说它具有"二重性"。进一步说,尽管能动者可以预测自己行为的后果,但是过程的结果往往是无意识的。正如吉登斯所提到的,即使是那些反思自己行为的人们也可能不会"完全了解自己行为的后果……他们也不会完全知道影响自己行为的因素"[4]。

> 社会构成是能动性与结构相互协作的产物,或者说它具有"二重性"。

在前几章,我们已经看到许多结构化的例子。个体任意选择自己喜欢的电视节目。电视网监测个体的选择,并通过分析来判断受众的忠诚,进而对节目安排进行相应调整。推荐机制收集在媒体用户选择、链接和点击"喜欢"方面的数据,进而对媒体产品进行评估和安排。推荐机制所使用的测量指标引导其他用户做出选择,从而重塑媒体结构或使结构具体化。在所有这些情况下,人们都在使用结构来行使自己的"自由意志"。用户行为影响了环境的结构特征。有时候人们无法识别这种影响,也并非有意为之。此外,几乎总是媒介测量把能动者与结构连接起来,从而推动结构化的进程。因此,我们找到了一个可以将用户、媒体和测量放入一个系统的框架。

结构的维度

媒体产业和学术界与结构的关系时分时合。传统上,结构被视为刚性约束,引导着"被动"的受众或东或西。[5]然而,随着无处不在的数字媒体出现,人们对结构的看法出现了分歧。有些人似乎相信,结构对用户行为的重要性比以往任何时候都要低。例如,乔·图罗发现,媒体业界人士越来越感觉到"消费者通常不再将媒体产品视为统一的品牌或者节目流。很多人阅读单篇的报纸文章,收听单曲,收看单集电视剧。这些单品脱离了由内容制作公司所建构的'频道'"[6]。在很多人看来,这些变化似乎将能动者从结构中解放出来,并给予能动者为所欲为的力量。在其他人看来,结构仍然是影响媒体接触的强大力量,而且有时候是隐蔽的力量。这种力量可能会危害个人和社会的利益,即便这个结果不是有意造成的。

你现在可能已经看出来了，我的观点是，结构依然是一种需要认真对待的力量。然而，结构的概念化研究并不是特别的完善。受众分析者将相关的结构分为两类：媒体结构和社会结构。随着数字技术的出现，媒体结构经历了剧烈变化，吸引了最多的评论。媒体结构包括散播体系的结构（例如频道、网站、超链接等）和监测并指导媒介使用的信息机制（例如视听率服务、推荐机制等）。

人们很少认真考虑那些安排人们日常生活的社会结构（例如闲暇时间、社会经济地位、语言和地理邻近度等）。这些结构不易操控，虽然媒体经常以某种方式利用它们（例如根据受众的邻近位置或者闲暇时间编排节目）。它们深植于社会的构造之中，所以有潜力对人们的行为施加持久的影响。正如我们在上一章所看到的，所有这些结构似乎都在驱动着受众的行为模式。

为了使论述更有条理，我们可以从两个维度去理解媒体结构和社会结构。这两个维度是大部分数字媒体研究文献中（这些文献经常强调的是媒体结构）经常出现的主题。第一个维度是结构的开放性。也就是说，结构促使（或者至少允许）受众对大众文化的交叉性接触？抑或是，结构促进封闭性环境（更像一个回音室）的形成？第二个维度反映的是结构的凸显（或不凸显）程度。也就是说，用户能否看到结构的运行？

开放结构 VS 封闭结构

很多著作和理论都预测了数字媒体将如何影响社会。我从中注意到了一个分歧。有些著作和理论有着积极的、近乎乌托邦的展望。但是，多数著作和理论预想了一个黯淡的未来。不管怎样，这些论点似乎都将媒体环境描述为相对开放或者相对封闭的机构，并以此来加强论证的力量。开放性是由很多因素造成的，包括技术、制度化实践和人们使用这些资源的方式。[7]乐观者看到的是，开放性结构允许人们消费、创造和分享多样化的媒体内容；悲观者看到的是，封闭结构

132

开放性是由很多因素造成的，包括技术、制度化实践和人们使用这些资源的方式。乐观者看到的是，开放性结构允许人们消费、创造和分享多样化的媒体内容；悲观者看到的是，封闭结构会过滤掉那些逆耳的媒体内容，并将人们分割成不同群组。这些群组都容易受到各种形式的社会极化的影响。

会过滤掉那些逆耳的媒体内容，并将人们分割成不同群组。这些群组都容易受到各种形式的社会极化的影响。

理论上，一个完全封闭的系统有潜力创造积极的反馈循环，这些循环会使用户"失控。"[8]例如，保守主义者或许能够做到只接触政见一致的内容，然后这些内容使他们走向极端保守。正是这种机制促进了"回音室"[9]和"群体极化"（group polarization）[10]的形成。

相反，开放系统鼓励交叉性媒体接触，有限制这种螺旋的潜力。事实上，开放系统可能会让公共领域更加强健。帕尔弗里和加塞尔将这些开放系统称为"交互操作"系统，认为它们"能够抑制被封闭在某一系统所带来的影响，从而为消费者提供更多选择。通过思想的自由流动和贸易流动，它们能够促进跨文化理解"[11]。

不管开放还是封闭，强调这个结构维度的评论家十分重视它决定社会结果的能力。虽然有些评论家展示了一些"硬证据"，大多数还是依靠轶事或者预测受众行为的理论模型来支持自己的结论。飞地[12]、封闭社区[13]、领域分子[14]、赛博巴尔干[15]、过滤气泡[16]、大规模平行文化[17]，这些术语都让我们联想到封闭系统。人们是否真的在这些小天地中安营扎寨，那是另外一个问题。无疑，我们找到了大规模重叠文化存在的证据，证明人们不会那样做。受众似乎很少会将自己局限在一个封闭的新闻或娱乐体系中——至少他们现在不会这样做。

凸显结构 VS 非凸显结构

与开放性相比，凸显性（obtrusiveness）维度在概念上不是那么容易理解。凸显结构对用户来说是显而易见的。对于这样的结构，人们可以主动选择使用或者不使用它们。例如，大部分用户都知道不同的频道和网站专门提供哪些内容（比如说，新闻还是娱乐），并据此采取行动。他们创建频道的保留曲目（即，习惯收看的几个频道）或者依赖他们最喜欢的几个应用程序。用户有目的地使用这些结构。然而，非凸显结构隐藏在幕后。用户可能并不知道自己身处一个结构化的环境。例如，用户也许并不知道，他们的搜索结果或者新闻推送是由一种算法为其量身定做的。

由于每个用户的知识技能水平不同，对媒体结构凸显性的测量变得愈加复杂。有些用户认为显而易见的结构，对于其他用户来说却是隐形的。有关第二代"数字鸿沟"的研究越来越多。它们发现，有些人十分精通自己手上的数字资源，而有些人却只了解最基本的东西。[18]计算机程序员可能了解搜索算法的运作方式，因此对其建议持保留态度。然而，大多数人比较天真，或者完全没有意识到搜索算法的存在。[19]

凸显性通常被用来描述媒体结构。但是，它也能帮助我们从概念上理解社会结构。在上一章，我们看到语言和地理邻近度是如何塑造公众注意力的。在我看来，这两个因素可以归为不凸显的社会结构。当然，我们都知道，我们讲某种语言，生活在某个地方。但是，我们很容易把它们当作理所当然的。这些结构广泛存在于我们的生活中，我们却视而不见。正如一位社会学家所说的："我们或许认为，社会结构的不同层面或多或少隐藏在日常意识之外，或多或少能够指导人们的思想和行动，或多或少持久地反对变革。"[20]许多社会结构，例如宗教或者社会经济地位，也能影响个体的固有倾向，从而影响公众对媒体的接触。

> 正如一位社会学家所说的："我们或许认为，社会结构的不同层面或多或少隐藏在日常意识之外，或多或少能够指导人们的思想和行动，或多或少持久地反对变革。"

媒体结构示意图

我们可以使用这两个维度创建一幅示意图，帮助我们了解媒体结构是如何安排媒体使用的。与社会结构相比，媒体结构更容易发生变化，更容易被操控，也受到社会评论家的更多关注。所以这个示意图的焦点是媒体结构。为了简明起见，我将凸显性与开放性视为"正交的"或者不具相关性的因素。这是否符合现实情况，还有待观察。例如，有些观点认为非凸显结构生成封闭系统。示意图的四个象限表示四种截然不同的媒体环境。用户就是在这些环境中活动的。

示意图还整理了至少一部分有关媒体社会影响的文献。恕我冒昧，我将少量几部有影响力的著作列在一个 2×2 网格中，如图 6—1 所示。我的目的不是将这些精雕细琢的论点缩减为一个"夸小其实"的二维图，而是为了阐明一个问题，即，我们对结构的不同理解如何引发我们对数字媒体影响的希望和担忧。

左上象限支持一些对数字媒体更加乐观的评估。尤查·本科勒[21]与亨利·詹金斯[22]认为用户有能力参与各种各样的社会生产，并因此而感到安心。在当今世界，人们有目的地使用数字资源——他们在社交网络上创建并分享媒体。他们自我组织，彼此互动。这正是开放结构环境的根本特征。根据本科勒的观点，"个体使用他们新拓展的实践自由采取行动并相互合作，从而增加了人们在民主、公平与发展、批判性文化和社区生活方面的实践经验"[23]。

凸显

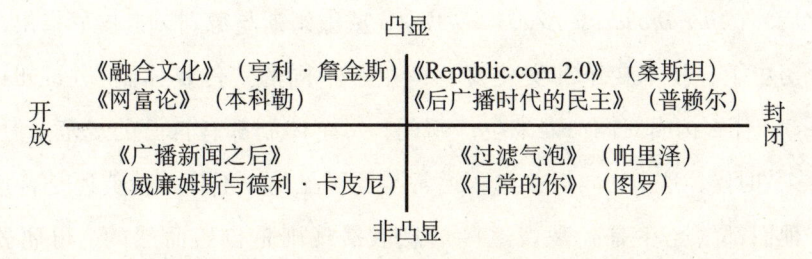

	开放	封闭
	《融合文化》（亨利·詹金斯） 《网富论》（本科勒）	《Republic.com 2.0》（桑斯坦） 《后广播时代的民主》（普赖尔）
	《广播新闻之后》 （威廉姆斯与德利·卡皮尼）	《过滤气泡》（帕里泽） 《日常的你》（图罗）

非凸显

图 6—1　媒体结构分类

右上象限描述了一个更加不确定的世界。在这个世界中，人们使用自己手上的资源，创建了一些相对封闭的结构。具有讽刺意味的是，这种自我隔离依赖于一个更大、更开放的环境，用户又利用凸显结构重塑了这个更大、更开放的结构。在最低限度下，他们也会只选择自己偏爱的媒体机构或者媒体类型。例如，马库斯·普赖尔认为，政治参与之所以产生极化，是因为"一些人利用更多的媒体选择使自己的政治知识更丰富，而其他人则利用丰富的媒体选项完全避开政治信息"[24]。在那些关注新闻的人中，意识形态极化可能会更加严重。例如，卡斯·桑斯坦相信，人们积极地使用过滤机制，"将自己关进自我建造的回音室中"[25]。不管是哪种情况，都是用户在掌控局面。

右下象限描绘了一幅更加恐怖的画面。伊莱·帕里泽[26]描述了这样一个世界：无处不在的推荐机制提供了一份个性化的内容菜单，我们的先有倾向让我们喜欢这份菜单。同样，图罗证明了一个商业媒体体系的存在，这个体系有效地定位消费者，并将他们划分到很多精确界定的利基市场。[27]两位学者都预想了一个封闭的结构，它利用并操控我们的社会身份。并且，他们都将非凸显的、数据驱动的体系视为社会巴尔干化的工具。正如伊莱·帕里泽所总结的，"这种个性化转变令人担忧的是，在很大程度上，它对用户是隐形的，因此，也是我们无法控制的"[28]。

左下象限所指的媒体环境是一个更奇特的组合。它的假设是非凸显结构与开放环境共存。对于非凸显结构，我们通常持怀疑态度；对于开放环境，我们通常持赞成态度。然而，这个组合并不是那么不寻常。在《广播电视新闻之后》（After Broadcast News）一书中，威廉姆斯与德利·卡皮尼指出，在整个历史上，技术变革和文化变迁产生了不同的"传媒体制"（media regimes）。什么构成新闻？谁来生产新闻？每个体制都有自己的规范。但是，"大多数时候，这个新闻把关过程通常是不可见的。不管是精英还是普通公民，他们都（至少是）默认这些信息散播规则是自然而然的、毋庸置疑的"[29]。和普赖尔一样，威廉姆斯与德利·卡皮尼认为，少数几个广播电视网主宰新闻的时代已经终结，取而代之的是丰裕的数字时代。但是，与普赖尔不同的是，他们认为这预示着更新的、更开放的结构。新结构将打破旧媒体体制的筒仓，"互联网及其相关的通信技术凸显了20世纪后期区分媒体与类型、生产者与消费者、大众传播与人际传播、公众事务与大众文化的不足之处"[30]。因此，结构可能不是凸显的，但是有助于形成一个边界消融的环境。

正是由于这些结构的出现，社会理论家才提出诸多观点。但是，正如我提到的，结构化的焦点是结构与能动性之间互动的本质。结构和能动性是如何共建媒体环境的？遗憾的是，之前的大部分资料对人们如何塑造结构或者结构如何塑造受众着墨太少。我们只了解人们如何利用可用的结构，或者，"像建筑物大

> 我们只了解人们如何利用可用的结构，或者，"像建筑物大梁"一样的结构如何限制人们的媒体接触。解释这个理论盲点的最好方式是，思考能动者如何在结构化的环境中行动。

梁"一样的结构如何限制人们的媒体接触。解释这个理论盲点的最好方式是，思考能动者如何在结构化的环境中行动。

结构与能动性的互动

想要了解结构与能动者之间的互动，我们需要认真回答这个问题："偏好从何而来？"在有关媒介使用的文献中，偏好被给予高度重视。大部分理论家都使用偏好来解释能动者如何与媒体结构互动。在解释受众行为时，我们通常会首先考虑人们的需求、欲望和偏见。理论家有可能在媒体结构是开放还是封闭的问题上产生分歧。但是他们一般都认为，用户会积极地参与管理自己的媒介接触，媒介接触是先有偏好的结果。

偏好有时候被称为"外生"偏好。[31]也就是说，他们来自系统之外。正如经济学家萨谬·鲍尔斯所说的，"外生偏好定律和自由主义政治哲学一样古老"[32]。但是，还存在另外一种可能性——"内生"偏好是由系统自身生产的。明确偏好的起源至关重要，因为它直指结构与能动者互动的核心。如果能动者带着明确的、不可改变的偏好去接触媒体，那么他们将让媒体结构屈服于自己的偏好。然而，如果媒体接触塑造了我们的偏好，我们将屈服于结构。正如鲍尔斯指出的，问题是"我们对我们如何具有我们所具有的偏好知之甚少"[33]。

外生偏好

安东尼·吉登斯提出，社会科学家经常把个体作为"社会分析的首要焦点。也就是说，社会科学的主要关切是有目的性的、理性思考的行动者"[34]。在解释媒介使用的很多学科中，我们都能看到有目的性的、理性的行动者。正如我们所看到的，每个学科对这个问题都有自己的看法。

经济学家假设，追求效用最大化的个体具有明确的偏好，偏好决定了个体的选择。[35]社会学家认为，一个人在社会中的位置培养了特有的品味，品味塑造了他们的文化消费，尤其是他们对不同类型的需求。[36]在传播学领域，研究者一直对"使用与满足"模型情有独钟。该模型将媒介使用视为一种满足需求的方式，这种需求具有"社会和心理的根源"。[37]心理学家重视个体的态度，认为在媒介使用中，个体会"选择性接触"那些降低"认知失调"的内容。[38]最近，社会科学家提出，人们带着不同的心情与享乐的冲动接触媒体，这解释了他们的媒介选择。[39]

尽管源自不同的研究领域，所有这些媒介选择模型都把能动者的先有倾向当作解释行为的重点。有时候，偏好与社会结构紧密相关，比如品味文化或者社交网络。[40]有时候，偏好是一种自然而然的存在，比如节目类型偏好或者情绪状态。不管是哪种情况，先有倾向首先表现为定义清晰的偏好，然后才发生媒介接触。这些偏好可能会影响媒体系统的运行，却不受媒体系统的影响。从根本上看，这些模型都假定偏好导致接触，如图6—2所示。[41]

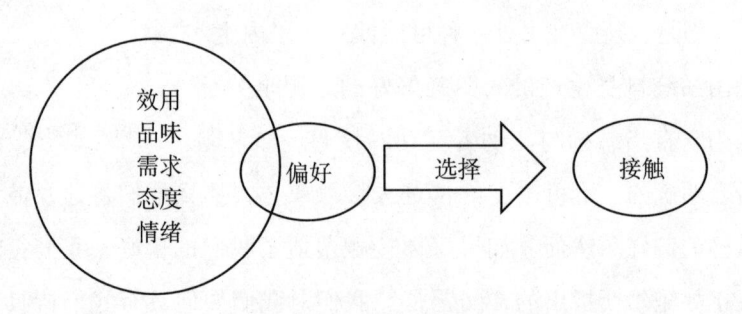

图6—2 传统接触模型

在这个模型中，个体将自己的偏好带入媒体，偏好决定个体的选择。媒体是被动的——就像树上的水果一样等待采摘。如果是这样的话，一个人的媒体菜单，不论好坏，都是由他/她自己决定的。这个思维定式在社会科学中根深蒂固。一百多年前，伟大的哲学家和心理学家威廉·詹姆斯曾写道："我自愿关心的事情才可以称之为我的经验。只有那些我注意到的事物才会塑造我的思想——倘若没有选择性的兴趣，我的经验将会混乱不堪。"[42]但是，假如我们把全部信心都放在选择性接触媒体的能动者身上，那么我们对媒体接触的研究就是不全面的、误导性的。

例如，我们知道，在有限理性的条件下，人们很难做出选择，尤其是在丰裕的媒体环境中。我们知道，人们用来应对丰富选择的工具（例如保留曲目、启发法、推荐机制等）可能存在偏见，经常产生并不理想的结果。我们从自己的经验中得知，我们的兴趣和媒体偏好不是一成不变的。我们成为一个新乐队的粉丝，同时又对另一个乐队失去兴趣。我们偶然碰到一个新的电视节目，然后便接着看下去。或者，刚刚在新闻报道中出现的人或事便引发了我们的兴趣。的确，这些新形成的偏好源自意料之外的媒介接触。一个更实际并最终具有价值的媒介接触模型应该解释影响媒介接触的所有因素，并且考虑内生偏好的可能性。换言之，我们所处的媒体系统可能同时影响了我们的偏好和行为。

内生偏好

为了探索这种可能性，让我们梳理一下媒介接触方面的知识。传统模型认为，人们的兴趣与欲望决定他们的选择。这与第三章描述的受众建构中的"拉取"模式一致。尽管有些时候，这种情况的确存在，然而正如我们所看到的，媒体绝对不像等待采摘的水果树那样。媒体主动获取我们的注意力，培养我们的偏好。为了将内容推送到我们面前，媒体采取了很多方式。

最具侵略性的方式是广告。广告信息针对特定的受众群体，或者在一些情况下，针对特定的个体。数字媒体的定位方式是广播电视媒体无法想象的。[43]尽管人们具有一定的能力来避免广告，但是，如果经营者使用足够的资源，媒体用户很难完全逃避广告信息。密歇根大学的马尔科姆·麦卡洛指出："没有什么能够阻挡广告。作为一种文化力量，它鲜有对手。作为环境经验（environmental experience），它经常会让你别无选择，除非与世界一刀两断。"[44]

但是，广告并不是媒体推送的唯一方式。线性体系将人们带入新的、有时候不在预期之内的内容。受众从一个节目流向下一个节目。在节目内

> 广告并不是媒体推送的唯一方式。线性体系将人们带入新的、有时候不在预期之内的内容。受众从一个节目流向下一个节目。在节目内部，他们从一个故事流向下一个故事。编辑和搜索引擎把一些东西放至页面顶部，增加它们的显著性，至少是悄无声息地将它们推荐给我们关注。

部，他们从一个故事流向下一个故事。编辑和搜索引擎把一些东西放至页面顶部，增加它们的显著性，至少是悄无声息地将它们推荐给我们关注。有些服务，例如潘多拉①（Pandora），现在扮演着节目编排者的角色。新闻聚合器，例如谷歌新闻，扮演着编辑的角色。它们为用户量身定制内容菜单，然后交由用户消费。其他推荐机制过滤掉所有无关选项，只留下"最相关"的。[45]

有些东西如同瀑布般在文化中出现，其强制曝露效果不亚于一场耗资巨大的广告宣传活动。但是，与广告宣传相比，它们往往不是精心策划的，也不具有较高的可控性。例如，苏珊·鲍尔一首《我曾有梦》（*I Dreamed a Dream*）获得了广泛关注。亨利·詹金斯及其同事对此评论道："有些人可能是听到人们对它的谈论，然后在YouTube上搜索；对更多人来说，这条信息出现在其他社会交往中，就像广告在商业电视节目中出现一样。"[46]在社交网络中，很多东西像病毒一样扩散，并在传统媒体平台上引发反响。当你读这段文字时，谁知道又会有什么东西突然冒出来。然而，如果不想看到这些东西，你只能住在洞穴里。[47]

面对这场信息强攻，人们并不是无能为力。在数字化的环境中，他们很容易选择要关注的内容。一般来说，媒体提供者不会强迫用户消费他们不感兴趣的内容。这种策略注定是要失败的。相反，媒体提供者想方设法地预测人们可能会喜欢的内容。他们评估用户的偏好和性情。他们巧妙地诱惑受众，培养受众的忠诚，并通过各种各样的媒介测量监测他们这样做的效果。有效的策略被重复使用，无效的策略则消失不见。然而，很多时候，这个过程始于一个并非用户选择的接触。图6—3描述了偏好与接触之间的动态关系。

---

① 潘多拉（Pandora）是微软Windows Phone提供的音乐服务。用户在使用"潘多拉"软件的时候，只需要输入一个关键词（可以是任何你喜欢的歌曲、歌手、乐器等），软件就会列出相关的音乐文件。

在这个模型中，一个尚未解答的问题是，推送给人们的媒体是否真的能够改变人们的偏好？如果答案是否定的，基于外生偏好的传统模式相对不受影响。尽管可能并不是所有接触都是用户选择的，我们的"选择性兴趣"仍然可能躲避不受欢迎的内容，只接受符合先有偏好的内容。在这种情况下，偏好仍然决定了接触，而渴求公众注意力的媒体系统最终只能服从偏好。

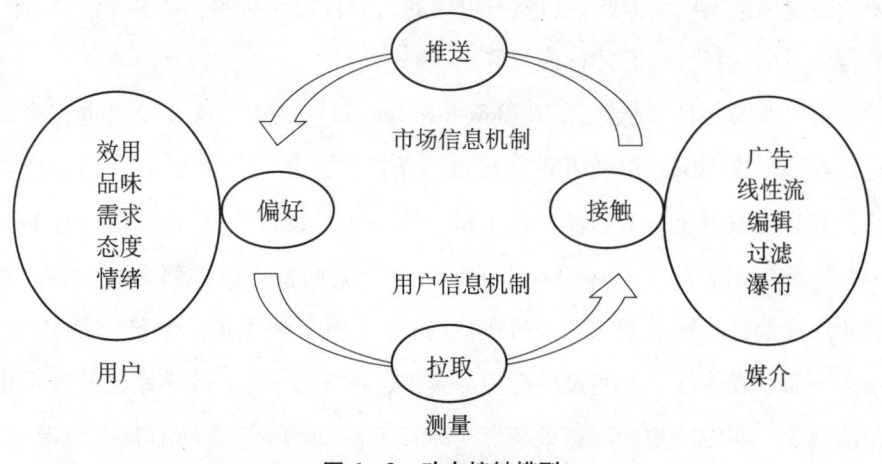

图 6—3 动态接触模型

然而，如果接触能够影响偏好的形成，那么媒体就有潜力将文化消费推向不同方向。或许，这将改变人们在广泛议题上的偏好和关注。在这个模型中，偏好在用户与媒体环境的互动中发展演变。那么，有什么证据支持内生偏好呢？

很多种研究都阐明了接触影响偏好的过程。最古老的研究之一是对广告的研究。在第一章中，我曾提到，我们经常假定，广告通过"效果层级"（hierarchy of effects）影响人们。也就是说，广告必须在消费者购买商品之前，引起一种情绪反应，比如喜欢或欲求。在这个"学习层级"（learning hierarchy）中，偏好依然先于选择。然而，到了 20 世纪 70 年代，广告研究者开始质疑这种层级的普遍性，并提出两个替代选择。[48]

第一个是"不和谐—归因"（dissonance-attribution）模型。这个模型完全颠倒了层级中的各个阶段。换言之，有时候消费者在相互很接近的选项中做出选择，然后才形成一种偏好来"支持他们先前所做的选择"[49]。心理学家同样注意到"选择诱导的偏好变化"——人们改变未来的偏好来匹配过去的行为。[50]对理性选择持怀疑态度的行为经济学家发现了相似的"偏好逆转"(preference reversals)。[51]根据艾瑞里与诺顿的解释,"人们观察自己过去的行为,推断出一定的效用,并照此行动,尽管这种行为的基础可能不是那些由享乐效用驱动的最初选择,而是影响最初选择的大量无关紧要的情境因素"[52]。因此,想要看电视的人们首先在新的、几乎无法区分的节目中做出选择,然后才形成偏好。

第二个模式是"低涉入"(low-involvement)层级。这个模式也相当常见。在这个模型中,消费者重复接触一条广告,并且只在这个(广告产生的)意识的基础上采取行动。这个模型得益于可得性启发(availability heuristic)或识别启发(recognition heuristic)。[53]我们首先挑选熟悉的内容,然后才形成偏好。顾名思义,这个模型通常适用于随意的、非涉入的选择。很多产品、媒体甚至某些投票行为都属于这种选择。[54]心理学家也发现了相似的现象,叫做"单纯曝露效应"(mere exposure)。[55]在所有这些情况中,接触导致偏好的形成。

与此相关的是,政治学和传播学也有很多证据表明,接触可能会产生多种"效应"。[56]例如,普赖尔提到,只有广播电视可选的低选择环境通过温和的方式迫使受众接触新闻。[57]这种接触导致偶然学习(incidental learning),鼓励受众投票,从而有益于民主。说得更广泛一点,乔治·格伯纳及其同事一直认为,重复接触那些媒体文化无法逃避的主题和故事,能够培养受众的信仰,使受众曲解现实。[58]这些重复接触似乎也有可能培养偏好。

因此,接触与偏好的关系并不是一条"单行道",而是交互影响。正如传统模式所假设的那样,有时候,定义清晰的偏好决定了接触。但是,很多接触并不直接源自我们的偏好。我们都会遇到不符合我们兴趣的媒体。它们把新事物介绍给我们,并且至少在一些情况下,培养一种如果没有它们我们本身不会具备的理解和偏好。因此,能动者,正如结构一样,具有延展性。媒体接触能够使偏好结构化。然而，哪些偏好容易发生改变呢？媒体如何根据偏好采取行动呢？这个过程需要多长时间呢？

使偏好结构化

偏好可能会迅速改变，或者根本不会改变。有些偏好的出现，只在旦夕之间。只是一次偶然的接触，我们就可以喜欢上一个新电视节目或一首朗朗上口的歌曲。有些偏好则不容易发生改变。某部传播学奠基之作很久之前就曾提到，媒体具有像运河引导河水一样"引导"（canalize）行为的力量。[59]也就是说，它们能够非常有效地将我们推向一条我们已经倾向于走的道路。所以，如果你喜欢一个金属乐队，你很可能也会喜欢另一个金属乐队，这不足为奇。然而，对于一些根深蒂固的信仰，媒体很难促成根本性的改变。这些持久性偏好常常与社会结构紧密相连，几乎不会因外界影响而发生改变。

媒体本身也不倾向于促进彻底改变。长期以来，商业媒体一直被指责强化现状、阻碍变革。[60]商业媒体的成功依赖于吸引受众，所以它们不可能生产没有明显市场的产品，也不可能宣扬严重违反社会规范的观点。在第三章中，我们已经看到，为什么创意产业要为受众提供熟悉的产品。用户肯定不会对从没接触过的文化产品或观点形成偏好。尽管新媒体提供的产品广度前所未有，渐进变化（incremental change）才可能成为常态。

然而，即使是在我们喜欢或不喜欢的事物上发生的一些很小的、渐进的变化，也会随着时间推移而不断积累。[61]这些变化逐渐重塑了我们的媒体接触。正因为如此，结构维度才可能会促使或压制某些结果的产生。如果结构是相对开放的，它们不太可能引导受众行为的方向。如果结构是相对封闭的，它们就有能力推动人们沿一定的路线行进。为了更充分地探索这些可能性，我们需要思考，媒体和社会结构是怎样促进偏好形成的。

那些具有封闭、非凸显结构的媒体系统最有培养偏好的潜力。它们最为活跃地过滤内容，并将内容投向特定用户群体。让我们冒着过于简化现实的风险,将这些系统所做的事情分为三种:它们提供我们想要的内容;它们提供它们想要的内容;或者它们提供它们自认为我们想要的内容。

第一种与其说是现实,不如说是一个目标。通常,人们并不清楚自己到底想要什么。有时候,用户基于自己的心情和当时所处的环境做出心血来潮式的、似乎并不理智的选择。如果无所不知的过滤机制真的存在,它们将为偶然接触(serendipitous encounters)留下足够的空间。有些设计者认为这是可能的,但是我们现在还没有达到那种程度,而且我们有理由怀疑我们能否最终做到这一点。[62]

第二种过滤模式——提供它们想要的内容——是最让人担忧的。这个模式包含监测、市场定位和以操控为目的的行动。这是全世界学者和决策者一直担忧的问题[63],而且不会在短时间内消失。或许,聪明的用户能够察觉并抵制那些公然定位他们、操控他们的行为。或许,政府将会介入,保护人们不被利用。然而,这些都是尚未解答的问题。

第三种过滤模式提供它们自认为我们想要的内容。这些包括伊莱·帕里泽所说的"相关性竞赛"(race for relevance)中的大部分竞争者。[64]业内的很多知名媒体,例如谷歌和Facebook,都属于这一类别。它们并不完全是无私的,却树立了一种值得信赖的形象。例如,谷歌因其座右铭"不作恶"(Don't be evil)而闻名于世,尽管并非每个人都相信它是这样的。[65]

然而,为了便于讨论,我们不妨假设,归咎于第二种和第三种过滤机制的所有邪恶动机是不存在的。相反,让我们假装生活在一个充满善意过滤机制的世界,它们只想迎合我们的需求和欲望。这似乎不太可能引发警惕。的确,由于"用户的困境",大部分人都会张开双臂欢迎这些过滤机制。但是我们应该如此吗?在我看来,答案取决于过滤机制能否培养我们的偏好,而不只是迎合我们的偏好。

即使是最复杂的算法和最大限度的大数据挖掘,也会将多维度受众变成

> 即使是最复杂的算法和最大限度的大数据挖掘,也会将多维度受众变成简单的模型。

简单的模型。奈飞首席执行官里德·哈斯廷斯承认:"人类古怪难料,我行我素,并且非常独特……因此很难弄清楚他们喜欢什么。"[66]过滤机制推断的偏好

维度比实际情况更纯粹、更清晰，所以不可避免地把真实的人描述成漫画形象。然后，过滤机制开始迎合这些漫画形象。我们都曾有过这样的媒体接触。亚马逊给你的推荐是以你的账户活动为基础的，但是它眼中的你并不是真实的你，而是漫画形象的你。或者，正如有些人所报告的，你开始怀疑 TiVo①对你的政治观点或性取向做出了错误假设。[67] 推荐机制无疑会提高判断我们想要什么的能力，但是它的判断永远不会完全准确。

过滤机制要做的是为我们的选择加上一套令人舒适的准则，使我们的媒体接触更加有序、更加理性。善意的过滤机制很乐意引导我们通往我们倾向于走的路径。我们会避免很多弯路和死胡同。但是，如果这个令人舒适的准则也会培育更多有序的喜好与厌恶，这些过滤机制有可能会将我们变成他们所想象的漫画形象。

这正是帕里泽所担忧的那种机制："个性化算法会引起身份循环（identity loops），数字代码所掌握的有关你的信息建构了你的媒体环境，你的媒体环境有助于塑造你未来的偏好。"[68] 现在，我们对偏好的起源知之甚少，因此很难完全地理解这个机制。但是，在一个封闭的系统中，过滤机制的确可以培养更加稳定的、定义明确的，最重要的是可以操控的偏好。如果鼓励并满足这些欲求，人们会更不愿意冒险进入更大的市场。而且，这些结构具有不凸显的特性，意味着我们可能不会注意到这种情况的发生。

> 这正是帕里泽所担忧的那种机制："个性化算法会引起身份循环，数字代码所掌握的有关你的信息建构了你的媒体环境，你的媒体环境有助于塑造你未来的偏好。"

社会结构同样具有培养偏好的潜力。社会结构是典型的外生因素。它"从外部"影响我们的媒体接触。例如，我们的社会经济地位或者社交网络可能会促使我们接触不同的类型。[69] 然而，有时候，社会结构嵌入媒体如此之深，实际上已成为内生影响——而且它们往往会创造另一种封闭系统。

更有趣的例子之一是语言。我们通常不认为语言是过滤机制，但是它

---

① TiVo 是一种数字录像设备，它能帮助人们非常方便地录下和筛选电视上播放过的节目。

对媒体用户的隔离是其他任何因素都不可比拟的。以英语为母语的人关注英文媒体，以普通话为母语的人关注中文媒体，其他语言与此类同。除了那些经常使用多种语言的人们，大多数人不会考虑母语之外的媒体世界。我们就像鱼一样，并不知道自己的世界是湿的。但是，随着公共领域更加全球化[70]，个别国家（比如西欧和北美的一些国家）的语言更加多元化，特定语言媒体环境的运营可能会变得更加重要。随着互联网和宽带电视系统的出现，移民与家乡媒体的联系比以往任何时候都要容易。

也有可能的是，尽管用户被语言隔离，他们所接触的媒体却提供了一套与其他媒体基本相同的想法和概念。的确有证据表明，流行电影、节目模式，以及至少有些新闻能够跨境传播。但是我们离"全球共识假说"还差很远，根据这个假说，每种语言都让用户接触到基本相同的概念。例如，一项对不同语言的维基百科词条所做的分析发现，它们所论及的概念几乎没有重叠。而且，多种语言版本对相同概念的描述框架也有天壤之别。[71]多种语言似乎创建了一种不同于"大规模重叠文化"的媒体环境，后者是单一语言社会的典型特征。

在一种语言内部，专业媒体的用户也许能够预见到不同的框架与侧重点。但是，在这种情况下，讲相同语言的"外人"至少能够接触到这些不同，并且很可能承认并处理这些分歧。遗憾的是，讲不同的语言更有可能让人们忽略一个事实（即，他人可能在以非常不同的方式看世界），而且会阻碍人们全面思考。[72]如果语言创建了一个封闭的系统，并有效根除了交叉性接触，语言就会使偏好结构化，并且会促进全球极化。与前述几种情况一样，我们可能又没有意识到它的发生。

正是这些我们看不到的结构，似乎具有培养偏好的最大潜力。在结构的复制过程中，用户往往是自愿的"同谋者"。人们欢迎过滤技术介入他们的生活，并且不假思索地运用它们。人们容易被文化

> 在偏好结构化的过程中，用户往往是自愿的"同谋者"。人们欢迎过滤技术介入他们的生活，并且不假思索地运用它们。人们容易被文化上更加接近的事物所吸引。如果这些媒介产品足够诱人，用户几乎没有理由将目光投向别处。从个体的角度来看，这些行为是完全明智的。但是它们也会创造出能够塑造偏好的、持久不变的、无处不在的结构，并产生潜在的不良后果。即使是那些有目的性的、理性的能动者也会成为无意识结果的创造者。

上更加接近的事物所吸引。如果这些媒介产品足够诱人,用户几乎没有理由将目光投向别处。这让媒体环境进一步封闭。从个体的角度来看,这些行为是完全明智的。但是它们也会创造出能够塑造偏好的、持久不变的、无处不在的结构,并产生潜在的不良后果。即使是那些有目的性的、理性的能动者也会成为无意识结果的创造者。

关键一票

用户与其周围的媒体资源相互作用,建构了注意力市场。数字技术似乎赋予人们随心所欲的能力。然而,媒体仍在塑造媒体接触的过程中发挥着重要作用。用户世界的结构并不是被动的。它们能够促使一些结果产生,抑制其他结果产生。但是,它们很少同心协力达成某个单一目的。事实上,它们的目的往往相互交叉,从而将用户引到不同的方向。有些结构促进开放的媒体环境,其他结构却促进飞地的形成。在这种情况下,用户手中握着"关键一票",能够让媒体环境向不同的方向倾斜。

至于他们将如何投票,我们尚不完全清楚。有些人会毫不迟疑地坚持旧有的忠诚。其他人可能会培养起新的兴趣与欲求,并将这些兴趣与欲求带入他们的媒体选择。然而,很有可能的是,媒体推送给我们的东西将培育一种如果没有推送就不会存在的偏好。如果这种情况普遍存在,媒体就能够"操纵投票",重塑大众文化。不过,只要人们不变成封闭系统中毫不知情的囚徒,我们就无须这般担忧。在我看来,大规模重叠文化及其代表的开放性拥有充足的证据。目前,人们似乎出于各种原因投出手中的票,在文化消费中造成一种不可预知的、急剧而突然的变化。

第七章 | 观念市场中的公众注意力

对于数字媒体将如何影响社会这个问题,不同作者的预期有着天壤之别。在乐观者看来,参与型文化正在复兴。在悲观者看来,社会正在极化为飞地或筒仓。那么,等待我们的会是什么呢?在很大程度上,答案取决于人们如何使用这些新资源,由此产生什么样的公众注意力模式。

观念市场可能是一个有价值的隐喻,但它是一个抽象概念。它提供了一个值得追求的理想,却从未完全实现。它不可避免地过于强调某些东西,过于忽略另外一些东西。我们所能期望的最好结果是,能够在凝聚我们的力量和分裂我们的力量之间达到合理平衡。

新的注意力市场会在凝聚和分裂我们的力量之间促进合理的平衡。

在这本书中,我自始至终都在强调一点,即,对于数字媒体将如何影响社会这个问题,不同作者的预期有着天壤之别。在乐观者看来,参与型文化正在复兴。在悲观者看来,社会正在极化为飞地或筒仓。那么,等待我们的会是什么呢?在很大程度上,答案取决于人们如何使用这些新资源,由此产生什么样的公众注意力模式。

关于受众行为,我们已经了解了很多:用户与结构如何互动,并产生不同类型的受众形成。我希望这能为我们理解传媒体系的运行提供有用的见解。但是,最后一章的目的是为了讨论一个更大的问题:数字媒体将对社会产生什么影响。为了回答这个问题,我们要思考公众注意力在"观念市场"中的作用。

观念市场是一个老生常谈的隐喻。它提供了一个处方,告诉我们在民主社会中媒体应该如何发挥作用。接下来,我将提到观念市场的哲学基础,以及在理想状态下的受众将如何做。有些作者认为数字媒体将会活跃市场,有些作者认为数字媒体将会对市场予以重创。我们将梳理导致上述分歧的论点。最后,我将利用我们的受众知识——理论的与实证的——提出真正会发生的是什么。

观念市场

"观念市场"是记者、学者与律师经常使用的名词。他们用这个词来描述我们希望公民如何接触和权衡不同的观念。一般认为,这个名词的深层概念是由17世纪的哲学家约翰·弥尔顿提出的。弥尔顿将公开辩论视为一种发现真理的方式。正如他所说的:"让真理和谬误交手吧!谁又见过真理在放开交手时吃过败仗呢?"[1]根据这个观点,媒体应当支持一个自由开放的市场。在美国,这个观点为保障言论自由与新闻自由提供了理论依据。

市场隐喻体现的是一种特定哲学,或者叫做"规范性理论",讨论的是媒体应当如何发挥机能作用。自由主义思想家在他们的著作中提炼了这种理论,比如约翰·洛克和约翰·斯图亚特·穆勒。他

> 市场隐喻体现的是一种特定哲学,或者叫做"规范性理论",讨论的是媒体应当如何发挥机能作用。

们怀疑由政府选择观念市场胜者与败者的做法。尽管这(在很大程度上)一直是政策制定过程中的指导原则,但是它肯定不是媒体服务公众的唯一模式。随着社会工业化的完成,媒体合并为大型商业企业,另一种称为"社会责任"的规范性理论开始中和这种纯粹的自由主义理论。[2]也就是说,大部分西方民主政府开始将媒体视为公众受托人,认为媒体具有一种肯定性义务(affirmative obligation)为受众提供适当的新闻与文化产品。这个哲学转向为公共资助媒体和某些形式的监管开启了大门。[3]

对于很多学者和政策制定者来说,观念市场依然是一个基本的概念。多年来,它以不同的形式出现。最值得一提的是,德国哲学家尤尔根·哈贝马斯推广的"公共领域"概念。[4]尽管每个术语都有自己的谱系,但在本书中我将交替使用它们。它们都想象了一个空间。在这个空间里,公民自由地集合,表达并权衡不同的观点,然后有可能找到彼此的共同点或者真理的某种类似物。而且,它们都承认,在现代社会中,观点的表达和对观点的质疑,是媒体环境中经常会发生的。[5]

在美国,联邦通信委员会(FCC)受国会委托,负责保证电子媒体为"公共利益"服务。为了实现这个目的,一个长期目标被确立下来,即,保证受众能在重要公共议题上接触到不同观点,并以此来维护观念市场。在历史上,联邦通信委员会通过施行来源多样化(例如所有权或员工多样化)和内容多样化(例如节目类型或观点多样化)政策,促进了市场多样性。[6]只要人们可选择的媒体机构数量有限,确保媒体机构的多样化,似乎是为观念市场服务的最好办法。

然而，媒体的数量限制不复存在。尽管主流媒体会偏向某些报道或观点，但是从总体上来说，我们很难否认数字媒体提供了海量信息和供人们接触不同的观点的论坛。此外，世界上大多数地方都能接入宽带电视系统和互联网，人们更容易听到并分享不同的观点。然而，这是否意味着观念市场正在像理论家们希望的那样运转呢？

未必是这样的。这的确意味着观念市场的运作不再依赖媒体所提供的内容或者"发送的多样性"（diversity as sent）。相反，现在的责任已经转移给了受众和"接收的多样性"（diversity as received）。[7]换句话说，媒体可以提供所有我们能想象到的多样性，但是如果人们在日常的媒体接触中不能从这种多样性中获益，这一切都是徒劳的。到头来，每个人对观念市场的理解都将受限于他/她所关注的事情。我们都知道我们想要受众如何做——但是他们会那样做吗？正是在这个问题上，乐观者与悲观者产生了分歧。

哪些媒介使用模式能最好地为民主服务？人们在这一问题上存在相当广泛的共识。卡斯·桑斯坦认为，人们应该会有偶然邂逅。他们会偶然碰到"不是他们特意选择的观点和话题"。而且，公民"应该有一些共同的经历"。传统上，这些共同经历是由"大众利益中介"（general interest intermediaries）提供的，例如报纸和广播。[8]同样，伊莱休·卡茨指出，一个设计良好的民主体制应该为审议（deliberation）提供多重空间："一般媒体（generalized media）致力于为整个政体服务，专门媒体（specialized media）致力于满足公民知悉（与自己观点相似的或观点正确的）他人想法的需求。"[9]尤查·本科勒设想了一个世界，在这个世界中，数字网络使不同的利益社区能够权衡观点，使最有价值的观点沿着"注意力中枢"（attention backbone）到达更广泛的受众。[10]理想状态是，人们在致力于专门话题的媒体和更加大众化的论坛之间移动。人们聚集在更加大众化的论坛中，倾听或融入更大的公众群体。但是，这并不是悲观者所担心的事情。

尤其让人担心的是，人们利用丰富的选择，避开"真理与谬误交手"

的竞技场,撤退到只有一个真理版本、毫无争议可言的空间。正如哈贝马斯所警告的,"几百万个彼此之间相互分裂独立的聊天室在全世界兴起……导致规模庞大但政治集中的大众分化为数量庞大却相互隔离的议题公众"[11]。的确,不管在什么议题上(尽管是这些议题将人们聚拢在一起),飞地的出现都完全有可能将身处其中的人们推向更加极端的立场。[12]

因此,观念市场的效能如今取决于受众行为,而受众的行为飘忽不定。如果使用恰当,多样化的产品有潜力让公共领域变得丰富多彩。即使那些鼓励极端主义的媒体机构,也可以在民主体制中发挥一定的作用。桑斯坦提出,"美国革命、民权运动、共产主义和种族隔离的衰亡"[13]都是由趋于极端的群体发展起来的。但是,接触极端观点时,最好也接触其他观点、了解人们的共同点,以此作为调和。这样的话,我们的目标就是建立一个能够促进人和观念流动的传媒体系。

> 正如哈贝马斯所警告的,"几百万个彼此之间相互分裂独立的聊天室在全世界兴起……导致规模庞大但政治集中的大众分化为数量庞大却相互隔离的议题公众"

希望与绝望的故事

问题是,在这个新的、丰裕的数字市场上,可能会出现什么样的公众注意力模式,人们对此几乎没有共识。有些人满怀希望,其他人却绝望悲观。受众将如何做,人们对此有不同的预期。评估这些预期的一种方式是阐明每个研究路径如何看待塑造公众注意力的力量——用户、媒体以及二者所依赖的媒介测量。在评估过程中,我将忽略不同作者的许多细微差别,只强调那些似乎反复出现的主题。正如你将要看到的,乐观者所关注的观念市场特点支持一个更加充满希望的预测。相反,悲观者所强调的特点支持一个更加严酷的叙事。首先,我们将总结那些暗示数字媒体将会促进观念市场健康发展的论点。然后,我们将评估,对这些力量的不同解读如何有可能削弱观念市场。

一个健康的市场

在乐观者对数字媒体影响的论述中，我们很少见到对个体偏好塑造媒介使用的明显假设。我们经常会看到这样的潜台词：尽管个体可能会对一些事物感到亲近，例如某项事业或某种类型，但是大多数情况下他们都是杂食者。然而，很多乐观主义论述都在强调人们制作和分享媒体的嗜好和技能。这些相对较新的实践让用户在媒体环境中起到更加主动、更具参与性的作用。[14]

因此，在很多乐观主义者的论述中，社交媒体成为了英雄。社交媒体平台为人们提供了前所未有的机遇，让他们能够表达观点，并与更大的社交网络（如今这已在接触范围之内）分享观点。威廉姆斯与德利·卡皮尼提出："新媒体环境允许几乎所有人创建他/她自己的媒体——通过网站、博客、Facebook 网页或者 YouTube 视频，明显地模糊了政治信息生产者与消费者之间的界线。"[15] 即使人们实际上并没有创造什么，社交媒体也会允许他们自由分享"引人注目的新闻、信息和娱乐"[16]。数字媒体的这些特点让许多学者（例如尤查·本科勒）做出这样的结论："（公民的）角色不再局限于读者、观众和听众。他们开始让公共议程设置不再依赖于管理者的判断，这些管理者的工作是在注意力市场上出售最大数量的读者、观众和听众。"[17]

乐观者对传统大众媒体的描述更加模棱两可。有些人认为传统大众媒体有助于让个体用户获取力量。例如，雷尼与威尔曼提到线性与非线性电视平台的发展。他们认为："由于这些变化，电视节目变得更加灵活，可以根据个人兴趣、日程安排与时间限制量身定制。与上一代的'必看'预约电视相比，如今已是'我的播放列表'电视时代。"[18] 在称赞可拓展媒体的同时，詹金斯及其同事也承认："这些变化并不意味着，商业大众媒体不再是我们集体文化生活中最强大的力量。"[19] 然而，有些人却认为大众媒体存在诸多问题——限制公共领域，抑制多样性，削弱观念市场。[20]

在一些乐观主义者的描述中，媒介测量促进观念市场的健康。媒介测量仍然是一种赋予普通用户力量的工具。例如，克里斯·安德森认为，推荐机制是"新的舆论导向者"，体现了"群体智慧"。如果人们打算收获"长尾"的好处，推荐机制至关重要。正如他所解释的："新的舆论导向者只不过是那些意见受到尊重的人们。他们影响其他人的行为，经常鼓励其他人尝试本来不会追求的事物。"[21] 同样，著名的法学学者拉里·莱辛（Larry Lessig）提到："《纽约时报》曾有权力决定谁是最重要的。而如今，决定权在一个更加民主的力量手中。"[22]

在这种对未来的设想中，人们在一个结构开放的环境中行动，并拥有一系列可以获得力量的工具：他们不会利用这些资源躲入飞地。大多数情况下，他们将建设性地使用自己的工具：创建媒体，表达自己的观点，并在不断扩展的社交网络中分享自己认为值得关注的东西。"新的舆论导向者"鼓励探索，最终将有价值的东西介绍给更大规模的公众。净效应（net effect）是一个这样的媒体系统：观点自由地传播，公众注意力集中在最优秀的观点，所有这些创建出一个强健的观念市场。

一个衰弱的市场

在对数字媒体影响的悲观描述中，人们的偏好经常是争论的关键。用户被视为有目的性的——甚至理性的——媒体消费者，他们有着明确的好恶，并以此来决定想要关注的东西。这些偏好胜过一切。人们利用市场的丰富找到自己本来就喜欢的东西。如果遇到不同的东西，他们将予以忽略或者不予信任。[23] 实际上，媒体接触强化了态度和信仰，久而久之，可能会让这些态度和信仰更加不可替代、更加极端。[24] 随着它们越来越显著，将会形成断层线，使社会分裂。偶然接触将不复存在，持有不同意见的人们不会有共同经历，只会存在没有不和谐声音的飞地，在那里人们只看到他们想看到的东西。

我们的社交网络只会加剧这些趋势。长期以来，我们已经知道，我们所属的群组是同质的，很可能会促进选择性接触。随着数字媒体的发展，社交网络的规模成倍扩大。社交网络中的熟人和影响者总是向我们提供推荐。宾夕法尼亚大学的学者们指出:"社交媒体平台(例如Facebook)的流行为人们在社交网络中成为意见领袖创造了一个完美的工具。"但是,与安德森不同,他们认为这是一种特别"不祥的"影响源,因为它能够非常有效地加强群组倾向。[25]

媒体通常乐意鼓励任何可以转变为自身优势的受众忠诚。线性媒体,比如电视,尽其所能地按照自身利益对受众流进行操纵,经常提供一个接一个的讨人喜欢的节目。几乎所有的(少数除外)电视网都会提供专门的节目,以迎合特定的细分市场或品味公众(taste publics)。每个用户所偏爱"品牌"的保留曲目会排挤掉他们不喜欢的东西。这些力量所造成的后果,相当于创造了"封闭社区"。[26]非线性媒体,比如网络,能够提供更专门的内容,通过超链接将用户引至志趣相投的网站或产品。[27]推送媒体,比如广告网络,则走得更远。它们将信息投向特定类型的人群,将他们进一步隔离在"名声筒仓"。[28]

媒介测量和日益增加的大数据应用从两个方面加速了这些过程。首先,市场信息帮助媒体(线性与非线性)实现特定信息对特定用户的定位。在这个过程中,媒体关注更多的是广告商,而不是公共利益。[29]其次,用户信息体制竞相将自己的推荐个性化。[30]谷歌为用户量身定制搜索结果。亚马逊与奈飞使用协同过滤,鼓励人们收看或阅读他们必然喜欢的内容。这些机制了解每个用户的偏好,过滤掉他们不想要的内容。事实上,对于数字媒体对民主的影响,卡斯·桑斯坦给出了并不乐观的评价:"完全过滤可能会给一个民主社会的方方面面带来种种问题。"[31]

所有这些力量合谋创造了封闭结构,鼓励人们一成不变地消费那些他们倾向于喜欢或赞同的内容。有时候,人们自愿参与创建这些令人舒服的飞地。他们只使用少量可靠的媒体或者应用程序,完全避开某些媒体类型,例如硬新闻。[32]有时候,过滤机制是在受众毫不知情的情况下运作的。但是,由于这些机制通常迎合受众的偏好,所以它们可能会受到欢迎,而且能够不被察觉。[33]净效应是观念市场失去一个共同的(而且是混乱无序的)公共领域,降级为托德·吉特林(Todd Gitlin)所说的"领域分子"。[34]在这个过程中，对观念市场至关重要的交叉性接触基本上消失了。

质疑我们的假设

在第一章中，我曾提到，新媒体经常引发一些预测，但是事后我们却发现这些预测似乎被夸大了。在当前情况下，我们或许应该让我们的预测回炉重炼，重新讨论观念市场的主要组成部分，并使用这个框架重新审视我们对观点接触所做的假设。但是，让我们首先思考人们会在哪些地方接触到政治观点。

接触观点

几十年来，我们普遍认为，政治观点主要在新闻与公众事务报道中传播。因此，人们对新闻和信息的接触与我们对观念市场的理解有着最密切的关系。但是这种思维方式似乎只适用于某个特定的历史时刻，我认为这个历史时刻对公共领域的定义过于狭隘。

在20世纪的"广播电视新闻时代"，少数几家媒体控制着受众，职业记者决定着什么是新闻。职业记者区分事实与观点，并设置公共议程。政治观点只在新闻中报道，余下的都只不过是娱乐。这种对新闻的强调持续存在。正如著名传播学研究者所说的："除非莉萨·辛普森变成某位聪明政治顾问的传话筒，否则，我们就不能很好地通过此类娱乐节目理解传播效果。"[35]

但是，其他政治传播学者认为，新闻与娱乐泾渭分明，只是某一个短暂"传媒体制"的特点。[36]在当时，尤其是现在，当我们思考媒体的政治影响时，一个更有价值的思路是，在整个媒体环境中人们都能接触到重要的政治观点。

不久之前，著名社会学家赫伯特·甘斯描述了各种各样的"品味公众"，其中每一个都想要自己的文化产品菜单。[37]这包括我们常说的高雅文化与低俗文化，也包括各种各样的种族文化和青年文化。虽然这些群组所

接触的媒体未必是按照党派进行分类的,但是这些媒体往往包含"政治"观点。甘斯解释道:

> 品味文化与广大社会的一个更重要的关系是政治。尽管大部分品味文化并不带有明确的政治性,但所有文化内容体现的价值观都有可能带有政治性或带来政治影响。例如,即使是最简单的电视家庭喜剧,都涉及男人与女人、父母与孩子的关系。只要这些关系包含了价值观和权力问题,它们就是政治性的。[38]

娱乐电视、电影和流行音乐都会充分利用具有社会争议的主题(例如性倾向、吸毒、政治等),也会充分利用"来自新闻标题"的故事。脱口秀、杂志和其他"更软"的新闻形式对源源不断的议题予以强调和建构。这些媒体不可避免地影响了人们思考和谈论的东西。[39] 亲密小组和用户生成内容散播了更多的观点。总而言之,我们已经进入了"一个新的观念市场,这个市场没有明确区分事实与观点、新闻与娱乐"[40]。

把娱乐也当作接触政治观点的场所,这一点很重要,原因有两个。首先,对于大部分人来说,新闻只是媒体消费的一小部分。对于某些人来说,新闻消费是完全缺失的。[41] 媒体用户将更多的时间花费在娱乐上。虽然娱乐可能不会提供精心调查的事实,但是它们充满了有关社会现实的信息。[42] 其次,不经心的用户很难察觉到娱乐中的"政治"。娱乐似乎不会像新闻或者政治广告那样引发人们的质疑。有鉴于此,曾有观点认为,娱乐可能是一种更加有效的改变态度的工具。[43] 例如,警匪片或电子游戏中可能充斥着有关枪支暴力的隐含信息。然而,随着剧情的展开,人们"自发地中止了质疑"。通过这种方式,对娱乐的追求可能会逃过意识形态的过滤。因此,在思考观念市场如何运作时,我们应该假定所有形式的媒体,而不只是新闻与信息,都在发挥作用。

媒体用户

对于数字媒体的社会影响，许多更加悲观的预期主要依赖于研究人们如何做出选择的心理学理论。遗憾的是，这些理论并不能很好地解释受众行为。[44]很多以节目偏好或选择性接触或"使用与满足"为解释变量的研究，尤其是在实验室外进行的研究，仅仅解释了少量的实际行为差异。

稳定一致的个人偏好指导一个人的选择，这个假设根深蒂固。对于"理性选择"的信徒来说，这是一种信条。由于这个假设的鼓励，一项接一项的研究专注于偏好的某些维度（态度、寻求满足等）。研究者相信这是解释接触的有效途径。有关红蓝媒体的争论就是一个例证。人们通常被想象成沿着从保守主义到自由主义的光谱分布，在光谱上的位置决定了他们对新闻与信息的选择。如果研究者发现党派性与新闻消费之间存在统计学意义上的显著相关性，选择性接触的主张便得到了支持。

这种方法存在一个问题，即大部分人不会让单一维度的偏好指导自己的选择。在某些问题上，他们是保守的；在另一些问题上，他们可能会稍微自由一点。[45]有时候，他们有兴趣倾听对方的观点；有时候，他们却漠不关心。有时候，他们所处的环境产生一种"实际上存在"（de facto）的选择性，这种选择性与他们的态度几乎没有关系。[46]而且，即使他们确实喜欢用一种且仅此一种框架来描述事件，他们的过滤机制也往往存在很多漏洞。很多研究发现，只有少量证据证明存在由政治驱动的选择性接触。[47]因此，即使存在统计学上的显著差异，它们也不足以削弱强健的公共领域。

事实上，决定人们现实媒体选择的心理因素经常发生变化。许多人都是"杂食者"。他们喜欢多样化的媒体菜单。由于信息不完善，他们在媒体环境中摸索前行，尽其所能地满足最低要求。有时候，他们会偶然遇到预料之外的东西。然后，他们可能会培养起对这些东西的偏好。没有一项论据证明，人们会像奴隶一样只忠于与自己观点一致的言论或者任何一种单一类型。在观念市场中，仅靠偏好似乎不大可能消除多样性接触或偶然接触。

媒体

157 　　在数字媒体环境中传播的观点,并不像大部分人假设的那样多样化。媒体生产具有风险,成本高昂。因此,创作者倾向于使用公式化的方法,利用少量已被证明的优秀创意素材。[48]受众通常会惩罚那些过于标新立异的媒体提供者。[49]即使是成本低廉的用户生成内容,也经常建立在已经流行的东西上。[50]新闻与信息的生产者也没有太大的差别。数字新闻编辑室经常监控并模仿他们的竞争对手。几乎所有的新闻机构和博客都依赖于极少数的新闻信源。[51]尽管我们偶然也会发现真正的新东西,但是文化生产中通常存在"追随领导者"的同一性。仅凭这一点,社会极化就有可能得到缓解。

　　悲观者,甚至一些乐观者,都怀疑追逐受众眼球的商业媒体能否为观念市场做出很大贡献。尽管媒体倾向于鼓励受众忠诚,从而可能使受众巴尔干化,但是他们的动机和策略也会导致广泛的共同经验,从而为观念市场服务。

　　首先,推送媒体强迫人们接触他们不会主动搜寻的内容。最好的例子是政治广告。我们当中有谁没有见过盛赞我们不喜欢的候选人的广告?有谁没有见过抨击我们欣赏的候选人的广告?广告让我们知晓很多事情,不管我们喜欢还是不喜欢。同样,尽管它们的技术不像传统广告那样具有强迫性,大部分媒体机构还是会推送我们事先没有选择的内容:一条新闻简讯、一位新的流行歌星,或者在YouTube上赢得关注的最新视频。在推送过程中,它们提供了"可靠的惊奇",而且大部分人都乐于接受它。[52]

　　其次,我们不应假设畅销作品的消亡。尽管克里斯·安德森[53]曾嘲笑过去的"流行文化",但是人们创作畅销作品或实现"病毒式传播"的欲望依然强烈。事实上,哈佛大学的安妮塔·埃尔贝斯认为:"我们正在亲眼目睹的是数字娱乐产品市场更加集中,而不是市场需求转向长尾。"[54]尽管媒体很难预知如何成为赢家,但是每年——从未落空过——都会有赢家出现。

158 　　显然,这些赢家,理所当然地,会把广大公众注意力集中于少量的电影、书籍、音乐艺人、新闻故事和热播电视节目。同样,如果尤查·本科勒是

对的，那么少数几个最优秀的观点将会沿着网络的"注意力中枢"逐渐扩散，并最终获得广泛关注。[55]总的来说，这些实践将会创建一个共同的媒体文化，没有用户可以轻易避开它。

媒介测量

在对观念市场的评论中，人们关注最多的是媒介测量定向投放信息和引导受众的能力。"个性化偏见"（我用这个词来表述）有很多支持者，也有很多批评者。相比之下，我们对"流行度偏见"缺乏认真考虑。不管是哪一种类型，推荐机制一般都会将人们引至最流行的媒体产品。用户认为这些由流行度驱动的排名很有帮助。如果你相信它们体现了"群众的智慧"，它们至少能提供一些衡量质量的标准。即使流行度并不总是将我们引向最好的产品，了解朋友圈里广泛流行的产品或"像我们一样的人"推荐的产品，也可以为我们提供谈资。如此一来，流行度偏见就会抵消个性化偏见。流行度偏见不是将人们赶入一些小的同质化的营地或岩洞，而是使公众注意力更加集中，从而更有可能形成更加广泛的共有文化经验。

未来事物的轮廓

那么，在数字媒体环境中，公众注意力将如何形成？这将如何影响公共领域的运行？在尝试回答问题之前，我们应当进行盘点回顾。正如我们对每次传播革命都抱有希望与担忧一样，我们从来没有对当时观念市场的运作感到完全满意。

小心你所盼望的

即使在鼎盛时期，广播电视新闻时代也经常受到学者和媒体评论家（如果不是所有民众）的嘲讽。只有三个广播电视网争夺所有的受众，它们的新闻广播被指责过于千篇一律、涵盖的议题太少而且过于缺乏深度、过于不愿申明立场。正如威廉姆斯与德利·卡皮尼所说的："几乎毫无例外，在同一时间段，所有节目的受众构成都与其他节目非常相似。简而言之，不仅所有广播电视网的受众规模都很庞大，而且所有节目的受众都是可以互换的，正如他们所观看的内容一样：这是大众受众（mass audience）的最佳写照。"[56]

尽管这些节目具有社会责任感，并且符合职业新闻规范，但是在当时，很多评论家想要的不是这些。用穆茨和杨的话说："他们想要的多样性不是强调事实与客观性，而是既定利益的相互竞争，记者为自己的立场代言，而不是假装中立。这个多样观可能最接近于约翰·斯图亚特·穆勒在提倡观念市场时所想象的图景。"[57]

到了 20 世纪末，形势已经发生了翻天覆地的变化。在大部分西方国家，大多数观众都能接收到数百个频道。按照经济学理论——和常识——的预测，这些新的媒体机构通常会开拓出一个专门的利基市场。这些媒体机构也包括很多电视网，它们提供在意识形态上更加极端的新闻与信息版本。[58]当然，互联网让公众听到更多的不同声音。然而，这并没有缓解我们对过于统一和单调乏味的担忧，反而产生了其他的忧虑。其中的很多担忧，我们已经了解过了。

因此，正如穆茨和杨给读者提出的建议一样，你应该"小心你所盼望的"[59]。从这个形势变化中，我们学到了一个更大的经验教训：观念市场可能是一个有价值的隐喻，但它是一个抽象概念。它提供了一个值得追求的理想，却从未完全实现。它不可避免地过于强调某些东西，过于忽略另外一些东西。我们所能期望的最好结果是，能够在凝聚我们的力量和分裂我们的力量之间达到合理平衡。

> 观念市场可能是一个有价值的隐喻，但它是一个抽象概念。它提供了一个值得追求的理想，却从未完全实现。它不可避免地过于强调某些东西，过于忽略另外一些东西。我们所能期望的最好结果是，能够在凝聚我们的力量和分裂我们的力量之间达到合理平衡。

对于许多人来说，这意味着观念市场提供专门媒体，也提供更广泛的大众媒体。在这个理想化的观念市场中，公民在这些空间中流动，在与志同道合之人的接触中获得知识，在更大、更多样化的舞台上检验自己的信仰，如此交替反复。专门媒体无疑在日益增加，但是一般媒体却前途未卜。假如一般媒体的空间消亡了，会不会阻碍观念市场的发展呢？

除旧

在一篇题为《从分化中将我们解放出来》的文章中，著名学者伊莱休·卡茨表达了对共有公共论坛命运的担忧："随着频道数量的快速增长，电视几乎不再发挥共享公共空间的作用。除了偶尔的媒体事件，整个国家不再聚集在一起。电视取代广播时，广播经历了相似的市场细分过程。与此不同的是，我们现在还没有找到能够促进国家政治融合的新媒介。"[60] 同样，威廉姆斯与德利·卡皮尼也提到，旧体制"形成了一种夜间公民仪式——收看晚间新闻，吸引了大部分美国人，创建了一个共同的政治议程。当前，日益分化的媒体似乎加剧了极化，使跨越政治差异的公民参与变得困难。在此背景下，旧体制的这项成就似乎越来越显得了不起"[61]。

回顾过去，主要的印刷媒体与广播电视媒体无疑发挥了凝聚功能。尽管人们在很大程度上指责新闻与娱乐"过度千篇一律"，它们却提供了一种文化压舱石，帮助社会保持平衡。我们或哀悼或歌颂它们的消逝，但是，不管有什么缺点，它们毕竟能够将人们聚集在容易辨识的公共空间。显然，数字媒体永久改变了公众注意力的聚集方式。但是，如果就此假设我们只能存在于由大量飞地和部落旋涡组成的"大规模平行文化"，那么我们就错了。

> 回顾过去，主要的印刷媒体与广播电视媒体无疑发挥了凝聚功能。尽管人们在很大程度上指责新闻与娱乐"过度千篇一律"，它们却提供了一种文化压舱石，帮助社会保持平衡。

迎新

我认为，旧媒体提供的文化压舱石依然存在。那些可能会极化社会的力量多半被夸大了。那些集中公众注意力的力量却被低估了。如果我是对的，那么媒体依然会发挥凝聚功能。尽管这更多源于人们使用手上资源的方式，而不是少数几个媒体的功劳。其结果是大规模重叠文化的出现。

尽管人们的欲求和兴趣会继续影响他们的媒介使用，但是这些偏好过于多样化，而且很不完美，所以并不足以形成滴水不漏的飞地。或许我们应当松一口气，因为人们在做出选择时，并不完全是"理性"的，因此更容易受到意外信息的影响,更容易发生偶然接触。尽管在社交网络中,我们更容易看到或读到那些迎合我们偏好的媒体内容,但是社交网络同时也是多样和多维的。

> 有些人可能会严格地寻求或避开某些类型的媒体,但是大多数人仍然是"杂食性"的。他们沉溺于喜爱的媒体中,但他们的媒体消费菜单仍然具有多样性。

有些人可能会严格地寻求或避开某些类型的媒体,但是大多数人仍然是"杂食性"的。他们沉溺于喜爱的媒体中,但他们的媒体消费菜单仍然具有多样性。甚至涉及意识形态内容时,情况亦是如此。有关网络新闻使用的研究表明,人们在众多网站中流动。访问更极端的、访问量更低的网站的用户往往也会使用主流媒体。正如芝加哥大学的研究者所总结的,人们的"杂食性超过他们的意识形态极端性,从而使他们的整体新闻消费不会过于偏斜"[62]。同样,哥伦比亚大学发表了一份关于新闻业未来的内容广泛的报告,该报告指出:"人们可以选择的媒体机构将会持续增多,这不太可能出现回音室,更可能出现一个由很多大小不一的重叠公众构成的世界。"[63]

尽管意志坚定的用户可以借助工具来避免这些重叠空间,但是几乎没有证据表明他们真的会这样做。分布在媒介消费长尾的利基,并非人们从不离开的庇护所;它们只是一些小站,大多数人只会停留片刻。事实上,长尾分布中的"大头"确保了长尾分布的存在。根据定义,大众媒介产品将会吸引广泛受众的注意力。一般而言,受众很可能会在大众媒介产品与不知名产品之间流动。[64]因此,尽管容纳观念市场的结构不断发生变化,但是目前人们似乎基本上还是在按照规范性理论所希望的方式使用这些结构。

然而,这并不意味着我们没有理由担忧。我们已经看到,最令人担忧的"偏好驱动"忠诚是人们对新闻的系统性逃避。世界各地的很多研究都发现,成年人口中有众多较大的少数群体对传统新闻不感兴趣。在我们当中的有些人看来,这无疑是令人沮丧的。因为他们的观点是,不管新闻有什么缺点,它仍是对公民有益的媒体接触。不过,许多新闻仍有很多办法在流行文化中处处产生共鸣。如果我们相信所有类型都能传递具有政治意义的观点,新闻回避者就不像他们看起来那样完全屏蔽掉新闻。至少,他们可能会听说一些重要的发展动态。如若需要，他们也能够寻求进一步的信息。[65]

我们乐于见到大规模重叠文化的凌乱，然而我们轻率地信赖看不到的结构，后者对前者造成巨大威胁。有些作家，例如伊莱·帕里泽与乔·图罗，提醒我们注意推荐机制与定向广告（targeted advertising）的无形之手。非凸显结构，如若巧妙运用，会对我们的媒体接触施加一种行为规则。虽然我们不是完全理性的，但是它们是。它们很可能向我们提供固定的内容菜单。如果这些菜单确实可以塑造我们的偏好，我们可能会不知不觉地变成他们所想象的漫画形象，这样的形象更容易分类和操控。

语言与地理邻近性是值得我们注意的另一种非凸显结构。大多数人所处的媒体环境都受到这些因素的制约，尽管我们很少注意到它们。芝加哥人所接触的新闻与信息与休斯敦人有所不同，与阿姆斯特丹人或北京人更是相差甚远。这些差异创建了"地方知识的地形"。促进信息共享的互联网服务能否有效跨越这些地形，我们尚不清楚。埃里克·施密特与杰瑞德·科恩认为："通过技术的力量，人际互动的古老障碍，例如地理、语言和有限的信息，正在瓦解，而新一轮的创造力与潜力正在崛起。"[66]然而，在实践中，跨越边界的技术还没有引发大量的跨国媒体接触。麻省理工学院的伊桑·朱克曼指出："信息可能在全球流动，但是我们的注意力倾向于高度本地化和部落化；我们更关心那些与我们群体身份一致的人们，而对于那些距离我们遥远的'其他人'，我们没有那么在意。"[67]

非凸显结构最有潜力将人们隔离在相对孤立的群组。在很大程度上，能够抗衡这些极化力量的是用户自己。作为封闭系统运行时，非凸显结构最为有效。只有在这种情况下，意外接触才会从人们的媒体菜单中完全消失，加在人们媒体消费之上的规则才会实现最大效果。但是，要将人们封闭在这些结构中，看起来容易，做起来难。我们的需求与兴趣都是多样化的。我们使用的媒体平台比以往任何时候都要多。我们依靠大量的机制在众多选项中做出选择。我们面临着各种各样的竞争者，它们尽其所能地吸引我们的注意力。最重要的是，我们所处的文化推崇流行。

我们已经看到，流行的持续存在是由许多因素促成的，但是流行却经常背负骂名。例如，文化批评家一直将流行视为粗俗的表现，属于"最小公分母"内容。我敢说，我们都能想到令人失望的例子——广泛公众注意力被错置的例子。然而，流行也有优点。在新媒体环境中，它是社会极化的重要矫正力量。它集中而不是分散公众注意力。流行媒体机构必定出现在很多人的保留曲目中，从而为人们提供了一种共同基础。而且，我们没有理由相信，长尾或幂律分布会在短时间内改变基本形态。

媒体与用户都重视流行，二者共同创建了文化压舱石，使社会凝聚在一起。大部分媒体供应商都在寻求公众注意力。尽管有些供应商希望通过提供极端内容获得注意力，但是极端内容只会吸引到一小部分并不忠诚的受众。[68]主流媒体仍是最流行的新闻与娱乐机构。[69]一般而言，根据成功的秘诀，媒体不能过分远离受众熟悉的内容。为了得到大众的欢迎，媒体必须迎合广泛的品味和感触。

而且，流行也对用户具有吸引力。流行往往是（可能并非总是）质量或文化意义的衡量指标。媒体制作者将更多的资金投入他们相信可以吸引大量受众的产品。[70]而且，这些投资将会带来更高的生产价值。如果这些产品被群体智慧选定，而且推荐机制让它们对用户可见，那么普通用户就有充分的理由选择流行的东西。

所以，一个包罗万象的文化论坛将继续存在。在只有少量广播电视网或报纸的条件下，这个文化论坛更难立足。它存在于多个平台。这些平台提供了广泛共有的媒体接触，使公众注意力集中于最显著的新闻与娱乐。这才是人们相互谈论并在社交网络分享的东西。新的公共领域将由媒体与受众动态共建。两个不同用户的公共领域不可能完全一致，但也不会是天壤之别。如此看来，新的注意力市场会在凝聚和分裂我们的力量之间寻找、推进合理的平衡。

注 释

前言

[1] James G. Webster, Patricia F. Phalen, and Lawrence W. Lichty, *Ratings Analysis: Audience Measurement and Analytics*, 4th ed. (New York: Routledge, 2014).

[2] James G. Webster, "User Information Regimes: How Social Media Shape Patterns of Consumption," *Northwestern University Law Review* 104, no. 2 (2010); Webster, "The Duality of Media: A Structurational Theory of Public Attention," *Communication Theory* 21, no. 1 (2011); James G. Webster and Thomas B. Ksiazek, "The Dynamics of Audience Fragmentation: Public Attention in an Age of Digital Media," *Journal of Communication* 62 (2012).

第一章

[1] 著名的例证包括：Chris Anderson, *The Long Tail: Why the Future of Business Is Selling Less of More*, 1st ed. (New York: Hyperion, 2006); Lee Rainie and Barry Wellman, *Networked: The New Social Operating System* (Cambridge, MA: MIT Press, 2012); Henry Jenkins, Sam Ford, and Joshua Green, *Spreadable Media: Creating Value and Meaning in a Networked Culture* (New York: New York University Press, 2013); Yochai Benkler, *The Wealth of Networks: How Social Production Transforms Markets and Freedom* (New Haven, CT: Yale University Press, 2006); J. Jarvis, *Public Parts: How Sharing in the Digital Age Improves the Way We Work and Live* (New York: Simon and Schuster, 2011); Clay Shirky, *Cognitive Surplus: Creativity and Generosity in a Connected Age* (New York: Penguin Press, 2010) .

[2] Markus Prior, *Post-broadcast Democracy: How Media Choice Increases Inequality in Political Involvement and Polarizes Elections* (Cambridge, UK: Cambridge University Press, 2007); Cass R. Sunstein, *Republic.com 2.0* (Princeton, NJ: Princeton University Press, 2007); N. J. Stroud, *Niche News: The Politics of News Choice* (New York: Oxford University Press, 2011); Farhad Manjoo, *True Enough: Learning to Live in a Post-fact Society* (New York: Wiley, 2008).

[3] E. Pariser, *The Filter Bubble: What the Internet is Hiding from You* (New York: Penguin Press, 2011); Joseph Turow, *The Daily You: How the New Advertising Industry Is Defining Your Identity and Your Worth* (New Haven, CT: Yale University Press, 2012); Andrew Keen, *Digital Vertigo: How Today's Online Social Revolution Is Dividing, Diminishing, and Disorienting Us* (New York: St. Martin's Press, 2012).

[4] 有关乌托邦幻想再现的原因分析，详见：Patrice Filchy, *The Internet Imaginaire* (Cambridge, MA: MIT Press, 2007)。

[5] Paul Starr, *The Creation of the Media: Political Origins of Modern Communications* (New York: Basic Books, 2004), 4.

[6] Walter J. Ong, *Orality and Literacy: The Technologizing of the Word* (London: Routledge, 1982), 79.

[7] For example, Walter Lippmann, *Public Opinion* (New York: Harcourt, Brace, 1927); John Dewey, *The Public and Its Problems* (New York: Henry Holt, 1927); Richard Butsch, *The Citizen Audience: Crowds, Publics, and Individuals* (New York: Routledge, 2008).

[8] Sloan Commission on Cable Communications, *On the Cable: The Television of Abundance* (New York: McGraw-Hill, 1972); Thomas Streeter, "The Cable Fable Revisited: Discourse, Policy, and the Making of Cable Television," *Critical Studies in Mass Communication* 4, no. 2 (1987): 174–200; Anne W. Branscomb, "The Cable Fable: Will It Come True?" *Journal of Communication* 25, no. 1 (1975): 44–56.

[9] Diana C. Mutz and Lori Young, "Communication and Public Opinion," *Public Opinion Quarterly* 75, no. 5 (2011): 1021.

[10] Susanna Kim, "Twitter's IPO Filing Shows 215 Million Monthly Active Users," *ABC News* (October 3, 2013), http://abcnews.go.com/Business/twitter-ipo-filing-reveals-500-million-tweets-day/story?id=20460493.

[11] YouTube, "Statistics." http://www.youtube.com/t/press_statistics.

[12] 有关"餐巾纸背面"的计算，详见：Clive Thompson, *Smarter Than You Think: How Technology Is Changing Our Minds for the Better* (New York: Penguin Press, 2013), 47。

[13] John G. Palfrey and Urs Gasser, *Interop: The Promise and Perils of Highly Interconnected Systems* (New York: Basic Books, 2012).

[14] Nielsen, "Television Audience: 2010–2011" (New York: Author, 2011b).

[15] B. Garfield, *The Chaos Scenario* (Nashville: Stielstra Publishing, 2009).

[16] Nielsen, "Anywhere Anytime Media Measurement" (New York: Author, 2006); James G. Webster, Patricia F. Phalen, and Lawrence W. Lichty, *Ratings Analysis: Audience Measurement and Analytics*, 4th ed. (New York: Routledge, 2014); Carol Edwards, *Arbitron's Single Source, Three-Screen Measurement Approach for CIMM* (New York: Arbitron, 2012).

[17] Saul J. Berman, Bill Battino, and Karen Feldman, "Beyond Content: Capitalizing on the New Revenue Opportunities," in *Media and Entertainment* (Somers, NY: IBM Global Business Services, 2010); Philip M. Napoli, *Audience Evolution: New Technologies and the Transformation of Media Audiences* (New York: Columbia University Press, 2011).

[18] C. W. Anderson, Emily Bell, and Clay Shirky, *Post-industrial Journalism: Adapting to the Present* (New York: Tow Center for Digital Journalism, Columbia University Journalism School, 2012), 16.

[19] Roger E. Bohn and James E. Short, "How Much Information? 2009: Report on American Consumers" (San Diego: Global Information Industry Center, University of California, San Diego, 2009).

[20] Nielsen, "A Look across Screens: The Cross-Platform Report," *Nielsen Newswire* (2013d).

[21] Cotton Delo, "U.S. Adults Now Spending More Time on Digital Devices Than Watching TV," *Ad Age* (August 1, 2013), http://adage.com/article/digital/americans-spend-time-digital-devices-tv/243414/?utm_source=mediaworks&utm_medium=newsletter&utm_campaign=adage&ttl=1375984415.

[22] Aaron Smith, "Smartphone Ownership—2013 Update," Pew Internet & American Life Project (June 5, 2013).

[23] 最近一份报告预测，到2015年，美国人每天将会在媒介接触上花费超过15个小时的时间，而且这并不包括工作中的媒介使用。尽管新的媒体形式，例如游戏，也是美国人媒体消费的一部分，但是广播与电视，不管以何种形式，将会继续占有大部分的媒介消费时间。详见：James E. Short, *How Much Media? 2013: Report on American Consumers*（Los Angeles：Institute for Communications Technology Management, University of California, 2013）。

[24] Council for Research Excellence, "Video Consumer Mapping Study," (New York: Author, 2009); Jumptap, "Screen Jumping: Understanding Today's Cross-Screen Consumer" (Jumptap and comScore, September 5, 2013).

[25] Susan Whiting, "The Additive Effect of Tablet Reading," Economist Group (July 19, 2012).

[26] M. Proulx and S. Shepatin, *Social TV: How Marketers Can Reach and Engage Audiences by Connecting Television to the Web, Social Media, and Mobile* (Hoboken, NJ: Wiley, 2012); David Goetzl, "Media Industry Can Look to U.K. for New Terminology," in *TV Blog: Small Screen Big Picture* (MediaPost, 2013), http://www.mediapost.com/publications/article/205896/media-industry-can-look-to-uk-for-new-terminolog.html?edition=62934#axzz2akAw9ATq.

[27] Nielsen, "The Full Twitter TV Picture Revealed," *Nielsen Newswire* (2013c).

http://www.nielsen.com/us/en/newswire/2013/the-full-twitter-tv-picture-revealed.html.

[28] Benkler, *The Wealth of Networks*, 240.

[29] H. Simon, "Computers, Communications and the Public Interest," in *Computers, Communications, and the Public Interest*, ed. M. Greenberger (Baltimore: Johns Hopkins Press, 1971), 41.

[30] Thomas H. Davenport and John C. Beck, *The Attention Economy: Understanding the New Currency of Business* (Boston: Harvard Business Press, 2001); J. Falkinger, "Attention Economies," *Journal of Economic Theory* 133, no. 1 (2007): 266–294; M. H. Goldhaber, "The Attention Economy and the Net," *First Monday* 2, no. 4–7 (1997); Tom Hayes, "Jump Point: How Network Culture Is Revolutionizing Business (New York: McGraw-Hill, 2008), 240; Richard Lanham, *The Economics of Attention: Style and Substance in the Age of Information* (Chicago: University of Chicago Press, 2006); Bernardo A. Huberman and Fang Wu, "The Economics of Attention: Maximizing User Value in Information-Rich Environments," in *Proceedings of the 1st International Workshop on Data Mining and Audience Intelligence for Advertising* (San Jose, CA: ACM, 2007); Eszter Hargittai, "Open Portals or Closed Gates? Channeling Content on the World Wide Web," *Poetics* 27, no. 4 (2000): 233–253.

[31] Sunstein, *Republic.com 2.0*, 206–207.

[32] Lanham, *The Economics of Attention*, 46.

[33]例如，详见：Robert F. Potter and Paul Bolls, Psychophysiological Measurement and Meaning: Cognitive and Emotional Processing of Media（New York: Routledge, 2011）; Malcolm McCullough, Ambient Commons: Attention in the Age of Embodied Information（Cambridge, MA: MIT Press, 2013）。

[34]一个很好的实例详见：S. Weinschenk,*100 Things Every Designer Needs to Know about People*（Berkeley, CA: New Riders, 2011）。

[35]著名的例子包括：Cathy N. Davidson, *Now You See It: How the Brain Science of Attention Will Transform the Way We Live, Work, and Learn*（New York: Viking Press, 2011）; Rainie and Wellman, *Networked*; Nicholas Carr, *The Shallows: What the Internet Is Doing to Our Brains*（New York: W. W. Norton, 2011）; Maggie Jackson, *Distracted: The Erosion of Attention and the Coming Dark Age*（Amherst, NY: Prometheus Books, 2009）。

[36] Albert-Laszlo Barabasi, "The Origin of Bursts and Heavy Tails in Human Dynamics," *Nature* 435, no. 7039 (2005): 207–211; D. J. Watts, *Everything Is Obvious: Once You Know the Answer; How Common Sense Fails* (New York: Penguin Press, 2011).

[37] Sonia M. Livingstone, *Audiences and Publics: When Cultural Engagement Matters for the Public Sphere* (London: Intellect Books, 2005).

[38] For example, M. L. Ray, "Marketing Communication and the Hierarchy of Effects," in *New Models of Communication Research*, vol. 2, ed. P. Clarke (Beverly Hills: Sage,

1973), 47 – 176; Anthony G. Greenwald and Clark Leavitt, "Audience Involvement in Advertising: Four Levels," *Journal of Consumer Research* 11, no. 1 (1984): 581 – 592.

[39] WPP, "GroupM Forecasts 2012 Global Ad Spending to Increase 6.4% U.S.," press release, London, http://www.wpp.com/wpp/press/press/default.htm?guid={23ebd8df-51a5-4a1d-b139-576d711e77ac.

[40] Benkler, *The Wealth of Networks*, 254.

[41] Davenport and Beck, *The Attention Economy*, 9.

[42] J. Carey, *Culture as Communication: Essays on Media and Society* (New York: Routledge, 1989), 43.

[43] Daniel Dayan and Elihu Katz, *Media Events: The Live Broadcasting of History* (Cambridge, MA: Harvard University Press, 1992), 14.

[44] Harold D. Lasswell, "The Structure and Function of Communication in Society," in *The Communication of Ideas*, ed. Lyman Bryson (New York: Coopers Square Publishers, 1948), 37.

[45] Bruce A. Williams and Michael X. Delli Carpini, *After Broadcast News: Media Regimes, Democracy, and the New Information Environment* (Cambridge, UK: Cambridge University Press, 2011), 44.

[46] Anderson, Bell, and Shirky, *Post-industrial Journalism*, 38.

[47] James G. Webster, "The Role of Structure in Media Choice," in *Media Choice: A Theoretical and Empirical Overview*, ed. T. Hartmann (New York: Routledge, 2009), 221-233; Anke Wonneberger, Klaus Schoenbach, and Lex van Meurs, "Dynamics of Individual Television Viewing Behavior: Models, Empirical Evidence, and a Research Program," *Communication Studies* 60, no. 3 (2009): 235-252; Roger Cooper and Tang Tang, "Predicting Audience Exposure to Television in Today's Media Environment: An Empirical Integration of Active-Audience and Structural Theories," *Journal of Broadcasting & Electronic Media* 53, no. 3 (2009): 400-418.

[48] Anthony Giddens, *The Constitution of Society: Outline of the Theory of Structuration* (Berkeley: University of California Press, 1984).

[49] James G. Webster, "The Duality of Media: A Structurational Theory of Public Attention," *Communication Theory* 21, no. 1 (2011): 43-66.

[50] R. Williams, *Culture and Society, 1780-1950* (New York: Columbia University Press, 1958), 300.

[51] James S. Ettema and D. Charles Whitney, "The Money Arrow: An Introduction to Audiencemaking," in *Audiencemaking: How the Media Create the Audience*, ed. J. S. Ettema and D. C. Whitney (Thousand Oaks, CA: Sage, 1994), 5.

[52] Ethan Zuckerman, *Rewire: Digital Cosmopolitans in the Age of Connection* (New York: Norton, 2013), 93.

[53] Watts, *Everything Is Obvious*, 79.

[54] Zach Gottlieb, "In Online Media, Consumer is King," *Wired* (June 29, 2010), http://www.wired.com/2010/06/in-online-media-consumer-is-king/; Steven H. Chaffee and Miriam J. Metzger, "The End of Mass Communication?" *Mass Communication and Society* 4, no. 4 (2001): 365–379; P. Markillie, "Crowned at Last," The *Economist* 2 (2005), http://www.economist.com/node/3785166.

[55] For example, B. M. Owen and S. S. Wildman, *Video Economics* (Cambridge, MA: Harvard University Press, 1992); Roland T. Rust, Wagner A. Kamakura, and Mark I. Alpert, "Viewer Preference Segmentation and Viewing Choice Models for Network Television," *Journal of Advertising* 21, no. 1 (1992): 1–18; Markus Prior, "News vs. Entertainment: How Increasing Media Choice Widens Gaps in Political Knowledge and Turnout," *American Journal of Political Science* 49, no. 3 (2005): 577–592.

[56] For example, Stroud, *Niche News*; J. L. Cotton, "Cognitive Dissonance in Selective Exposure," in *Selective Exposure to Communication*, ed. D. Zillmann and J. Bryant (Hillsdale, NJ: Erlbaum, 1985), 11–33.

[57] For example, Peter Vorderer, Christoph Klimmt, and Ute Ritterfeld, "Enjoyment: At the Heart of Media Entertainment," *Communication Theory* 14, no. 4 (2004): 388–408; D. Zillmann, "Mood Management in the Context of Selective Exposure Theory," in *Communication Yearbook*, ed. M. E. Roloff (Thousand Oaks, CA: Sage, 2000), 103–124.

[58] For example, A. M. Rubin, "The Uses-and-Gratifications Perspective of Media Effects," in *Media Effects: Advances in Theory and Research*, 2nd ed., ed. J. Bryant and D. Zillmann (Mahwah, NJ: Lawrence Erlbaum, 2002), 525–548; T. E. Ruggiero, "Uses and Gratifications Theory in the 21st Century," *Mass Communication and Society* 3, no. 1 (2000): 3–37.

[59] For example, Richard A. Peterson, "Problems in Comparative Research: The Example of Omnivorousness," *Poetics* 33, no. 5–6 (2005): 257–282; P. Bourdieu, *Distinction: A Social Critique of the Judgment of Taste*, trans. Richard Nice (Cambridge, MA: Harvard University Press, 1984).

[60] Elihu Katz and Paul F. Lazarsfeld, *Personal Influence: The Part Played by People in the Flow of Mass Communications* (Glencoe, IL: Free Press, 1955).

[61] James G. Webster, "User Information Regimes: How Social Media Shape Patterns of Consumption," *Northwestern University Law Review* 104, no. 2 (2010): 593–612; Mutz and Young, "Communication and Public Opinion."

[62] Robert LaRose, "The Problem of Media Habits," *Communication Theory* 20, no. 2 (2010): 194–222; A. W. Rosenstein and A. E. Grant, "Reconceptualizing the Role of Habit: A New Model of Television Audience Activity," *Journal of Broadcasting & Electronic Media* 41, no. 3 (1997): 324–344; Alan M. Rubin, "Ritualized and Instrumental Television Viewing," *Journal of Communication* 34, no. 3 (1984): 67–77.

[63] Harsh Taneja, James G. Webster, Edward C. Malthouse, and Thomas B. Ksiazek, "Media Consumption across Platforms: Identifying User-Defined Repertoires," *New Media & Society* (2012): 951–968.

[64] H. A. Simon, *Administrative Behavior*, 4th ed. (New York: The Free Press, 1997).

[65] Richard E. Caves, *Creative Industries: Contracts between Art and Commerce* (Cambridge, MA: Harvard University Press, 2000); James Hamilton, *All the News That's Fit to Sell: How the Market Transforms Information into News* (Princeton, NJ: Princeton University Press, 2004).

[66] For example, Uwe Hasebrink and Jutta Popp, "Media Repertoires as a Result of Selective Media Use: A Conceptual Approach to the Analysis of Patterns of Exposure," *Communications: The European Journal of Communication Research* 31, no. 3 (2006): 369–387; Kimberly A. Neuendorf, David J. Atkin, and Leo W. Jeffres, "Reconceptualizing Channel Repertoire in the Urban Cable Environment," *Journal of Broadcasting & Electronic Media* 45, no. 3 (2001): 464–482; Kees van Rees and Koen van Eijck, "Media Repertoires of Selective Audiences: The Impact of Status, Gender, and Age on Media Use," *Poetics* 31, no. 5–6 (2003): 465–490; Elaine J. Yuan and James G. Webster, "Channel Repertoires: Using PeopleMeter Data in Beijing," *Journal of Broadcasting & Electronic Media* 50, no. 3 (2006): 524–536.

[67] For example, Amos Tversky and Daniel Kahneman, "Judgment under Uncertainty: Heuristics and Biases," *Science* 185, no. 4157 (1974): 1124–1131; J. N. Marewski, M. Galesic, and G. Gigerenzer, "Fast and Frugal Media Choices," in *Media Choice: A Theoretical and Empirical Overview*, ed. T. Hartmann (New York: Routledge, 2009), 107–128.

[68] Claire Cain Miller, "As Web Search Goes Mobile, Competitors Chip at Google's Lead," *New York Times* (April 3, 2013).

[69] A. Lenhart, "Adults and Social Network Websites," Pew Internet and American Life Project (January 14, 2009).

[70] Benkler, *The Wealth of Networks*, 43.

[71] Alice E. Marwick and danah boyd, "I Tweet Honestly, I Tweet Passionately: Twitter Users, Context Collapse, and the Imagined Audience," *New Media & Society* 13, no. 1 (2011): 114–133.

[72] See William Goldman, *Adventures in the Screen Trade: A Personal View of Hollywood and Screenwriting*, vol. 92 (New York: Warner Books, 1983); Caves, *Creative Industries*.

[73] Owen and Wildman, *Video Economics*.

[74] N. Anand and A. Richard Peterson, "When Market Information Constitutes Fields: Sensemaking of Markets in the Commercial Music Industry," *Organization Science* 11, no. 3 (2000): 272.

[75] Miller, "As Web Search Goes Mobile, Competitors Chip at Google's Lead."

[76]在此，我是指那些从仪器或服务器中获取的数据，而不是从个人报告中得到的数据。尽管关于这些方法的准确性仍存在争议，详见：Markus Prior, "The Challenge of Measuring Media Exposure: Reply to Dilliplane, Goldman, and Mutz," *Political Communication* 30, no. 4 [2013a]: 620–634; Seth K. Goldman, Diana C. Mutz, and Susanna Dilliplane, "All Virtue Is Relative: A Response to Prior," *Political Communication* 30, no. 4 [2013]: 635–653)，后者仍能更好地追踪人们的实际行为。

[77] M. Hindman, *The Myth of Digital Democracy* (Princeton, NJ: Princeton University Press, 2009); Jungsu Yim, "Audience Concentration in the Media: Cross-Media Comparisons and the Introduction of the Uncertainty Measure," *Communication Monographs* 70, no. 2 (2003): 114–128.

[78] Anderson, *The Long Tail*.

[79] Ibid.; T. Gitlin, "Public Sphere or Public Sphericules?" in *Media, Ritual, Identity*, ed. T. Liebes and James Curran (London: Routledge, 1998), 168–175; Pariser, *The Filter Bubble*; Stroud, *Niche News*; J. Turow, *Breaking Up America: Advertisers and the New Media World* (Chicago: University of Chicago Press, 1997); M. Van Alstyne and E. Brynjolfsson, "Global Village or Cyber-Balkans? Modeling and Measuring the Integration of Electronic Communities," *Management Science* 51 (6) (2005): 851–868; Kathleen H. Jamieson and Joseph N. Cappella, *Echo Chamber: Rush Limbaugh and the Conservative Media Establishment* (New York: Oxford University Press, 2009); Turow, *The Daily You*.

[80] James G. Webster and Thomas B. Ksiazek, "The Dynamics of Audience Fragmentation: Public Attention in an Age of Digital Media," *Journal of Communication* 62 (2012): 39–56; Matthew Gentzkow and Jesse M. Shapiro, "Ideological Segregation Online and Offline," *The Quarterly Journal of Economics* 126, no. 4 (2011): 1799–1839; Michael J. LaCour, "A Balanced News Diet, Not Selective Exposure: Evidence from a Real World Measure of Media Exposure," Presented at the Annual Midwest Political Science Association, Chicago, April 2012.

[81] Philip M. Napoli, *Foundations of Communications Policy: Principles and Process in the Regulation of Electronic Media* (Cresskill, NJ: Hampton Press, 2001).

第二章

[1] José Van Dijck, "Users Like You? Theorizing Agency in User-Generated Content," *Media, Culture, and Society* 31, no. 1 (2009): 41.

[2] P. Markillie, "Crowned at Last," *The Economist* 2 (2005), http://www.economist.com/node/3785166; Zach Gottlieb, "In Online Media, Consumer Is King," *Wired* (June 29, 2010), http://www.wired.com/2010/06/in-online-media-consumes-is-king/.

[3] Jay Rosen, "The People Formerly Known as the Audience," *Huffington Post* (June 30, 2006), http://www.huffingtonpost.com/jay-rosen/the-people-formerly-known_1_b_24113.html; Dan Gillmor, *We the Media: Grassroots Journalism by the People, for the People* (Sebastopol, CA: O'Reilly Media, 2006).

[4] Henry Jenkins, *Convergence Culture: Where Old and New Media Collide* (New York: New York University Press, 2006), 24.

[5] Elihu Katz, "And Deliver Us from Segmentation," *Annals of the American Academy of Political and Social Science* 546 (1996): 29.

[6] Neil Vidmar and Milton Rokeach, "Archie Bunker's Bigotry: A Study in Selective Perception and Exposure," *Journal of Communication* 24, no. 1 (1974): 36–47; Joseph T. Klapper, *The Effects of Mass Communication: Foundations of Communications Research* (Glencoe, IL: Free Press, 1960); Eunice Cooper and Marie Jahoda, "The Evasion of Propaganda: How Prejudiced People Respond to Anti-prejudice Propaganda," *Journal of Psychology* 23, no. 1 (1947): 15–25.

[7] Kathleen H. Jamieson and Joseph N. Cappella, *Echo Chamber: Rush Limbaugh and the Conservative Media Establishment* (New York: Oxford University Press, 2009).

[8] Stuart Hall, "Encoding/Decoding," in *Culture, Media, Language*, ed. Stuart Hall, Dorothy Hobson, Andrew Lowe, and Paul Willis (London: Unwin Hyman, 1980), 107–116; David Morley, *The Nationwide Audience: Structure and Decoding*, vol. 11 (London: British Film Institute, 1980).

[9] Lee Rainie and Barry Wellman, *Networked: The New Social Operating System* (Cambridge, MA: MIT Press, 2012), 157.

[10] Herbert A. Simon, "Rationality in Psychology and Economics," in *Rational Choice: The Contrast between Economics and Psychology*, ed. Robin M. Hograth and Melvin W. Reder (Chicago: University of Chicago Press, 1986), 25.

[11] John G. Palfrey and Urs Gasser, *Interop: The Promise and Perils of Highly Interconnected Systems* (New York: Basic Books, 2012), 70.

[12] John Jannarone and Rebecca Smith, "Super Bowl Audience Totaled 108.4 Million," *Wall Street Journal* (February 4, 2013).

[13] R. Williams, *Culture and Society, 1780-1950* (New York: Columbia University Press, 1958); Richard Butsch, *The Citizen Audience: Crowds, Publics, and Individuals* (New York: Routledge, 2008); Steven H. Chaffee and Miriam J. Metzger, "The End of Mass Communication?" *Mass Communication and Society* 4, no. 4 (2001): 365-379.

[14] Herbert Blumer, "The Field of Collective Behavior," in *New Outline of the Principles of Sociology*, ed. A. M. Lee (New York: Barnes & Noble, 1946); James G. Webster and Patricia F. Phalen, *The Mass Audience: Rediscovering the Dominant Model* (Mahwah, NJ: Erlbaum, 1997).

[15] David Easley and Jon Kleinberg, *Networks, Crowds, and Markets: Reasoning about a Highly Connected World* (Cambridge, UK: Cambridge University Press, 2010); Philip Ball, *Critical Mass: How One Thing Leads to Another* (New York: Farrar, Straus & Giroux, 2004).

[16] Alice E. Marwick and Danah Boyd, "I Tweet Honestly, I Tweet Passionately: Twitter Users, Context Collapse, and the Imagined Audience," *New Media & Society* 13, no. 1 (2011): 114-133.

[17] Yochai Benkler, *The Wealth of Networks: How Social Production Transforms Markets and Freedom* (New Haven, CT: Yale University Press, 2006); Clay Shirky, *Here Comes Everybody: The Power of Organizing without Organizations* (New York: Penguin Books, 2008); W. Lance Bennett and Alexandra Segerberg, "The Logic of Connective Action," *Information, Communication & Society* 15, no. 5 (2012): 739-768.

[18] Van Dijck, "Users Like You?" 49.

[19] Dan Ariely and Michael I. Norton, "How Actions Create—Not Just Reveal—Preferences," *Trends in Cognitive Sciences* 12, no. 1 (2008): 13-16.

[20] Dan Ariely, *Predictably Irrational: The Hidden Forces That Shape Our Decisions*, rev. and expanded ed. (New York: Harper, 2008), xx.

[21] Bruce M. Owen and Steven S. Wildman, *Video Economics* (Cambridge, MA: Harvard University Press, 1992).

[22] See Mark S. Fowler and Daniel L. Brenner, "Marketplace Approach to Broadcast Regulation," *Texas Law Review* 60 (1982): 207-257; Bruce Owen, *Economics and Freedom of Expression* (Cambridge, MA: Ballinger, 1975).

[23] For example, Tilo Hartmann, "Action Theory, Theory of Planned Behavior and Media Choice," in *Media Choice: A Theoretical and Empirical Overview*, ed. T. Hartmann (New York: Routledge, 2009a); Robert LaRose, "Social Cognitive Theories of Media Selection," in *Media Choice: A Theoretical and Empirical Overview*, ed. T. Hartmann (New York: Rout-

ledge, 2009), 10-31.

[24] For example, John W. Payne, James R. Bettman, and David A. Schkade, "Measuring Constructed Preferences: Towards a Building Code," *Journal of Risk and Uncertainty* 19, no. 1 (1999): 243-270; Paul Slovic, "The Construction of Preference," *American Psychologist* 50, no. 5 (1995): 364-371; Ariely and Norton, "How Actions Greate-Not Just Reveal-Preferences."

[25] G. Hsu, M. T. Hannan, and Ö. Koçak, "Multiple Category Memberships in Markets: An Integrative Theory and Two Empirical Tests," *American Sociological Review* 74, no. 1 (2009): 150–169.

[26]一些更值得注意的研究包括：Andrew S. C. Ehrenberg, "The Factor Analytic Search for Program Types," *Journal of Advertising Research* 8, no. 1 (1968): 55-63; A. D. Kirsch and S. Banks, "Program Types Defined by Factor Analysis," *Journal of Advertising Research* 2, no. 3 (1962): 29-31; Roland T. Rust, Wagner 1. Kamakura, and Mark I. Alpert, "Viewer Preference Segmentation and Viewing Choice Models for Network Television," *Journal of Advertising* 21, no. 1 (1992): 1-18; Ronald E. Frank, James C. Becknell, and James D. Clokey, "Television Program Types," *Journal of Marketing Research* 8, no. 2 (1971): 204-211; Dennis H. Gensch and 2. Ranganathan, "Evaluation of Television Program Content for the Purpose of Promotional Segmentation," *Journal of Marketing Research* 11, no. 4 (1974): 390-398; V. J. Jones and F. H. Siller, "Factor Analysis of Media Exposure Data Using Prior Knowledge of the Medium," *Journal of Marketing Research* 15, no. 1 (1978): 137-144; Manouche Tavakoli and Martin Cave, "Modelling Television Viewing Patterns," *Journal of Advertising* 25, no. 4 (1996): 71-86; Byron Sharp, Virginia Beal, and Martin Collins, "Television: Back to the Future," *Journal of Advertising Research* 49, no. 2 (2009): 211-219; Gary W. Bowman and John U. Farley, "TV Viewing: Application of Formal Choice Model," *Applied Economics* 4, no. 4 (1972): 245-259。

[27] G. J. Goodhardt, A. S. C. Ehrenberg, and M. A. Collins, *The Television Audience: Patterns of Viewing; An Update* (Aldershot, Hampshire, UK: Gower Publishing, 1987), 45.

[28] Thomas B. Ksiazek, Edward C. Malthouse, and James G. Webster, "News-Seekers and Avoiders: Exploring Patterns of Total News Consumption across Media and the Relationship to Civic Participation," *Journal of Broadcasting & Electronic Media* 54, no. 4 (2010): 551–568; Anke Wonneberger, Klaus Schoenbach, and Lex Van Meurs, "Tuning Out? TV News Audiences in the Netherlands 1990–2010," presented at the 61st Annual Meeting of the International Communication Association, Boston, May 2011; Jung Su Kim, Young Min Baek, Sung Dong Cho, and Namjun Kang, "News Audience Polarization across TV and the Internet in South Korea," Paper presented at the annual meeting of the International Communication Association, Phoenix, AZ, May 2012; T. Aalberg, A. Blekesaune, and E. Elvestad, "Media Choice and Informed Democracy: An Empirical Study of Increasing Information Gaps in Europe," paper presented at the APSA annual meeting, New Orleans, LA, September 2012; Markus Prior, *Post-broadcast Democracy: How Media Choice Increases Inequality*

in *Political Involvement and Polarizes Elections* (Cambridge, UK: Cambridge University Press, 2007); Kevin Arceneaux and Martin Johnson, *Changing Minds or Changing Channels? Partisan News in an Age of Choice* (Chicago: University of Chicago Press, 2013).

[29] Byrony Jardine, "Retaining the Primetime TV Audience: Examining Adjacent Program Audience Duplication across Markets," PhD diss., University of South Australia, 2012; James G. Webster, "Audience Flow Past and Present: Television Inheritance Effects Reconsidered," *Journal of Broadcasting & Electronic Media* 50, no. 2 (2006): 323–337.

[30] Eszter Hargittai and Eden Litt, "The Tweet Smell of Celebrity Success: Explaining Variation in Twitter Adoption among a Diverse Group of Young Adults," *New Media & Society* 13, no. 5 (2011): 824–842.

[31] James G. Webster and Jacob J. Wakshlag, "A Theory of Television Program Choice," *Communication Research* 10, no. 4 (1983): 430–446.

[32] T. Patrick Barwise and Andrew S. C. Ehrenberg, "The Liking and Viewing of Regular TV Series," *Journal of Consumer Research* 14, no. 1 (1987): 68.

[33] Goodhardt, Ehrenberg, and Collins, *The Television Audience*; Rust, Kamakura, and Alpert, "Viewer Preference Segmentation and Viewing Choice Models for Network Television."

[34] Andreas Fahr and Eabea Bocking, "Media Choice and Avoidance Behavior: Avoidance Motivations During Television Use," in *Media Choice: A Theoretical and Empirical Overview*, ed. T. Hartmann (New York: Routledge, 2009), 185–202.

[35] P. Bourdieu, *Distinction: A Social Critique of the Judgment of Taste,* trans. Richard Nice (Cambridge, MA: Harvard University Press, 1984).

[36] Herbert J. Gans, *Popular Culture and High Culture: An Analysis and Evaluation of Taste,* rev. and updated ed. (New York: Basic Books, 1999).

[37] Richard A. Peterson, "Understanding Audience Segmentation: From Elite and Mass to Omnivore and Univore," *Poetics* 21, no. 4 (1992): 243–258.

[38] Richard A. Peterson ,"Problems in Comparative Research: The Example of Omnivorousness," *Poetics* 33, no. 5–6 (2005): 257–282; David Wright, "Making Tastes for Everything: Omnivorousness and Cultural Abundance," *Journal for Cultural Research* 15, no. 4 (2011): 355–371; A. Goldberg, "Mapping Shared Understandings Using Relational Class Analysis: The Case of the Cultural Omnivore Reexamined," *American Journal of Sociology* 116, no. 5 (2011): 1397–1436.

[39] Bethany Bryson, "'Anything But Heavy Metal': Symbolic Exclusion and Musical Dislikes," *American Sociological Review* 61, no. 5 (1996): 884–899.

[40] Mike Savage, "The Musical Field," *Cultural Trends* 15, no. 2/3 (2006): 167.

[41] Alan M. Rubin, "The Uses-and-Gratifications Perspective on Media Effects," in *Media Effects: Advances in Theory and Research*, 2nd ed., ed. Jennings Bryant and Mary B. Oliver (New York: Routledge, 2009), 525-548; Marina Krcmar and Yuliya Strizhakova, "Uses and Gratification as Media Choice," in *Media Choice: A Theoretical and Empirical Overview*, ed. T. Hartmann (New York: Routledge, 2009), 53-69.

[42] Elihu Katz, Jay G. Blumler, and Michael Gurevitch, "Utilization of Mass Communication by the Individual," in *The Uses of Mass Communications: Current Perspectives on Gratifications Research*, ed. Jay G. Blumler and Elihu Katz (Beverly Hills: Sage, 1974), 20.

[43] Alan M. Rubin, "Television Uses and Gratifications: The Interactions of Viewing Patterns and Motivations," *Journal of Broadcasting & Electronic Media* 27, no. 1 (1983): 37-51.

[44] Alan M. Rubin, "Ritualized and Instrumental Television Viewing," *Journal of Communication* 34, no. 3 (1984): 67-77.

[45] See Angela M. Lee, "News Audiences Revisited: Theorizing the Link between Audience Motivations and News Consumption," *Journal of Broadcasting & Electronic Media* 57, no. 3 (2013): 300 – 317; Beverly A. Bondad-Brown, Ronald E. Rice, and Katy E. Pearce, "Influences on TV Viewing and Online User-Shared Video Use: Demographics, Generations, Contextual Age, Media Use, Motivations, and Audience Activity," *Journal of Broadcasting & Electronic Media* 56, no. 4 (2012): 471 – 493; T. Charney and B. S. Greenberg, "Uses and Gratifications of the Internet," in *Communication Technology and Society: Audience Adoption and Uses*, ed. Carolyn Lin and David Adkin (Cresskill, NJ: Hampton Press, 2002), 379 – 407.

[46] Robin L. Nabi, Carmen R. Stitt, Jeff Halford, and Keli L. Finnerty, "Emotional and Cognitive Predictors of the Enjoyment of Reality-Based and Fictional Television Programming: An Elaboration of the Uses and Gratifications Perspective," *Media Psychology* 8, no. 4 (2006): 444.

[47] Leon Festinger, *A Theory of Cognitive Dissonance* (Stanford, CA: Stanford University Press, 1957); Wolfgang Donsbach, "Cognitive Dissonance Theory: A Roller Coaster Career," in *Media Choice: A Theoretical and Empirical Overview*, ed. T. Hartmann (New York: Routledge, 2009), 128-148.

[48] David O. Sears and Jonathan L. Freedman, "Selective Exposure to Information: A Critical Review," *Public Opinion Quarterly* 31, no. 2 (1967): 194.

[49] Natalie J. Stroud, *Niche News: The Politics of News Choice* (Oxford: Oxford University Press, 2011).

[50] Dolf Zillmann and Jennings Bryant, eds., *Selective Exposure to Communication* (Hillsdale, NJ: Erlbaum, 1985).

[51] Jamieson and Cappella, *Echo Chamber*, 75.

[52] Stroud, *Niche News*; Shanto Iyengar and Kyusup Hahn, "Red Media, Blue Media: Evidence of Ideological Selectivity in Media Use," *Journal of Communication* 59, no. 1 (2009): 19–39.

[53] J. L. Cotton, "Cognitive Dissonance in Selective Exposure," in *Selective Exposure to Communication*, ed. D. Zillmann and J. Bryant (Hillsdale, NJ: Erlbaum, 1985), 11–33; R. Kelly Garrett, "Politically Motivated Reinforcement Seeking: Reframing the Selective Exposure Debate," *Journal of Communication* 59, no. 4 (2009): 676–699.

[54] Russ Clay, Jessica M. Barber, and Natalie J. Shook, "Techniques for Measuring Selective Exposure: A Critical Review," *Communication Methods and Measures* 7, no. 3 (2013): 221–245; Lauren Feldman, Natalie Jomini Stroud, Bruce Bimber, and Magdalena Wojcieszak, "Assessing Selective Exposure in Experiments: The Implications of Different Methodological Choices," *Communication Methods and Measures* 7, no. 3 (2013): 198–220; Shanto Iyengar, "Laboratory Experiments in Political Science," in *Handbook of Experimental Political Science*, ed. James N. Druckman, Donald P. Green, James H. Kuklinski, and Arthur Lupia (New York: Cambridge University Press, 2011), 73–88.

[55] Markus Prior, "The Immensely Inflated News Audience: Assessing Bias in Self-Reported News Exposure," *Public Opinion Quarterly* 73, no. 1 (2009): 130–143; Michael J. LaCour, "A Balanced News Diet, Not Selective Exposure: Evidence from a Real World Measure of Media Exposure," presented at the Annual Midwest Political Science Association, Chicago, April 2012; Anke Wonneberger, Klaus Schoenbach, and Lex Van Meurs, "Dimensionality of TV-News Exposure: Mapping News Viewing Behavior with People-Meter Data," *International Journal of Public Opinion Research* 21 (1) (2012): 87–107; Markus Prior, "Media and Political Polarization," *Annual Review of Political Science* 16, no. 1 (2013b): 101–127.

[56] LaCour, "A Balanced News Diet, Not Selective Exposure"; Matthew Gentzkow and Jesse M. Shapiro, "Ideological Segregation Online and Offline," *The Quarterly Journal of Economics* 126, no. 4 (2011): 1799–1839.

[57] 许多涉及这一论题的著作所采取的样本包括：W. Lance Bennett and Shanto Iyengar, "A New Era of Minimal Effects? The Changing Foundations of Political Communication," *Journal of Communication* 58, no. 4 (2008): 707–731; R. L. Holbert, R. K. Garrett, and L. S. Gleason, "A New Era of Minimal Effects? A Response to Bennett and Iyengar," *Journal of Communication* 60, no. 1 (2010): 15–34; W. Lance Bennett and Shanto Iyengar, "The Shifting Foundations of Political Communication: Responding to a De-

fense of the Media Effects Paradigm," *Journal of Communication* 60, no. 1 (2010): 35 – 39; Jamieson and Cappella, *Echo Chamber*; Stroud, *Niche News*; Diana C. Mutz and Lori Young, "Communication and Public Opinion," *Public Opinion Quarterly* 75, no. 5 (2011): 1018 – 1044; Prior, "Media and Political Polarization"; Matthew Levendusky, *How Partisan Media Polarize America* (Chicago: University of Chicago Press, 2013); Arceneaux and Johnson, *Changing Minds or Changing Channels?*

[58] Sears and Freedman, "Selective Exposure to Information"; Silvia Knobloch-Westerwick and Steven B. Kleinman, "Preelection Selective Exposure: Confirmation Bias versus Informational Utility," *Communication Research* 39, no. 2 (2012): 170–193; Nicholas A. Valentino, Antoine J. Banks, Vincent L. Hutchings, and Anne K. Davis, "Selective Exposure in the Internet Age: The Interaction between Anxiety and Information Utility," *Political Psychology* 30, no. 4 (2009): 591–613; William Hart, Dolores Albarracín, Alice H. Eagly, Inge Brechan, Matthew J. Lindberg, and Lisa Merrill, "Feeling Validated versus Being Correct: A Meta-Analysis of Selective Exposure to Information," *Psychological Bulletin* 135, no. 4 (2009): 555–588.

[59] Peter Vorderer, Christoph Klimmt, and Ute Ritterfeld, "Enjoyment: At the Heart of Media Entertainment," *Communication Theory* 14, no. 4 (2004): 388–408; Mary B. Oliver, "Affect as a Predictor of Entertainment Choice: The Utility of Looking beyond Pleasure," in *Media Choice: A Theoretical and Empirical Overview*, ed. T. Hartmann (New York: Routledge, 2009), 167–184.

[60] D. Zillmann, "Mood Management in the Context of Selective Exposure Theory," in *Communication Yearbook*, ed. M. E. Roloff (Thousand Oaks, CA: Sage, 2000), 103–124; Silvia Knobloch-Westerwick, "Mood Management: Theory, Evidence, and Advancements," in *Psychology of Entertainment*, ed. Jennings Bryant and Peter Vorderer (Mahwah, NJ: Erlbaum, 2006), 239–254.

[61]一家名为"TouchPoints"的测量公司安排一组人使用安装在智能手机上的一种应用程序,在一天中按时报告他们的情绪。其他研究人员则通过查看"推文"中使用的语言对情绪进行推断。详见: Scott A. Golder and Michael W. Macy, "Diurnal and Seasonal Mood Vary with Work, Sleep, and Daylength Across Diverse Cultures," *Science* 333, no. 6051 (2011): 1878 – 1881。

[62] Oliver, "Affect as a Predictor of Entertainment Choice," 172.

[63] Garrett, "Politically Motivated Reinforcement Seeking"; R. Kelly Garrett, Dustin Carnahan, and Emily Lynch, "A Turn toward Avoidance? Selective Exposure to Online Political Information, 2004–2008," *Political Behavior* 35 (1) (2013): 113–134.

[64] 尽管他们能够有力地证明回音室的存在,Jamieson 与 Cappella 仍承认保守主义者并不会将自己隔绝在保守媒体中。详见: Jamieson and Cappella, *Echo Chamber*, 240。

[65] Herbert A. Simon, *Administrative Behavior*, 4th ed. (New York: The Free Press, 1997); Herbert A. Simon, "Rational Choice and the Structure of the Environment,"

Psychological Review 63, no. 2 (1956): 129–138.

[66] Richard E. Caves, *Creative Industries: Contracts between Art and Commerce* (Cambridge, MA: Harvard University Press, 2000); James Hamilton, *All the News That's Fit to Sell: How the Market Transforms Information into News* (Princeton, NJ: Princeton University Press, 2004).

[67] Simon, *Administrative Behavior,* 118.

[68] Carrie Heeter, "Program Selection with Abundance of Choice—a Process Model," *Human Communication Research* 12, no. 1 (1985): 126–152; Douglas A. Ferguson and Elizabeth M. Perse, "Media and Audience Influences on Channel Repertoire," *Journal of Broadcasting & Electronic Media* 37, no. 1 (1993): 31–47; Kimberly A. Neuendorf, David J. Atkin, and Leo W. Jeffres, "Reconceptualizing Channel Repertoire in the Urban Cable Environment," *Journal of Broadcasting & Electronic Media* 45, no. 3 (2001): 464–482; Uwe Hasebrink and Hanna Domeyer, "Media Repertoires as Patterns of Behaviour and as Meaningful Practices: A Multimethod Approach to Media Use in Converging Media Environments," *Participations: Journal of Audience & Reception Studies* 9, no. 2 (2012): 757–779.

[69] Nielsen, "Television Audience Report 2008" (New York: Author, 2009).

[70] Elaine J. Yuan and James G. Webster, "Channel Repertoires: Using PeopleMeter Data in Beijing," *Journal of Broadcasting & Electronic Media* 50, no. 3 (2006): 524–536.

[71] K. Van Eijck and K. Van Rees, "The Internet and Dutch Media Repertoires," *It&Society* 1, no. 2 (2002): 86–99; Harsh Taneja, James G. Webster, Edward C. Malthouse, and Thomas B. Ksiazek, "Media Consumption across Platforms: Identifying User-Defined Repertoires," *New Media & Society* (2012): 951–968; Hasebrink and Domeyer, "Media Repertoires as Patterns of Behaviour and as Meaningful Practices."

[72] M. J. Metzger, A. J. Flanagin, and R. B. Medders, "Social and Heuristic Approaches to Credibility Evaluation Online," *Journal of Communication* 60, no. 3 (2010): 413–439.

[73] 同上。

[74] Stroud, *Niche News*; R. P. Vallone, L. Ross, and M. R. Lepper, "The Hostile Media Phenomenon: Biased Perception and Perceptions of Media Bias in Coverage of the Beirut Massacre," *Journal of Personality and Social Psychology* 49, no. 3 (1985): 577–585.

[75] Hsu, Hannan, and Koçak, "Multiple Category Memberships in Markets."

[76] J. N. Marewski, M. Galesic, and G. Gigerenzer, "Fast and Frugal Media Choices," in *Media Choice: A Theoretical and Empirical Overview*, ed. T. Hartmann (New York: Routledge, 2009), 107–128.

[77] Metzger, Flanagin, and Medders, "Social and Heuristic Approaches to Credibility Evaluation Online."

[78] 同上。

[79] Marewski, Galesic, and Gigerenzer, "Fast and Frugal Media Choices," 120.

[80] Amos Tversky and Daniel Kahneman, "Judgment under Uncertainty: Heuristics and Biases," *Science* 185, no. 4157 (1974): 1124–1131.

[81] James Lull, "The Social Uses of Television," *Human Communication Research* 6, no. 3 (1980): 197–209.

[82] Nathanael J. Fast, Chip Heath, and George Wu, "Common Ground and Cultural Prominence," *Psychological Science* 20, no. 7 (2009): 904–911.

[83] Bourdieu, *Distinction*; N. B. Ellison, C. Steinfield, and C. Lampe, "Connection Strategies: Social Capital Implications of Facebook-Enabled Communication Practices," *New Media & Society* 13, no. 6 (2011): 873–892; K. N. Hampton, L. S. Goulet, C. Marlow, and L. Rainie, "Why Most Facebook Users Get More Than They Give," *Pew Internet Report* (February 3, 2012); Kevin Lewis, Marco Gonzalez, and Jason Kaufman, "Social Selection and Peer Influence in an Online Social Network," *Proceedings of the National Academy of Sciences* 109, no. 1 (2012): 68–72; Marwick and Boyd, "I Tweet Honestly, I Tweet Passionately."

[84] Paul DiMaggio and Hugh Louch, "Socially Embedded Consumer Transactions: For What Kinds of Purchases Do People Most Often Use Networks?" *American Sociological Review* 63, no. 5 (1998): 619–637; Elihu Katz and Paul F. Lazarsfeld, *Personal Influence: The Part Played by People in the Flow of Mass Communications* (Glencoe, IL: The Free Press, 1955).

[85] Steven J. Tepper and Eszter Hargittai, "Pathways to Music Exploration in a Digital Age," *Poetics* 37, no. 3 (2009): 227–249.

[86] Rainie and Wellman, *Networked*, 37.

[87] M. McPherson, L. Smith-Lovin, and J. M. Cook, "Birds of a Feather: Homophily in Social Networks," *Annual Review of Sociology* 27 (2001): 415–444; Noah Mark, "Birds of a Feather Sing Together," *Social Forces* 77, no. 2 (1998): 453–485.

[88] Katz and Lazarsfeld, *Personal Influence*.

[89] S. Wu, J. M. Hofman, W. A. Mason, and D. J. Watts, "Who Says What to Whom on Twitter," paper presented at the International World Wide Web Conference, Hyderabad, India, March 28–April 1, 2011; Nicholas Harrigan, Palakorn Achananuparp, and Ee-Peng Lim, "Influentials, Novelty, and Social Contagion: The Viral Power of Average Friends, Close Communities, and Old News," *Social Networks* 34, no. 4 (2012): 470–480; Meeyoung Cha, Hamed Haddadi, Fabricio Benevenuto, and Krishna P. Gummadi, "Measuring User Influence in Twitter: The Million Follower Fallacy,"

paper presented at the 4th International AAAI Conference on Weblogs and Social Media (ICWSM), Washington, DC, May 2010.

[90] Mark S. Granovetter, "The Strength of Weak Ties," *American Journal of Sociology* 78, no. 6 (1973): 1360-1380.

[91] 同上; Duncan J. Watts and Steven H. Strogatz, "Collective Dynamics of 'SmallWorld' Networks," *Nature* 393, no. 6684 (1998): 440-442.

[92] D. Centola and Michael Macy, "Complex Contagions and the Weakness of Long Ties," *American Journal of Sociology* 113, no. 3 (2007): 702-734.

[93] Harrigan, Achananuparp, and Lim, "Influentials, Novelty, and Social Contagion," 472.

[94] Centola and Macy, "Complex Contagions and the Weakness of Long Ties"; Robert M. Bond, Christopher J. Fariss, Jason J. Jones, Adam D. I. Kramer, Cameron Marlow, Jaime E. Settle, and James H. Fowler., "A 61-Million-Person Experiment in Social Influence and Political Mobilization," *Nature* 489, no. 7415 (2012): 295-298; Sinan Aral, "Social Science: Poked to Vote," *Nature* 489, no. 7415 (2012): 212-214.

[95] Nielsen, "The State of Media: The Social Media Report Q3 2011" (New York: Author, 2011a).

[96] Aaron Smith, "Why Americans Use Social Media," Pew Internet & American Life Project (November 2011).

[97] Cha et al., "Measuring User Influence in Twitter"; Wu et al., "Who Says What to Whom on Twitter."

[98] Wu et al., "Who Says What to Whom on Twitter."

[99] Nielsen, "The State of Media."

[100] Sonini Sengupta, "For Search, Facebook Had to Go Beyond 'Robospeak,'" *New York Times* (January 28, 2013), http://www.nytimes.com/2013/01/29/business/how-facebook-taught-its-search-tool-to-understand-people.html?ref=technology&amp%3B_r=&nl=technology&emc=edit_tu_20130129&_r=0.

[101] V. Waller, "Not Just Information: Who Searches for What on the Search Engine Google?" *Journal of the American Society for Information Science and Technology* 62, no. 4 (2011): 761-775.

[102] M. Proulx and S. Shepatin, *Social TV: How Marketers Can Reach and Engage Audiences by Connecting Television to the Web, Social Media, and Mobile* (Hoboken, NJ: Wiley, 2012).

[103] Mark J. Salganik, P. S. Dodds, and D. J. Watts, "Experimental Study of Inequality and Unpredictability in an Artificial Cultural Market," *Science* 311, no. 5762

(2006): 854.

[104] See Centola and Macy, "Complex Contagions and the Weakness of Long Ties"; Easley and Kleinberg, *Networks, Crowds, and Markets*; Jure Leskovec, Lada A. Adamic, and Bernardo A. Huberman, "The Dynamics of Viral Marketing," *ACM Trans. Web* 1, no. 1 (2007): 5; Harrigan, Achananuparp, and Lim, "Influentials, Novelty, and Social Contagion"; Albert-László Barabási, "The Origin of Bursts and Heavy Tails in Human Dynamics," *Nature* 435, no. 7039 (2005): 207–211; Jonah Berger and Katherine L. Milkman, "What Makes Online Content Viral?" *Journal of Marketing Research* 49, no. 2 (2012): 192–205. 尽管"病毒性"被广泛使用，仍有一些人反对这个术语，因为它暗示"人类的能动性"并不包含在媒体文本的传播范围内。See Henry Jenkins, Sam Ford, and Joshua Green, *Spreadable Media: Creating Value and Meaning in a Networked Culture* (New York: New York University Press, 2013), 22.

[105] Hampton et al., "Why Most Facebook Users Get More Than They Give."

[106] Duncan J. Watts and Peter Sheridan Dodds, "Influentials, Networks, and Public Opinion Formation," *Journal of Consumer Research* 34, no. 4 (2007): 441–458; Clive Thompson, "Is the Tipping Point Toast?" *Fast Company* 122 (November 21, 2008b); Harrigan, Achananuparp, and Lim, "Influentials, Novelty, and Social Contagion"; R. Bandari, S. Asur, and B. Huberman, "The Pulse of News in Social Media: Forecasting Popularity," paper presented at the Association for the Advancement of Artificial Intelligence, Dublin (http://www.aaai.org), June 2012; Leskovec, Adamic, and Huberman, "The Dynamics of Viral Marketing"; Berger and Milkman, "What Makes Online Content Viral?"

[107] Malcolm Gladwell, *The Tipping Point: How Little Things Can Make a Big Difference* (New York: Little, Brown, 2000).

[108] Duncan J. Watts, *Everything Is Obvious: Once You Know the Answer; How Common Sense Fails* (New York: Penguin Press, 2011), 91.

[109] D. Romero, W. Galuba, S. Asur, and B. Huberman, "Influence and Passivity in Social Media," *Machine Learning and Knowledge Discovery in Databases,* European Conference, ECML PKDD 2011, Athens, Greece, September 5-9, 2011 (New York: Springer), 18-33; Harrigan, Achananuparp, and Lim, "Influentials, Novelty, and Social Contagion."

[110] Wu et al., "Who Says What to Whom on Twitter"; Watts and Dodds, "Influentials, Networks, and Public Opinion Formation."

[111] Watts, *Everything Is Obvious,* 101.

[112] Jenkins, Ford, and Green, *Spreadable Media*, 80.

[113] Bandari, Asur, and Huberman, "The Pulse of News in Social Media."

[114] Jenkins, Ford, and Green, *Spreadable Media*; Limor Shifman, "An Anatomy of a YouTube Meme," *New Media & Society* 14, no. 2 (2012): 187–203.

[115] Fang Wu and Bernardo A. Huberman, "Novelty and Collective Attention," *Proceedings of the National Academy of Sciences* 104, no. 45 (2007): 17599–17601; Harrigan, Achananuparp, and Lim, "Influentials, Novelty, and Social Contagion."

[116] Berger and Milkman, "What Makes Online Content Viral?"

[117] David Tewksbury and Jason Rittenberg, *News on the Internet: Information and Citizenship in the 21st Century* (Oxford: Oxford University Press, 2012), 23.

[118] Paul DiMaggio, Eszter Hargittai, W. Russell Neuman, and John P. Robinson, "Social Implications of the Internet," *Annual Review of Sociology* 27, (2001): 307–336; Eszter Hargittai and Yuli Patrick Hsieh, "Digital Inequality," in *Oxford Handbook of Internet Studies,* ed. William H. Dutton (Oxford: Oxford University Press, 2013), 129–150.

[119] Chris Anderson, *Free: The Future of a Radical Price* (New York: Hyperion, 2009).

[120] Anthony Giddens, *Social Theory and Modern Sociology* (Stanford, CA: Stanford University Press, 1987), 221; Robert LaRose, "The Problem of Media Habits," *Communication Theory* 20, no. 2 (2010): 194–222; A. W. Rosenstein and A. E. Grant, "Reconceptualizing the Role of Habit: A New Model of Television Audience Activity," *Journal of Broadcasting & Electronic Media* 41, no. 3 (1997): 324–344.

[121] Bruce M. Owen, Jack H. Beebe, and Willard G. Manning, *Television Economics* (Lexington, MA: Lexington Books, 1974); George Comstock, *Television in America* (Beverly Hills: Sage, 1980).

[122] Harold L. Vogel, *Entertainment Industry Economics: A Guide for Financial Analysis,* 8th ed. (Cambridge, UK: Cambridge University Press, 2011).

[123] Rainie and Wellman, *Networked.*

[124] For example, Peter J. Danaher, Tracey S. Dagger, and Michael S. Smith, "Forecasting Television Ratings," *International Journal of Forecasting* 27, no. 4 (2011): 1215–1240.

[125] Jumptap, "Screen Jumping: Understanding Today's Cross-Screen Consumer" (Jumptap and comScore, September 5, 2013).

[126] Taneja et al., "Media Consumption across Platforms."

[127] Jeremy Nye, "Tapping out an Age Old Rhythm," *Viewing 24/7* (August 22, 2012).

[128] David Kirkpatrick, *The Facebook Effect: The Inside Story of the Company That Is Connecting the World* (New York: Simon and Schuster, 2011), 296.

[129] W. R. Tobler, "A Computer Movie Simulating Urban Growth in the Detroit Region," *Economic Geography* 46 (1970): 234–240.

[130] B. Hecht and E. Moxley, "Terabytes of Tobler: Evaluating the First Law in a Massive, Domain-Neutral Representation of World Knowledge," presented at the 9th International Conference on Spatial Information Theory, Aber Wrac'h, France, September 21-25, 2009, 88-105 (New York: Springer).

[131] Thomas B. Ksiazek and Elaine Yuan, "A Comparative Networks Analysis of Audience Fragmentation in China and the U.S.," paper presented at the annual meeting of the International Communication Association, Phoenix, AZ, May 2012; Damian Trilling and Klaus Schoenbach, "Patterns of News Consumption in Austria: How Fragmented Are They?" *International Journal of Communication*, no. 7 (2013).

[132] J. D. Straubhaar, "Beyond Media Imperialism: Asymmetrical Interdependence and Cultural Proximity," *Critical Studies in Media Communication* 8, no. 1 (1991): 39-59.

[133] Sharp, Beal, and Collins, "Television."

[134] Thomas B. Ksiazek and James G. Webster, "Cultural Proximity and Audience Behavior: The Role of Language in Patterns of Polarization and Multicultural Fluency," *Journal of Broadcasting & Electronic Media* 52, no. 3 (2008): 485-503.

[135] 同上；B. Hecht and D. Gergle，"The Tower of Babel Meets Web 2.0：User-Generated Content and Its Applications in a Multilingual Context，" paper presented at the Conference on Human Factors in Computing Systems C&T，Atlanta，GA，April 2010；Ethan Zuckerman，"Serendipity，Echo Chambers，and the Front Page，" *Nieman Reports* 62，No. 4（2008）：16；Ethan Zuckerman，*Rewire*：*Digital Cosmopolitans in the Age of Connection*（New York：Norton，2013）.

第三章

[1] Thomas H. Davenport and John C. Beck, *The Attention Economy: Understanding the New Currency of Business* (Boston: Harvard Business Press, 2001); J. Falkinger, "Attention Economies," *Journal of Economic Theory* 133, no. 1 (2007): 266-294; M. H. Goldhaber, "The Attention Economy and the Net," *First Monday* 2, nos. 4-7 (1997); Tom Hayes, *Jump Point: How Network Culture Is Revolutionizing Business* (New York: McGraw-Hill, 2008); R. A. Lanham, *The Economics of Attention: Style and Substance in the Age of Information* (Chicago: University of Chicago Press, 2006); Bernardo A. Huberman and Fang Wu, "The Economics of Attention: Maximizing User Value in Information-Rich Environments," in *Proceedings of the 1st International Workshop on Data Mining and Audience Intelligence for Advertising* (San Jose, CA: ACM, 2007).

[2] For example，L. Lessig，*Remix*：*Making Art and Commerce Thrive in the Hybrid Economy*（New York：Penguin Press，2008）.

[3] Philip M. Napoli, *Audience Economics: Media Institutions and the Audience Marketplace* (New York: Columbia University Press, 2003).

[4] Lisa Belkin, "Queen of the Mommy Bloggers," *New York Times* (February 23, 2011).

[5] Harold Hotelling, "Stability in Competition," *The Economic Journal* 39, no. 153 (1929): 41–57; Andrea Mangani, "Profit and Audience Maximization in Broadcasting Markets," *Information Economics and Policy* 15, no. 3 (2003): 305–315.

[6] Bruce M. Owen and Steven S. Wildman, *Video Economics* (Cambridge, MA: Harvard University Press, 1992), 65.

[7] David Tewksbury and Jason Rittenberg, *News on the Internet: Information and Citizenship in the 21st Century* (Oxford: Oxford University Press, 2012), 36.

[8] Home-Office, *Broadcasting in the '90s: Competition, Choice and Quality*, ed. Secretary of State for the Home Office (London: HMSO Books, 1988), 7.

[9] N. Helberger, "Diversity by Design," *Journal of Information Policy* 1 (2011): 441–469; Ofcom, "Measuring Media Plurality: Ofcom's Advice to the Secretary of State for Culture, Media and Sport" (London2012), http://stakeholders.ofcom.org.uk/consultations/measuring-plurality/advice.

[10] B. Gunter, *Media Research Methods: Measuring Audiences, Reactions and Impact* (London: Sage, 1999), 93.

[11] R. E. Caves, *Creative Industries: Contracts between Art and Commerce* (Cambridge, MA: Harvard University Press, 2000).

[12] Pablo J. Boczkowski and Eugenia Mitchelstein, *The News Gap: When the Information Preferences of the Media and the Public Diverge* (Cambridge, MA: MIT Press, 2013).

[13] 同上；For example, Karl Polanyi, *The Great Transformation: Economic and Political Origins of Our Time* (New York: Rinehart, 1944); Yochai Benkler, *The Penguin and the Leviathan: How Cooperation Triumphs over Self-Interest* (New York: Crown Business, 2011); Russell Belk, "Sharing," *Journal of Consumer Research* 36, no. 5 (2010): 715–734.

[14] For example, Lessig, *Remix*; Henry Jenkins, Sam Ford, and Joshua Green, *Spreadable Media: Creating Value and Meaning in a Networked Culture* (New York: New York University Press, 2013); Yochai Benkler, *The Wealth of Networks: How Social Production Transforms Markets and Freedom* (New Haven: Yale University Press, 2006).

[15] J. Rosen, "The People Formerly Known as the Audience," *Huffington Post* (June 30, 2006), http://www.huffingtonpost.com/jay-rosen/the-people-formerly-known_1_b_24113.html.

[16] Jenkins, Ford, and Green, *Spreadable Media*, 305.

[17] Belk, "Sharing."

[18] For example, Benkler, *The Wealth of Networks*; Lessig, *Remix*.

[19] Benkler, *The Wealth of Networks*; Jenkins, Ford, and Green, *Spreadable Media*; D. Yvette Wohn and Eun-Kyung Na, "Tweeting about TV: Sharing Television Viewing Experiences via Social Media Message Streams," *First Monday* 16, no. 3 (2011): 1–29; Clay Shirky, *Here Comes Everybody: The Power of Organizing without Organizations* (New York: Penguin Books, 2008); W. Lance Bennett and Alexandra Segerberg, "The Logic of Connective Action," *Information, Communication & Society* 15, no. 5 (2012): 739–768.

[20] N. B. Ellison, C. Steinfield, and C. Lampe, "Connection Strategies: Social Capital Implications of Facebook-Enabled Communication Practices," *New Media & Society* 13, no. 6 (2011): 873–892; Jenkins, Ford, and Green, *Spreadable Media*; Nicholas Harrigan, Palakorn Achananuparp, and Ee-Peng Lim, "Influentials, Novelty, and Social Contagion: The Viral Power of Average Friends, Close Communities, and Old News," *Social Networks* 34, no. 4 (2012): 470–480; Fang Wu, D. M. Wilkinson, and B. A. Huberman, "Feedback Loops of Attention in Peer Production," International Conference on Computational Science and Engineering, CSE'09 August 29–31, 2009.

[21] Benkler, *The Wealth of Networks*, 43.

[22] Chris Anderson, *Free: The Future of a Radical Price* (New York: Hyperion, 2009), 159.

[23] Alice E. Marwick and Danah Boyd, "I Tweet Honestly, I Tweet Passionately: Twitter Users, Context Collapse, and the Imagined Audience," *New Media & Society* 13, no. 1 (2011): 122.

[24] A. Lenhart, "Adults and Social Network Websites," Pew Internet and American Life Project (January 14, 2009).

[25] Jenkins, Ford, and Green, *Spreadable Media*, 59. 遗憾的是，非专业人员用来测量受众的指标非常精确，因此，那些使用社交媒体的人们通常低估了他们的受众规模。See Michael S. Bernstein, Eytan Bakshy, Moira Burke, and Brian Karrer, "Quantifying the Invisible Audience in Social Networks," paper presented at the Proceedings of the SIGCHI Conference on Human Factors in Computing Systems, Paris, April 27 – May 2, 2013.

[26] Steven S. Wildman and Stephen E. Siwek, *International Trade in Films and Television Programs* (Cambridge, MA: Ballinger, 1988); David Waterman, *Hollywood's Road to Riches* (Cambridge, MA: Harvard University Press, 2005); Steven S. Wildman, "One-Way Flows and the Economics of Audiencemaking," in *Audiencemaking: How the Media Create the Audience*, ed. James S. Ettema and D. C. Whitney (Thousand Oaks, CA: Sage, 1994), 115–141.

[27] Andrew Wallerstein, "Netflix Series Spending Revealed," *Variety* (March 8, 2013); Tom Vanderbilt and Willa Paskin, "The Platinum Age of TV," *Wired* (April 2013).

[28] Waterman, *Hollywood's Road to Riches*.

[29] Caves, *Creative Industries*.

[30] Steven Levy, "Power Hours: Deep inside a Google Data Center," *Wired* (November 2012): 174–181.

[31] Benkler, *The Wealth of Networks*.

[32] Nielsen, "Buzz in the Blogosphere: Millions More Bloggers and Blog Readers," *Nielsen Newswire* (March 8, 2012), http://www.nielsen.com/us/en/newswire/2012/buzz-in-the-blogosphere-millions-more-bloggers-and-blog-readers.html.

[33] Caves, *Creative Industries*.

[34] 同上；William Goldman, *Adventures in the Screen Trade: A Personal View of Hollywood and Screenwriting*, vol. 92 (New York: Warner Books, 1983), 39.

[35] Harold L. Vogel, *Entertainment Industry Economics: A Guide for Financial Analysis*, 8th ed. (Cambridge, UK: Cambridge University Press, 2011).

[36] William T. Bielby and Denise D. Bielby, "'All Hits Are Flukes': Institutionalized Decision Making and the Rhetoric of Network Prime-Time Program Development," *American Journal of Sociology* 99 (5) (1994): 1287–1313.

[37] John Lawless, "The Interview: Nigel Newton; Is There Life after Harry Potter," *Independent (London)* (July 3, 2005).

[38] Joseph Lampel, Theresa Lant, and Jamal Shamsie, "Balancing Act: Learning from Organizing Practices in Cultural Industries," *Organization Science* 11, no. 3 (2000): 263–269.

[39] 同上，266 页。

[40] Klaus Schoenbach, "'The Own in the Foreign': Reliable Surprise—an Important Function of the Media?" *Media, Culture & Society* 29, no. 2 (2007): 344–353.

[41] Bielby and Bielby, "All Hits Are Flukes."

[42] Caves, *Creative Industries*; Gabriel Rossman, Nicole Esparza, and Phillip Bonacich, "I'd Like to Thank the Academy, Team Spillovers, and Network Centrality," *American Sociological Review* 75, no. 1 (2010): 31–51.

[43] Anita Elberse, *Blockbusters: Hit-making, Risk-taking, and the Big Business of Entertainment* (New York: Holt, 2013), 7–8.

[44] Jean K. Chalaby, "At the Origin of a Global Industry: The TV Format Trade as an Anglo-American Invention," *Media, Culture & Society* 34, no. 1 (2012): 36–52.

[45] Keach Hagey, "Creator of 'The Voice' Gets a Second Act: The Netherlands' John de Mol Was a Pioneer of Reality Television," *Wall Street Journal* (June 9, 2013).

[46] Jean K. Chalaby, "The Making of an Entertainment Revolution: How the TV Format Trade Became a Global Industry," *European Journal of Communication* 26, no. 4 (2011): 306.

[47] 同上; Silvio Waisbord, "McTV Understanding the Global Popularity of Television Formats," *Television & New Media* 5, no. 4 (2004): 359–383.

[48] Greta Hsu, Giacomo Negro, and Fabrizio Perretti, "Hybrids in Hollywood: A Study of the Production and Performance of Genre-Spanning Films," *Industrial and Corporate Change* 21, no. 6 (2012): 1431.

[49] Vanderbilt and Paskin, "The Platinum Age of TV," 102.

[50] Hsu, Negro, and Perretti, "Hybrids in Hollywood"; G. Hsu, M. T. Hannan, and Ö. Koçak, "Multiple Category Memberships in Markets: An Integrative Theory and Two Empirical Tests," *American Sociological Review* 74, No. 1 (2009): 150–169.

[51] Roger Ebert, "Cowboys & Aliens," *Chicago Sun Times* (July 27, 2011), http://rogerebert.suntimes.com/apps/pbcs.dll/article?AID=/20110727/REVIEWS/110729987.

[52] James Hamilton, *All the News That's Fit to Sell: How the Market Transforms Information into News* (Princeton, NJ: Princeton University Press, 2004), 9–10.

[53] Project for Excellence in Journalism, "State of the News Media 2006: An Annual Report on American Journalism" (New York: Pew Research Center, 2006).

[54] Peter L. M. Vasterman, "Media-Hype Self-Reinforcing News Waves, Journalistic Standards and the Construction of Social Problems," *European Journal of Communication* 20, no. 4 (2005): 514.

[55] Pablo J. Boczkowski, *News at Work: Imitation in an Age of Information Abundance* (Chicago: University of Chicago Press, 2010), 6.

[56] Lampel, Lant, and Shamsie, "Balancing Act," 266.

[57] N. Anand and R. A. Peterson, "When Market Information Constitutes Fields: Sensemaking of Markets in the Commercial Music Industry," *Organization Science* 11 (3) (2000): 270–284.

[58] James G. Webster, Patricia F. Phalen, and Lawrence W. Lichty, *Ratings Analysis: Audience Measurement and Analytics*, 4th ed. (New York: Routledge, 2014); M. Balnaves, T. O'Regan, and B. Goldsmith, *Rating the Audience: The Business of Media* (London: Bloomsbury, 2011).

[59] Robert Perkurny, "Coping with Television Production," in *Individuals in Mass Media Organizations*, ed. James S. Ettema and D.C. Whitney (Beverly Hills, CA: Sage, 1982), 131–144; Ingunn Hagen, "Slaves of the Ratings Tyranny? Media Images of the Audience," in *Rethinking the Media Audience*, ed. Pertti Alasuutari (London: Sage, 1999), 130–150; Dwight Dewerth-Pallmeyer, *The Audience in the News* (Mahwah, NJ:

Erlbaum, 1997).

[60] Brooke Barnes, "Solving Equation of a Hit Film Script, with Data," *New York Times* (May 5, 2013).

[61] For example, Kate Kaye, "Welcome to the Era of the Data-Driven Programmer: Yet Algorithms Won't Replace Humans Any Time Soon," *Advertising Age* (April 8, 2013): 8.

[62] Joseph Turow, *The Daily You: How the New Advertising Industry Is Defining Your Identity and Your Worth* (New Haven, CT: Yale University Press, 2012).

[63] C. W. Anderson, "Between Creative and Quantified Audiences: Web Metrics and Changing Patterns of Newswork in Local US Newsrooms," *Journalism* 12, no. 5 (2011): 561.

[64] 同上, 563 页。

[65] Herbert J. Gans, *Deciding What's News* (Evanston, IL: Northwestern University Press, 2004); Paul Espinosa, "The Audience in the Text: Ethnographic Observations of a Hollywood Story Conference," *Media, Culture & Society* 4, no. 1 (1982): 77–86; Jarl A. Ahlkvist, "Programming Philosophies and the Rationalization of Music Radio," *Media, Culture & Society* 23, no. 3 (2001): 339–358.

[66] Anderson, "Between Creative and Quantified Audiences," 564, emphasis in original.

[67] Vanderbilt and Paskin, "The Platinum Age of TV," 101.

[68] 同上, 96 页。

[69] Barnes, "Solving Equation of a Hit Film Script, with Data."

[70] 同上。

[71] Paul M. Hirsch and Daniel M. Gruber, "Digitizing Fads and Fashions: How Technology Has '"Glocalized' the Market for Creative Products," in *Handbook on Creative Industries*, ed. Candace Jones and Mark Lorenzen (Oxford: Oxford University Press, 2014); Aymar Jean Christian, "Valuing Post-Network Television," in *Flow* (May 6, 2013).

[72] Dan Gillmor, *We the Media: Grassroots Journalism by the People, for the People* (Sebastopol, CA: O'Reilly Media, 2006), xiv.

[73] Eric Schmidt and Jared Cohen, *The New Digital Age: Reshaping the Future of People, Nations and Business* (New York: Knopf, 2013), 47–48.

[74] Bennett and Segerberg, "The Logic of Connective Action"; Shirky, *Here Comes Everybody*.

[75] Project for Excellence in Journalism, "How News Happens: A Study of the News Ecosystem of One American City" (New York: Pew Research Center, 2010), 3.

[76] Simon Dumenco, "The Truth about Reddit: The Benefits of Neglectful Owner-

ship, Where Gawker and BuzzFeed Get Their "Inspiration," and More," *Advertising Age* (May 6, 2013): 6.

[77] Lessig, *Remix*; Limor Shifman, "An Anatomy of a Youtube Meme," *New Media & Society* 14, no. 2 (2012): 187–203.

[78] Jenkins, Ford, and Green, *Spreadable Media*, 83.

[79] Meeyoung Cha, J. Pérez, and Hamed Haddadi, "Flash Floods and Ripples: The Spread of Media Content through the Blogosphere," 文章发表于 AAAI Conference on Weblogs and Social Media (ICWSM) Data Challenge Workshop, San Jose, May 2009.

[80] Ben Zimmer, "Who First Put "Lipstick on a Pig"?" *Slate* (September 10, 2008).

[81] Jure Leskovec, Lars Backstrom, and Jon Kleinberg, "Meme-Tracking and the Dynamics of the News Cycle," in *Proceedings of the 15th ACM SIGKDD International Conference on Knowledge Discovery and Data Mining* (Paris: ACM, 2009), 505.

[82] Jaewon Yang and Jure Leskovec, "Patterns of Temporal Variation in Online Media," in *Proceedings of the Fourth ACM International Conference on Web Search and Data Mining* (Hong Kong: ACM, 2011), 177–186.

[83] Wildman, "One-Way Flows and the Economics of Audiencemaking"; Waterman, *Hollywood's Road to Riches*.

[84] Waterman, *Hollywood's Road to Riches*; Owen and Wildman, *Video Economics*.

[85] Mark R. Levy, ed. *The VCR Age: Home Video and Mass Communication* (Newbury Park, CA: Sage, 1989).

[86] Jack Hitt, "Multiscreen Mad Men," *New York Times* (November 21, 2008).

[87] Department for Culture, Media and Sport and Department for Business, Innovation and Skills. "Digital Britain: Final Report" (2009): 135–136, http://www.official-documents.gov.uk/document/cm76/7650/7650.pdf.

[88] Nielsen, "The Cross-Platform Report: How Viewers Watch Time-Shifted Programming," *Nielsen Newswire* (2013a), http://www.nielsen.com/us/en/newswire/2013/the-cross-platform-report-how-viewers-watch-time-shifted-programming.html.

[89] Byron Sharp, Virginia Beal, and Martin Collins, "Television: Back to the Future," *Journal of Advertising Research* 49, no. 2 (2009): 211–219; Patrick Barwise, "Waiting for 'Vodot': Why "Video on 'Demand' Won't Happen," *Market Leader* (2011): 30–33; Stylianos Papathanassopoulos, Sharon Coen, James Curran, Toril Aalberg, David Rowe, Paul Jones, Hernando Rojas, and Rod Tiffen, "Online Threat, but Television Is Still Dominant," *Journalism Practice* 7 (6) (2013): 1–15.

[90] Vanderbilt and Paskin, "The Platinum Age of TV," 94.

[91] Kara Swisher, "Social Media + Pop Culture = ?" *Wall Street Journal* (June 3, 2013). Also see Helen A. S. Popkin, "Game of Spoilers: Social Media Is Killing DVR Culture," *NBC News.*

[92] Marc Graser, "10 Insights from Studies of Binge Watchers," *Variety* (March 7, 2013).

[93] Wayne Friedman, "Time Warner Favors Trad TV over Streaming," *Media Post* (March 4, 2013), http://www.mediapost.com/publications/article/194887/time-warner-favors-trad-tv-over-streaming.html#axzz2OBm8ElCj.

[94] Brian Steinberg, "To Goose TV Audience, Scripps Uses the Web," *Advertising Age* (March 5, 2013).

[95] Horace M. Newcomb and Paul M. Hirsch, "Television as a Cultural Forum: Implications for Research," *Quarterly Review of Film & Video* 8, no. 3 (1983): 45–55; Raymond Williams, *Television: Technology and Cultural Form* (New York: Schocken Books, 1974).

[96] Jenkins, Ford, and Green, *Spreadable Media*, 44–45.

[97] 同上，6 页。

[98] Webster, Phalen, and Lichty, *Ratings Analysis*.

[99] T. W. Farnam, "Obama Campaign Took Unorthodox Approach to Ad Buying," *Washington Post* (November 14, 2012).

[100] Susan Tyler Eastman and Douglas A. Ferguson, *Media Programming: Strategies and Practices* (Belmont, CA: Wadsworth, 2012).

[101] Hitt, "Multiscreen Mad Men."

[102] Byrony Jardine, "Retaining the Primetime TV Audience: Examining Adjacent Program Audience Duplication across Markets," PhD thesis, University of South Australia, 2012; James G. Webster, "Audience Flow Past and Present: Television Inheritance Effects Reconsidered," *Journal of Broadcasting & Electronic Media* 50, no. 2 (2006): 323–337.

[103] Klaus Schoenbach, "Trap Effect," in *The International Encyclopedia of Communication*, ed. Wolfgang Donsbach (Malden, MA: Blackwell, 2008), 5176–5178.

[104] Anke Wonneberger, Klaus Schoenbach, and Lex van Meurs, "Staying Tuned: TV News Audiences in the Netherlands 1988–2010," *Journal of Broadcasting & Electronic Media* 56, no. 1: 55–74.

[105] 关于娱乐产业如何掌控热点的制作过程，延伸讨论详见：Elberse, *Blockbusters*。

[106] Peter J. Danaher, Tracey S. Dagger, and Michael S. Smith, "Forecasting Television Ratings," *International Journal of Forecasting* 27, no. 4 (2011): 1215–1240.

[107] Natasha Singer, "Your Online Attention, Bought in an Instant," *New York Times*

(November 17, 2012): 1.

[108] Turow, *The Daily You*, 118.

[109] Viktor Mayer-Schonberger and Kenneth Cukier, *Big Data: A Revolution That Will Transform How We Live, Work and Think* (Boston: Houghton Mifflin Harcourt, 2013), 12.

[110] J. Cho and S. Roy, "Impact of Search Engines on Page Popularity," paper presented at the Proceedings of the 13th International Conference on World Wide Web, New York, May 2004.

[111] Alexander Halavais, *Search Engine Society* (Cambridge, UK: Polity Press, 2009), 71.

[112] Michael D. Conover, Jacob Ratkiewicz, Matthew Francisco, Bruno Gonçalves, Alessandro Flammini, and Filippo Menczer, "Political Polarization on Twitter," paper presented at the AAAI 5th International Conference on Weblogs and Social Media Barcelona, July 2011.

[113] Nielsen, "Television Audience Report 2008" (New York: Author, 2009); Elaine J. Yuan and James G. Webster, "Channel Repertoires: Using PeopleMeter Data in Beijing," *Journal of Broadcasting & Electronic Media* 50, no. 3 (2006): 524–536; Jakob Bjur, "Transforming Audiences: Patterns of Individualization in Television Viewing" (Gothenburg, Germany: University of Gothenburg, 2009).

[114] Eli Pariser, *The Filter Bubble: What the Internet Is Hiding from You* (New York: Penguin Press, 2011), 67.

[115] Elberse, *Blockbusters*, 4.

第四章

[1] Jon Gertner, "Our Ratings, Ourselves," *New York Times Magazine* (April 10, 2005): 35.

[2] Hugh M. Beville, *Audience Ratings: Radio, Television, Cable* (Hillsdale, NJ: Erlbaum, 1988); B. Gunter, *Media Research Methods: Measuring Audiences, Reactions and Impact* (London: Sage, 1999); M. Balnaves, T. O'Regan, and B. Goldsmith, *Rating the Audience: The Business of Media* (London: Bloomsbury, 2011); James G. Webster, Patricia F. Phalen, and Lawrence W. Lichty, *Ratings Analysis: Audience Measurement and Analytics*, 4th ed. (New York: Routledge, 2014).

[3] N. Anand and A. Richard Peterson, "When Market Information Constitutes Fields: Sensemaking of Markets in the Commercial Music Industry," *Organization Science* 11, no. 3 (2000): 271.

[4] N. Anand and A. Richard Peterson, "When Market Information Constitutes Fields: Sensemaking of Markets in the Commercial Music Industry," *Organization Science* 11, no. 3 (2000): 271.

[5] Kurt Andrews and Philip M. Napoli, "Changing Market Information Regimes: A Case Study of the Transition to the BookScan Audience Measurement System in the U.S. Book Publishing Industry," *Journal of Media Economics* 19, no. 1 (2006): 33–54; Beth Barnes and L. Thomson, "Power to the People (Meter): Audience Measurement Technology and Media Specialization," in *Audiencemaking: How the Media Create the Audience*, ed. J. S. Ettema and D. C. Whitney (Thousand Oaks, CA: Sage, 1994), 75–94.

[6] Philip M. Napoli, *Audience Evolution: New Technologies and the Transformation of Media Audiences* (New York: Columbia University Press, 2011); Webster, Phalen, and Lichty, *Ratings Analysis*.

[7] Harsh Taneja and Utsav Mamoria, "Measuring Media Use across Platforms: Evolving Audience Information Systems," *International Journal on Media Management* 14, no. 2 (2012): 121–140; Webster, Phalen, and Lichty, *Ratings Analysis*.

[8] WPP, "GroupM Forecasts 2012 Global Ad Spending to Increase 6.4% U.S.," http://www.wpp.com/wpp/press/press/default.htm?guid={23ebd8df-51a5-4a1d-b139-576d711e77ac.

[9] For example, Eszter Hargittai, "Digital Na（t）ives? Variation in Internet Skills and Uses among Members of the 'Net Generation,'" *Sociological Inquiry* 80, no. 1（2010）: 92–113; S. S. Sundar and C. Nass, "Conceptualizing Sources in Online News," *Journal of Communication* 51, no. 1（2001）: 52–72.

[10] E. Pariser, *The Filter Bubble: What the Internet Is Hiding from You* (New York: Penguin Press, 2011), 40.

[11]更多有关"原始数据"谬误的文章详见：Lisa Gitelman, ed. *"Raw Data" Is an Oxymoron*（Cambridge, MA：MIT Press, 2013）。

[12] WFA/EACA, *Guide to Organizing Audience Research* (Brussels: World Federation of Advertisers and European Association of Communications Agencies, 2008).

[13] Karen Buzzard, *Tracking the Audience: The Ratings Industry from Analog to Digital* (New York: Routledge, 2012); Webster, Phalen, and Lichty, *Ratings Analysis*.

[14] Philip M. Napoli, "Audience Measurement and Media Policy: Audience Economics, the Diversity Principle, and the Local People Meter," *Communication Law and Policy* 10, no. 4 (2005): 349–382.

[15] R. Hernandez and S. Elliot, "Advertising: The Odd Couple vs. Nielsen," *New York Times* (June 14, 2004).

[16] Tim O'Reilly, "What Is Web 2.0: Design Patterns and Business Models for the

Next Generation of Software," *Communications & Strategies* 65, no. 1 (2007): 27.

[17] Tim O'Reilly and John Battelle, "Web Squared: Web 2.0 Five Years On," Web 2.0 Summit, San Francisco, October 20–22, 2009.

[18] Ibid. , 3.

[19] Claire Cain Miller, "Google Changes Search Algorithm, Trying to Make Results More Timely," *Bits* (November 3, 2011), http://bits.blogs.nytimes.com/2011/11/03/google-changes-search-algorithm.

[20] David Segal, "The Dirty Little Secrets of Search," *New York Times* (February 12, 2011).

[21] Eric Schmidt and Jared Cohen, *The New Digital Age: Reshaping the Future of People, Nations and Business* (New York: Knopf, 2013), 57.

[22] Steve Stecklow and Julia Angwin, "House Releases "Do Not Track" Bill," *Wall Street Journal* (May 7, 2011), http://online.wsj.com/article/SB10001424052748703992704576307261709717734.html.

[23] Jay Rosen, "The Right to Be Forgotten," *Stanford Law Review Online* 64 (2012): 88; Natasha Singer, "Data Protection Laws, an Ocean Apart," *New York Times* (February 2, 2013).

[24] Napoli, *Audience Evolution*; Webster, Phalen, and Lichty, *Ratings Analysis*.

[25] Pariser, *The Filter Bubble*, 7.

[26] Webster, Phalen, and Lichty, *Ratings Analysis*.

[27] Joseph Turow, *The Daily You: How the New Advertising Industry Is Defining Your Identity and Your Worth* (New Haven, CT: Yale University Press, 2012).

[28] Webster, Phalen, and Lichty, *Ratings Analysis*.

[29] For example, Andrew S. C. Ehrenberg, *Data Reduction: Analyzing and Interpreting Statistical Data* (London: Wiley, 1975).

[30] Webster, Phalen, and Lichty, *Ratings Analysis*.

[31] M. Proulx and S. Shepatin, *Social TV: How Marketers Can Reach and Engage Audiences by Connecting Television to the Web, Social Media, and Mobile* (Hoboken, NJ: Wiley, 2012); Webster, Phalen, and Lichty, *Ratings Analysis*; Napoli, *Audience Evolution*.

[32] O'Reilly and Battelle, "Web Squared," 9.

[33] E. Thorson, "Changing Patterns of News Consumption and Participation," *Information, Communication & Society* 11, no. 4 (2008): 473–489; S. Knobloch-Westerwick, N. Sharma, D. L. Hansen, and S. Alter, "Impact of Popularity Indications on Readers' Selective Exposure to Online News," *Journal of Broadcasting & Electronic Media* 49, no.

3 (2005): 296–313; James G. Webster, "User Information Regimes: How Social Media Shape Patterns of Consumption," *Northwestern University Law Review* 104, no. 2 (2010): 593–612; Carl Bialik, "Look at This Article: It's One of Our Most Popular," *Wall Street Journal* (May 20, 2009), http://online.wsj.com/article/SB124277816017037275.html?KEYWORDS=carl+bialik.

[34] T. Gillespie, "Can an Algorithm Be Wrong? Twitter Trends, the Specter of Censorship, and Our Faith in the Algorithms around Us." *Culture Digitally* (October 19, 2011), http://culturedigitally.org/2011/10/can-an-algorithm-be-wrong.

[35] Fang Wu, D. M. Wilkinson, and B. A. Huberman, "Feedback Loops of Attention in Peer Production," paper presented at the International Conference on Computational Science and Engineering, CSE '09, August 29–31, 2009.

[36] K. N. Hampton, L. S. Goulet, C. Marlow, and L. Rainie, "Why Most Facebook Users Get More Than They Give," *Pew Internet Report* (February 3, 2012).

[37] Christopher Steiner, *Automate This: How Algorithms Came to Rule Our World* (New York: Portfolio/Penguin Press, 2012).

[38] Steven Levy, "Inside the Box," *Wired* (March 2010): 96–116; Miller, "Google Changes Search Algorithm, Trying to Make Results More Timely."

[39] John Battelle, *The Search: How Google and Its Rivals Rewrote the Rules of Business and Transformed Our Culture* (New York: Portfolio Trade, 2006); Massimo Franceschet, "PageRank: Standing on the Shoulders of Giants," *Communications of the ACM* 54, no. 6 (2011): 92–101.

[40] Steven Levy, "Power Hours: Deep inside a Google Data Center," *Wired* (November 2012): 174–181.

[41] For example, Lada A. Adamic, "The Social Hyperlink," in *The Hyperlinked Society: Questioning Connections in the Digital Age*, ed. Joseph Turow and L. Tsui (Ann Arbor: University of Michigan Press, 2008), 227–249; Seth Finkelstein, "Google, Links, and Popularity versus Authority," in *The Hyperlinked Society: Questioning Connections in the Digital Age*, ed. Joseph Turow and L. Tsui (Ann Arbor: University of Michigan Press, 2008), 104–120.

[42] Larry Page, S. Brin, R. Motwani, and T. Winograd, "The PageRank Citation Ranking: Bringing Order to the Web," Stanford Info Lab (1999).

[43] Franceschet, "PageRank," 94.

[44] Miller, "Google Changes Search Algorithm, Trying to Make Results More Timely"; J. Cho and S. Roy, "Impact of Search Engines on Page Popularity," paper presented at the Proceedings of the 13th International Conference on World Wide Web, May 2004.

[45] O'Reilly and Battelle, "Web Squared," 2.

[46] Pariser, *The Filter Bubble*.

[47] Clara Shih, "What's a 'Like' Worth? Ask Facebook's Graph Search: Facebook Search Graph Optimization Becomes as Important as Google SEO," *Advertising Age* (February 14, 2013).

[48] G. Adomavicius and A. Tuzhilin, "Toward the Next Generation of Recommender Systems: A Survey of the State-of-the-Art and Possible Extensions," *IEEE Transactions on Knowledge and Data Engineering* 17, no. 6 (2005): 734–749.

[49] G. Adomavicius and A. Tuzhilin, "Context-Aware Recommender Systems," in *Recommender Systems Handbook*, ed. F. Ricci, L. Rokach, and B. Shapira (New York: Springer, 2011), 217–253; O'Reilly and Battelle, "Web Squared"; Claire Cain Miller, "Apps That Know What You Want, Before You Do," *New York Times* (July 29, 2013).

[50] For example, Turow, *The Daily You*.

[51] Balnaves, O'Regan, and Goldsmith, *Rating the Audience*, 22.

[52] Webster, Phalen, and Lichty, *Ratings Analysis*.

[53] P. A. Samuelson, "A Note on the Pure Theory of Consumer's Behaviour," *Economica* 5, no. 17 (1938): 61–71; Hal R. Varian, "Revealed Preference," in *Samuelsonian Economics and the Twenty-First Century*, ed. Michael Szenberg, Lall Ramrattan, and Aron A. Gottesman (Oxford: Oxford University Press, 2006); Frederic Vermeulen, "Foundations of Revealed Preference: Introduction," *The Economic Journal* 122, no. 560 (2012): 287–294.

[54] Pariser, *The Filter Bubble*, 9.

[55] Dan Ariely and Michael I. Norton, "How Actions Create—Not Just Reveal—Preferences," *Trends in Cognitive Sciences* 12, no. 1 (2008): 13–16; John W. Payne, James R. Bettman, and David A. Schkade, "Measuring Constructed Preferences: Towards a Building Code," *Journal of Risk and Uncertainty* 19, no. 1 (1999): 243–270; Paul Slovic, "The Construction of Preference," *American Psychologist* 50, no. 5 (1995): 364–371.

[56] Pariser, *The Filter Bubble*, 24.

[57] Google, "Personalized Search for Everyone," Google Blog (December 4, 2009), http://googleblog.blogspot.com/2009/12/personalized-search-for-everyone.html.

[58] Sonini Sengupta, "For Search, Facebook Had to Go beyond 'Robospeak,'" *New York Times* (January 28, 2013), http://www.nytimes.com/2013/01/29/business/how-facebook-taught-its-search-tool-to-understand-people.html?ref=technology&amp%3B_r=&nl=technology&emc=edit_tu_20130129&_r=0.

[59] Miller McPherson, Lynn Smith-Lovin, and James M. Cook, "Birds of a Feather:

Homophily in Social Networks," *Annual Review of Sociology* 27 (2001): 415–444.

[60] Jeff Wildman, "EdgeRank: A Guide to Facebook's Newsfeed Algorithm" (2013), http://edgerank.net; Taina Bucher, "Want to Be on the Top? Algorithmic Power and the Threat of Invisibility on Facebook," *New Media & Society* 14, no. 7 (2012): 1164–1180.

[61] For example, Cass R. Sunstein, *Republic. com* 2. 0 (Princeton, NJ: Princeton University Press, 2007); Turow, *The Daily You*.

[62] Pariser, *The Filter Bubble*.

[63] Sinan Aral, Lev Muchnik, and Arun Sundararajan, "Distinguishing Influence-Based Contagion from Homophily-Driven Diffusion in Dynamic Networks," *Proceedings of the National Academy of Sciences* 106, no. 51 (2009): 21544–21549; Kevin Lewis, Marco Gonzalez, and Jason Kaufman, "Social Selection and Peer Influence in an Online Social Network," *Proceedings of the National Academy of Sciences* 109, no. 1 (2012): 68–72.

[64] Sinan Aral, "Social Science: Poked to Vote," *Nature* 489, no. 7415 (2012): 212–214; Robert M. Bond, Christopher J. Fariss, Jason J. Jones, Adam D. I. Kramer, Cameron Marlow, Jaime E. Settle, and James H. Fowler, "A 61-Million-Person Experiment in Social Influence and Political Mobilization," *Nature* 489, no. 7415 (2012): 295–298.

[65] Solomon Messing and Sean J. Westwood, "Selective Exposure in the Age of Social Media: Endorsements Trump Partisan Source Affiliation When Selecting News Online," *Communication Research* (2012).

[66] Diana C. Mutz and Lori Young, "Communication and Public Opinion," *Public Opinion Quarterly* 75, no. 5 (2011): 1018–1044.

[67] Bialik, "Look at This Article."

[68] James Surowiecki, *The Wisdom of Crowds: Why the Many Are Smarter Than the Few and How Collective Wisdom Shapes Business, Economies, Societies and Nations* (New York: Doubleday, 2004).

[69] R. I. M. Dunbar, "Neocortex Size as a Constraint on Group Size in Primates," *Journal of Human Evolution* 22, no. 6 (1992): 469–493; R. I. M. Dunbar, "The Social Brain: Mind, Language, and Society in Evolutionary Perspective," *Annual Review of Anthropology* 32 (2003): 163–181.

[70] Bruno Gonçalves, Nicola Perra, and Alessandro Vespignani, "Modeling Users' Activity on Twitter Networks: Validation of Dunbar's Number," *PLoS ONE* 6, no. 8 (2011): e22656.

[71] Barry Wellman, "Is Dunbar's Number Up?" *British Journal of Psychology* 103, no. 2 (2012): 174–176; Lee Rainie and B. Wellman, *Networked: The New Social Operating System* (Cambridge, MA: MIT Press, 2012).

[72] Adomavicius and Tuzhilin, "Toward the Next Generation of Recommender Systems."

[73] Ramsey M. Raafat, Nick Chater, and Chris Frith, "Herding in Humans," *Trends in Cognitive Sciences* 13, no. 10 (2009): 420–428; Lev Muchnik, Sinan Aral, and Sean J. Taylor, "Social Influence Bias: A Randomized Experiment," *Science* 341, no. 6146 (2013): 647–651.

[74] Mark J. Salganik, P. S. Dodds, and D. J. Watts, "Experimental Study of Inequality and Unpredictability in an Artificial Cultural Market," *Science* 311, no. 5762 (2006): 854.

[75] Nate Silver, *The Signal and the Noise: Why So Many Predictions Fail—but Some Don't* (New York: Penguin Press, 2012), 358.

[76] Levy, "Power Hours."

[77] Donna Tam, "Facebook Processes More Than 500 TB of Data Daily," CNET, http://news.cnet.com/8301-1023_3-57498531-93/facebook-processes-more-than-500-tb-of-data-daily/.

[78] Manyika, James, Michael Chui, Brad Brown, Jacques Bughin, Richard Dobbs, Charles Roxburgh, and Angela Hung Byers. "Big Data: The Next Frontier for Innovation, Competition, and Productivity," McKinsey Global Institute (May 2011), http://www.mckinsey.com/insights/business_technology/big_data_the_next_frontier_for_innovation.

[79] For example, Chris Anderson, "The End of Theory: The Data Deluge Makes the Scientific Method Obsolete," *Wired* (June 23, 2008); D. Bollier, *The Promise and Peril of Big Data* (Washington, DC: Aspen Institute, Communications and Society Program, 2010); James Manyika, Michael Chui, Brad Brown, Jacques Bughin, Richard Dobbs, Charles Roxburgh, and Angela Hung Byers, "Big Data"; David Rogers and Don Sexton, "Marketing ROI in the Era of Big Data," in *BRITE-NYAMA Marketing in Transition* (New York: Columbia University Business School, 2012); Steve Lohr, "The Age of Big Data," *New York Times* (February 11, 2012); J. Anderson and L. Rainie, "The Impact of the Internet on Institutions in the Future," in *Pew Research Center's Internet and American Life Project and Elon University's Imagining the Internet Center* (Washington, DC: Pew Research Center's Internet and American Life Project, 2010); Viktor Mayer-Schonberger and Kenneth Cukier, *Big Data: A Revolution That Will Transform How We Live, Work and Think* (Boston: Houghton Mifflin Harcourt, 2013).

[80] Anderson, "The End of Theory."

[81] Danah Boyd and Kate Crawford, "Critical Questions for Big Data," *Information, Communication & Society* 15, no. 5 (2012): 668.

[82] Steiner, *Automate This*, 61.

[83] Michael Learmonth, "Digitas Unveils Tool to Find YouTube Stars before They're Stars: A Long Tail of YouTube Stars Is out There, but How to Find Them?" *Advertising Age* (May 2, 2013): 2.

[84] Robert K. Merton, "The Self-Fulfilling Prophecy," *The Antioch Review* 8, no. 2 (1948): 195.

[85] Peter J. Danaher, Tracey S. Dagger, and Michael S. Smith, "Forecasting Television Ratings," *International Journal of Forecasting* 27, no. 4 (2011): 1215–1240; Brian Christian, "The A/B Test: Inside the Technology That's Changing the Rules of Business," *Wired* (May 2012): 176–200.

[86] Wendy N. Espeland and M. Sauder, "Rankings and Reactivity: How Public Measures Recreate Social Worlds," *American Journal of Sociology* 113, no. 1 (2007): 1–40.

[87] Pariser, *The Filter Bubble*, 125.

[88] Mayer-Schonberger and Cukier, *Big Data*.

第五章

[1] See Markus Prior, "The Immensely Inflated News Audience: Assessing Bias in Self-Reported News Exposure," *Public Opinion Quarterly* 73, no. 1 (2009): 130–143; Michael J. LaCour, "A Balanced News Diet, Not Selective Exposure: Evidence from a Real World Measure of Media Exposure," Presented at the Annual Midwest Political Science Association, Chicago, April 2012; James G. Webster, Patricia F. Phalen, and Lawrence W. Lichty, *Ratings Analysis: Audience Measurement and Analytics*, 4th ed. (New York: Routledge, 2014); Russ Clay, Jessica M. Barber, and Natalie J. Shook, "Techniques for Measuring Selective Exposure: A Critical Review," *Communication Methods and Measures* 7, no. 3 (2013): 221–245. 关于仪器与自我报告的优点比较，详见：Markus Prior, "The Challenge of Measuring Media Exposure: Reply to Dilliplane, Goldman, and Mutz," *Political Communication* 30, no. 4 (2013a): 620–634; Seth K. Goldman, Diana C. Mutz, and Susanna Dilliplane, "All Virtue Is Relative: A Response to Prior," *Political Communication* 30, no. 4 (2013): 635–653。

[2] C. Anderson, *The Long Tail: Why the Future of Business Is Selling Less of More*, 1st ed. (New York: Hyperion, 2006); Yochai Benkler, *The Wealth of Networks: How Social Production Transforms Markets and Freedom* (New Haven, CT: Yale University Press, 2006).

[3] T. Gitlin, "Public Sphere or Public Sphericules?" in *Media, Ritual, Identity*, ed. T. Liebes and James Curran (London: Routledge, 1998), 168–175; Elihu Katz, "And Deliver Us from Segmentation," *Annals of the American Academy of Political and Social Science* 546 (1996): 22–33; Cass R. Sunstein, *Republic.com 2.0* (Princeton, NJ: Princeton University Press, 2007).

[4] James G. Webster and T. B. Ksiazek, "The Dynamics of Audience Fragmentation: Public Attention in an Age of Digital Media," *Journal of Communication* 62 (2012): 39–56; Avery Holton, "Negating Nodes and Liquid Fragmentation: Extending Conversations of Diffusion, Social Networks, and Fragmentation," *Communication Theory* 22, no. 3 (2012): 279–298.

[5] D. Tewksbury, "The Seeds of Audience Fragmentation: Specialization in the Use of Online News Sites," *Journal of Broadcasting & Electronic Media* 49, no. 3 (2005): 332–348; Anderson, *The Long Tail*.

[6] James G. Webster, "Beneath the Veneer of Fragmentation: Television Audience Polarization in a Multichannel World," *Journal of Communication* 55, no. 2 (2005): 366–382.

[7] Jakob Bjur, *Transforming Audiences: Patterns of Individualization in Television Viewing* (Gothenburg, Germany: University of Gothenburg, 2009); Anke Wonneberger, "Coping with Diversity: Exposure to Public-Affairs TV in a Changing Viewing Environment," PhD diss., University of Amsterdam (2011); Elaine J. Yuan, "The New Multi-Channel Media Environment in China: Diversity of Exposure in Television Viewing," PhD diss., Northwestern University (2007); Su Jung Kim, "Emerging Patterns of News Media Use across Multiple Platforms and Their Political Implications in South Korea," PhD diss., Northwestern University (2011).

[8] Anderson, *The Long Tail*.

[9] M. Hindman, *The Myth of Digital Democracy* (Princeton, NJ: Princeton University Press, 2009); Webster and Ksiazek, "The Dynamic of Audience Fragmenation"; Arthur De Vany, *Hollywood Economics: How Extreme Uncertainty Shapes the Film Industry* (Routledge, 2003); Robert H. Frank and P. J. Cook, *The Winner-Take-All Society: Why the Few at the Top Get So Much More Than the Rest of Us* (New York: Penguin Press, 1996); Mark J. Salganik, P. S. Dodds, and D. J. Watts, "Experimental Study of Inequality and Unpredictability in an Artificial Cultural Market," *Science* 311, no. 5762 (2006): 854; W. Russell Neuman, *The Future of the Mass Audience* (Cambridge, UK: Cambridge University Press, 1991).

[10] Hindman, *The Myth of Digital Democracy*; Jungsu Yim, "Audience Concentration in the Media: Cross-Media Comparisons and the Introduction of the Uncertainty Measure," *Communication Monographs* 70, no. 2 (2003): 114–128.

[11] Anderson, *The Long Tail*, 181.

[12] For example, Anita Elberse, "Should You Invest in the Long Tail?" *Harvard Business Review* 86, no. 7/8 (2008): 88–96; Frank and Cook, *The Winner-Take-All Society*.

[13] Bernardo A. Huberman, *The Laws of the Web: Patterns in the Ecology of Information* (Cambridge, MA: MIT Press, 2003); Albert-László Barabási and Réka Albert, "Emergence of Scaling in Random Networks," *Science* 286, no. 5439 (1999): 509–512.

[14] Alexander Halavais, *Search Engine Society* (Cambridge, UK: Polity Press, 2009), 60.

[15] Chris Anderson, *Free: The Future of a Radical Price* (New York: Hyperion, 2009).

[16] Frank and Cook, *The Winner-Take-All Society*, 33.

[17] Anderson, *The Long Tail*, 22.

[18] Nathanael J. Fast, Chip Heath, and George Wu, "Common Ground and Cultural Prominence," *Psychological Science* 20, no. 7 (2009): 904–911.

[19] M. Proulx and S. Shepatin, *Social TV: How Marketers Can Reach and Engage Audiences by Connecting Television to the Web, Social Media, and Mobile* (Hoboken, NJ: Wiley, 2012); S. Wu, J. M. Hofman, W. A. Mason, and D. J. Watts, "Who Says What to Whom on Twitter," paper presented at the International World Wide Web Conference, Hyderabad, India, March 28–April 1, 2011; Nielsen, "The Follow-Back: Understanding the Two-Way Causal Influence between Twitter Activity and TV Viewership," *Nielsen Newswire* (August 6, 2013b).

[20] Salganik, Dodds, and Watts, "Experimental Study of Inequality and Unpredictability in an Artificial Cultural Market."

[21] James Surowiecki, *The Wisdom of Crowds: Why the Many Are Smarter Than the Few and How Collective Wisdom Shapes Business, Economies, Societies and Nations* (New York: Doubleday, 2004).

[22] For example，Hindman，*The Myth of Digital Democracy*；De Vany，*Hollywood Economics*；W. W. Fu and C. C. Sim，"Aggregate Bandwagon Effect on Online Videos' Viewership：Value Uncertainty, Popularity Cues, and Heuristics，" *Journal of the American Society for Information Science and Technology* 62，no. 12（2011）：2382–2395.

[23] Elberse, "Should You Invest in the Long Tail?"

[24] Webster, "Beneath the Veneer of Fragmentation."

[25] For example，Andrew S. C. Ehrenberg，"The Factor Analytic Search for Program Types，" *Journal of Advertising Research* 8，no. 1（1968）：55–63；A. D. Kirsch and S. Banks，"Program Types Defined by Factor Analysis，" *Journal of Advertising Research* 2，no. 3（1962）：29–31；Dennis H. Gensch and B. Ranganathan，"Evaluation of Television Program Content for the Purpose of Promotional Segmentation，" *Journal of Marketing Research* 11，no. 4（1974）：390–398；Roland T. Rust，Wagner A. Kamakura，and Mark I. Alpert，"Viewer Preference Segmentation and Viewing Choice Models for Network Television，" *Journal of Advertising* 21，no. 1（1992）：1–18；Manouche Tavakoli and Martin Cave，

"Modelling Television Viewing Patterns," *Journal of Advertising* 25, no. 4 (1996): 71–86.

[26] Jon Marks and Michael Hess, "Redefining Program Types Using Viewing Analysis," PowerPoint presentation for Nielsen 360, Turner Research, Atlanta, GA, 2012.

[27] Kate Kaye, "Welcome to the Era of the Data-Driven Programmer: Yet Algorithms Won't Replace Humans Any Time Soon," *Advertising Age* (April 8, 2013): 8.

[28] Markus Prior, *Post-broadcast Democracy: How Media Choice Increases Inequality in Political Involvement and Polarizes Election* (Cambridge, UK: Cambridge University Press, 2007).

[29] Thomas B. Ksiazek, Edward C. Malthouse, and James G. Webster, "News-Seekers and Avoiders: Exploring Patterns of Total News Consumption across Media and the Relationship to Civic Participation," *Journal of Broadcasting & Electronic Media* 54, no. 4 (2010): 551–568.

[30] Su Jung Kim and James G. Webster, "The Impact of a Multichannel Environment on Television News Viewing: A Longitudinal Study of News Audience Polarization in South Korea," *International Journal of Communication* 6 (1) (2012): 838–856; Anke Wonneberger, Klaus Schoenbach, and Lex van Meurs, "Dimensionality of TV-News Exposure: Mapping News Viewing Behavior with People-Meter Data," *International Journal of Public Opinion Research* 21 (1) (2012): 87–107; Anke Wonneberger, Klaus Schoenbach, and Lex van Meurs, "Staying Tuned: TV News Audiences in the Netherlands 1988–2010," *Journal of Broadcasting & Electronic Media* 56, no. 1 (2012): 55–74; T. Aalberg, A. Blekesaune, and E. Elvestad, "Media Choice and Informed Democracy: An Empirical Study of Increasing Information Gaps in Europe," paper presented at the APSA 2012 Annual Meeting (2012).

[31] See Markus Prior, "Media and Political Polarization," *Annual Review of Political Science* 16, no. 1 (2013): 101–127; N. J. Stroud, *Niche News: The Politics of News Choice* (Oxford: Oxford University Press, 2011); Kathleen H. Jamieson and Joseph N. Cappella, *Echo Chamber: Rush Limbaugh and the Conservative Media Establishment* (New York: Oxford University Press, 2009); Shanto Iyengar and Kyusup Hahn, "Red Media, Blue Media: Evidence of Ideological Selectivity in Media Use," *Journal of Communication* 59, no. 1 (2009): 19–39; B. Hollander, "Tuning out or Tuning Elsewhere? Partisanship, Polarization, and Media Migration from 1998 to 2006," *Journalism and Mass Communication Quarterly* 85, no. 1 (2008): 23–40; Matthew Gentzkow and Jesse M. Shapiro, "Ideological Segregation Online and Offline," *The Quarterly Journal of Economics* 126, no. 4 (2011): 1799–1839; Kevin Arceneaux, Martin Johnson, and John Cryderman, "Communication, Persuasion, and the Conditioning Value of Selective Exposure: Like Minds May Unite and Divide but They Mostly Tune Out," *Political Communication* 30, no. 2 (2013): 213–231; W. L. Bennett and S. Iyengar, "A New Era of Minimal Effects? The Changing Foundations of Political Communication," *Journal of Communication* 58, no. 4 (2008): 707–731.

[32] LaCour, "A Balanced News Diet."

[33] Gentzkow and Shapiro, "Ideological Segregation."

[34] Ibid., 1821.

[35] Hindman, *The Myth of Digital Democracy.*

[36] Gentzkow and Shapiro, "Ideological Segregation," 1802.

[37] Ibid.

[38] Michael D. Conover, Jacob Ratkiewicz, Matthew Francisco, Bruno Gonçalves, Alessandro Flammini, and Filippo Menczer, "Political Polarization on Twitter," paper presented at the Proceedings of the 5th International Conference on Weblogs and Social Media (2011): 7.

[39] K. Nahon and J. Hemsley, "Democracy.com: A Tale of Political Blogs and Content," paper presented at the System Sciences (HICSS), 2011 44th Hawaii International Conference (January 4–7, 2011); E. Hargittai, J. Gallo, and M. Kane, "Cross-Ideological Discussions Among Conservative and Liberal Bloggers," *Public Choice* 134, no. 1–2 (2008): 67–86.

[40] Aaron Shaw and Yochai Benkler, "A Tale of Two Blogospheres: Discursive Practices on the Left and Right," *American Behavioral Scientist* 56, no. 4 (2012): 482.

[41] Sunstein, *Republic.com 2.0*; Stroud, *Niche News*; Iyengar and Hahn, "Red Media, Blue Media."

[42] Jamieson and Cappella, *Echo Chamber,* 240.

[43] R. Kelly Garrett, Benjamin K. Jonshon, Rachel Neo, and Aysemur Dal, "Implications of Pro- and Counter-Attitudinal Information Exposure for Affective Polarization," presented at the Annual Meeting of the International Communication Association, London, June 2013; Shanto Iyengar, Gaurav Sood, and Yphtach Lelkes, "Affect, Not Ideology: A Social Identity Perspective on Polarization," *Public Opinion Quarterly* 76, no. 3 (2012): 405–431.

[44] See G. J. Goodhardt, "Constant in Duplicated Television Viewing," *Nature* 212 (1966): 1616; Ehrenberg, "The Factor Analytic Search for Program Types."

[45]重叠受众是指任意两种媒介产品（例如电视节目、网站等）的受众重叠程度。例如，多少人同时观看两种电视节目，或者多大比例的人口访问两个不同的网站。

[46] G. J. Goodhardt, A. S. C. Ehrenberg, and M. A. Collins, *The Television Audience: Patterns of Viewing; An Update* (Aldershot, Hampshire, UK: Gower Publishing, 1987), 45.

[47] James G. Webster, "Audience Flow Past and Present: Television Inheritance Effects Reconsidered," *Journal of Broadcasting & Electronic Media* 50, no. 2 (2006): 323–337; Byrony Jardine, "Retaining the Primetime TV Audience: Examining Adjacent

Program Audience Duplication across Markets," PhD diss., University of South Australia (2012).

[48] Byron Sharp, Virginia Beal, and Martin Collins, "Television: Back to the Future," *Journal of Advertising Research* 49, no. 2 (2009): 211–219.

[49] PBS, "Audience Insight 2012," CPB Webinar, June 18, 2012.

[50] Ibid.

[51] Andrew S. C. Ehrenberg, Gerald J. Goodhardt, and T. Patrick Barwise, "Double Jeopardy Revisited," *The Journal of Marketing* 54, no. 3 (1990): 82–91; William N. McPhee, *Formal Theories of Mass Behavior* (Glencoe, IL: Free Press 1963); Elberse, "Should You Invest in the Long Tail?"

[52] Webster, "Beneath the Veneer of Fragmentation."

[53] See Harsh Taneja, James G. Webster, Edward C. Malthouse, and Thomas B. Ksiazek, "Media Consumption across Platforms: Identifying User-Defined Repertoires," *New Media & Society* 14, no. 6（2012）: 951–968; Webster, Phalen, and Lichty, *Ratings Analysis*.

[54] Sharp, Beal, and Collins, "Television"; Patrick Barwise and Andrew Ehrenberg, *Television and Its Audience* (Thousand Oaks, CA: Sage, 1988); James G. Webster, "Audience Behavior in the New Media Environment," *Journal of Communication* 36, no. 3 (1986): 77–91.

[55] PPM 是类似于寻呼机的装置，能够检测出在广播音频中嵌入的无声代码。更多信息详见：Webster, Phalen, and Lichty, *Ratings Analysis*。

[56] Thomas B. Ksiazek and James G. Webster, "Cultural Proximity and Audience Behavior: The Role of Language in Patterns of Polarization and Multicultural Fluency," *Journal of Broadcasting & Electronic Media* 52, no. 3 (2008): 485–503.

[57] For example, Ibid.; George A. Barnett and Eunjung Sung, "Culture and the Structure of the International Hyperlink Network," *Journal of Computer - Mediated Communication* 11, no. 1（2006）: 217–238; Hanwoo Park, George A. Barnett, and Chung Chung, Joo "Structural Changes in the 2003–2009 Global Hyperlink Network," *Global Networks* 11, no. 4（2011）: 522–542.

[58] For example, J. D. Straubhaar, *World Television: From Global to Local* (Thousand Oaks, CA: Sage, 2007); J. D. Straubhaar, "Beyond Media Imperialism: Asymmetrical Interdependence and Cultural Proximity," *Critical Studies in Media Communication* 8, no. 1 (1991): 39–59; Jae Kook Lee, "The Effect of the Internet on Homogeneity of the Media Agenda: A Test of the Fragmentation Thesis," *Journalism & Mass Communication Quarterly* 84, no. 4（2007）: 745–760.

[59] Daniel Ford and Josh Batson, "Languages of the World (Wide Web)," http://googleresearch.blogspot.com/2011/07/languages-of-world-wide-web.html.

[60]在不同的媒体之间，总会存在不同程度的受众重叠，即使只是一两个人。在这种

方法中，如果只考虑偶然性的作用，那么为了显示一条受众定义的链接，受众重叠须超出预期。更多信息详见：Thomas B. Ksiazek, "A Network Analytic Approach to Understanding Cross-Platform Audience Behavior," *Journal of Media Economics* 24, no. 4 (2011): 237–251。

[61] Harsh Taneja, "Mapping an Audience Centric World Wide Web: A Departure from Hyperlink Analysis," paper presented at Association for Education in Journalism and Mass Communication, Washington, DC, August 2013.

[62] 这个短语并不符合著名著作的描述：Clifford Geertz, *Local Knowledge: Further Essays in Interpretive Anthropology* (New York: Basic Books, 1983)。

[63] Matthew Hale, Erika Franklin Fowler, and Kenneth M. Goldstein, "Capturing Multiple Markets: A New Method of Capturing and Analyzing Local Television News," *Electronic News* 1, no. 4 (2007): 227–243.

[64] Damian Trilling and Klaus Schoenbach, "Patterns of News Consumption in Austria: How Fragmented Are They?" *International Journal of Communication* 7 (2013); Yuan, "The New Multi-Channel Media Environment in China."

[65] LaCour, "A Balanced News Diet."

[66] Ksiazek, Malthouse, and Webster, "News-Seekers and Avoiders."

[67] Mark Jurkowitz and Katerina Eva Masta, "Despite Some Warning Signs, Local TV Stations Are Hot Commodities," Pew Research Journalism Project (August 5, 2013).

[68] Hale, Fowler, and Goldstein, "Capturing Multiple Markets."

[69] Prior, *Post-broadcast Democracy*.

[70] Ksiazek, Malthouse, and Webster, "News-Seekers and Avoiders."

[71] Anderson, *The Long Tail*, 183.

[72] Farhad Manjoo, *True Enough: Learning to Live in a Post-fact Society* (New York: Wiley, 2008), 25.

[73] Ksiazek, "A Network Analytic Approach to Understanding Cross-Platform Audience Behavior"; Webster and Ksiazek, "The Dynamic of Audience Fragmentation."

[74] Gentzkow and Shapiro, "Ideological Segregation," 1823.

[75] Webster, Phalen, and Lichty, *Ratings Analysis*; Prior, "Media and Political Polarization."

[76] Kevin Arceneaux and Martin Johnson, *Changing Minds or Changing Channels? Partisan News in an Age of Choice* (Chicago: University of Chicago Press, 2013).

[77] Webster, "Beneath the Veneer of Fragmentation."

[78] Bill Carter, "Republicans Like Golf, Democrats Prefer Cartoons, TV Research Suggests," *New York Times* (October 11, 2012); Bruce Goerlich, "Political Ratings—a Nation Divided?" in *Thought Lobs from Goerlich's Frontal Lobe* (October 26, 2012), http://brucegoerlich.com/2012/10/26/political-ratings-a-nation-divided; Travis N. Ridout, Michael Franz, Kenneth M. Goldstein, and William J. Feltus, "Separation by Television Program: Understanding the Targeting of Political Advertising in Presidential Elections," *Political Communication* 29, no. 1 (2012): 1–23; Experian Simmons, "Simmons Consumer Segmentations: PoliticalPersonas" (New York: Author, 2011).

[79] Carter, "Republicans Like Golf, Democrats Prefer Cartoons, TV Research Suggests."

[80] Goerlich, "Political Ratings."

[81] 视听率经常以某个节目每分钟的平均受众为基础。为了与表5—1一致，这些视听率是以到达率（reach）为基础的。二者几乎没有区别。更进一步说，在奥斯卡颁奖典礼中，最受欢迎的7个节目中的前5名是不断变化的（例如典礼前后的"红毯"报道）。我只保留了最受欢迎的奥斯卡，去除了周四的《美国偶像》，以避免重复。

[82] 这个相关性基于每个节目的到达率，而不是排名。这项分析包括大约22 000个节目。MSNBC与CNN的受众相关性为0.90。福克斯新闻与CNN的受众相关性为0.77。

第六章

[1] Anthony Giddens, *The Constitution of Society: Outline of the Theory of Structuration* (Berkeley: University of California Press, 1984), xvi.

[2] For example, James G. Webster, "The Duality of Media: A Structurational Theory of Public Attention," *Communication Theory* 21, no. 1 (2011): 43–66; Sharon Hays, "Structure and Agency and the Sticky Problem of Culture," *Sociological Theory* 12 (1994): 57–72; William H. Sewell, "A Theory of Structure: Duality, Agency, and Transformation," *American Journal of Sociology* 98, no. 1 (1992): 1–29; Mustafa Emirbayer and Ann Mische, "What Is Agency?" *American Journal of Sociology* 103, no. 4 (1998): 962–1023; Rob Stones, *Structuration Theory* (Basingstoke Hampshire, UK: Palgrave Macmillan, 2005).

[3] Sewell, "A Theory of Structure," 2.

[4] Anthony Giddens, *Social Theory and Modern Sociology* (Stanford, CA: Stanford University Press, 1987), 221.

[5] For example, William J. Adams, "Scheduling Practices Based on Audience Flow: What Are the Effects on New Program Success?" *Journalism & Mass Communication Quarterly* 74, no. 4 (1997): 839–858.

[6] Joseph Turow, *The Daily You: How the New Advertising Industry Is Defining Your Identity and Your Worth* (New Haven, CT: Yale University Press, 2012), 117.

[7] Tarleton Gillespie, "Designed to 'Effectively Frustrate': Copyright, Technology and the Agency of Users," *New Media & Society* 8, no. 4 (2006): 651–669; Henry Jenkins, Sam Ford, and Joshua Green, *Spreadable Media: Creating Value and Meaning in a Networked Culture* (New York: New York University Press, 2013); Lawrence Lessig, *Remix: Making Art and Commerce Thrive in the Hybrid Economy* (New York: Penguin Press, 2008); John G. Palfrey and Urs Gasser, *Interop: The Promise and Perils of Highly Interconnected Systems* (New York: Basic Books 2012).

[8] Michael D. Slater, "Reinforcing Spirals: The Mutual Influence of Media Selectivity and Media Effects and Their Impact on Individual Behavior and Social Identity," *Communication Theory* 17, no. 3 (2007): 288.

[9] K. H. Jamieson and J. N. Cappella, *Echo Chamber: Rush Limbaugh and the Conservative Media Establishment* (New York: Oxford University Press, 2009).

[10] Cass R. Sunstein, *Republic.com 2.0* (Princeton, NJ: Princeton University Press, 2007); Cass R. Sunstein, *Going to Extremes: How Like Minds Unite and Divide* (New York: Oxford University Press, 2009).

[11] Palfrey and Gasser, *Interop*, 11–12.

[12] Sunstein, *Republic.com 2.0*.

[13] J. Turow, *Breaking Up America: Advertisers and the New Media World* (Chicago: University of Chicago Press, 1997).

[14] T. Gitlin, "Public Sphere or Public Sphericules?" in *Media, Ritual, Identity*, ed. T. Liebes and James Curran (London: Routledge, 1998), 168–175.

[15] M. Van Alstyne and E. Brynjolfsson, "Global Village or Cyber-Balkans? Modeling and Measuring the Integration of Electronic Communities," *Management Science* 51 (6) (2005): 851–868.

[16] Eli Pariser, *The Filter Bubble: What the Internet Is Hiding from You* (New York: Penguin Press, 2011).

[17] Chris Anderson, *The Long Tail: Why the Future of Business Is Selling Less of More*, 1st ed. (New York: Hyperion, 2006).

[18] For example, Eszter Hargittai, "Digital Na（t）ives？ Variation in Internet Skills and Uses among Members of the 'Net Generation,'" *Sociological Inquiry* 80, no. 1（2010）：92 – 113; Eszter Hargittai, "Second-Level Digital Divide," *First Monday* 7, no. 4 – 1（2002） .

[19] Eszter Hargittai, L. Fullerton, E. Menchen-Trevino, and K. Y. Thomas, "Trust Online: Young Adults' Evaluation of Web Content," *International Journal of Communi-*

cation 4, no. 1 (2010): 468–494.

[20] Hays, "Structure and Agency and the Sticky Problem of Culture," 62.

[21] Yochai Benkler, *The Wealth of Networks: How Social Production Transforms Markets and Freedom* (New Haven, CT: Yale University Press, 2006).

[22] Henry Jenkins, *Convergence Culture: Where Old and New Media Collide* (New York: New York University Press, 2006).

[23] Benkler, *The Wealth of Networks*, 9.

[24] Markus Prior, *Post-broadcast Democracy: How Media Choice Increases Inequality in Political Involvement and Polarizes Elections* (Cambridge, UK: Cambridge University Press, 2007), 17–18.

[25] Sunstein, *Republic.com 2.0*, 6.

[26] Pariser, *The Filter Bubble*.

[27] Turow, *The Daily You*.

[28] Pariser, *The Filter Bubble*, 218.

[29] Bruce A. Williams and Michael X. Delli Carpini, *After Broadcast News: Media Regimes, Democracy, and the New Information Environment* (Cambridge, UK: Cambridge University Press, 2011), 17.

[30] Ibid., 85.

[31] Ernst Fehr and Karla Hoff, "Introduction: Tastes, Castes and Culture: The Influence of Society on Preferences," *The Economic Journal* 121, no. 556 (2011): F396–F412.

[32] Samuel Bowles, "Endogenous Preferences: The Cultural Consequences of Markets and Other Economic Institutions," *Journal of Economic Literature* 36, no. 1 (1998): 75.

[33] Ibid., 80.

[34] Giddens, *Social Theory and Modern Sociology*, 59.

[35] B. M. Owen and S. S. Wildman, *Video Economics* (Cambridge, MA: Harvard University Press, 1992).

[36] For example, Herbert J. Gans, *Popular Culture and High Culture: An Analysis and Evaluation of Taste*, rev. and updated ed. (New York: Basic Books, 1999); P. Bourdieu, *Distinction: A Social Critique of the Judgment of Taste*, trans. Richard Nice (Cambridge, MA: Harvard University Press, 1984); Noah Mark, "Birds of a Feather Sing Together," *Social Forces* 77, no. 2 (1998): 453–485; Kevin Lewis, Marco Gonzalez, and Jason Kaufman, "Social Selection and Peer Influence in an Online Social Network," *Proceedings of the National Academy of Sciences* 109, no. 1 (2012): 68–72.

[37] Elihu Katz, Jay G. Blumler, and Michael Gurevitch, "Utilization of Mass Communication by the Individual," in *The Uses of Mass Communications: Current Perspectives on Gratifications Research*, ed. Jay G. Blumler and Elihu Katz (Beverly Hills: Sage, 1974), 20.

[38] Leon Festinger, *A Theory of Cognitive Dissonance* (Stanford, CA: Stanford University Press, 1957); D. Zillmann and J. Bryant, eds., *Selective Exposure to Communication* (Hillsdale, NJ: Erlbaum, 1985).

[39] D. Zillmann, "Mood Management in the Context of Selective Exposure Theory," in *Communication Yearbook*, ed. M. E. Roloff (Thousand Oaks, CA: Sage, 2000), 103–124; Peter Vorderer, Christoph Klimmt, and Ute Ritterfeld, "Enjoyment: At the Heart of Media Entertainment," *Communication Theory* 14, no. 4 (2004): 388–408; Jinhee Kim and Mary Beth Oliver, "How Do We Regulate Sadness through Entertainment Messages? Exploring Three Predictions," *Journal of Broadcasting & Electronic Media* 57, no. 3 (2013): 374–391.

[40] Gary S. Becker, *Accounting for Tastes* (Cambridge, MA: Harvard University Press, 1996).

[41] 一些理论认为偏好导致选择，另一些理论则认为偏好导致接触。从概念上讲，选择与接触是不同的。选择是用户的一种蓄意行为，接触却不是。这些术语经常互换使用。事实上，我们经常通过选择行为来测量接触，例如受众调到某一频道或者访问某一网页。See James G. Webster, Patricia F. Phalen, and Lawrence W. Lichty, *Ratings Analysis：Audience Measurement and Analytics*, 4th ed.（New York：Routledge, 2014）.

[42] William James, *Principles of Psychology*, vol. 1 (Cambridge, MA: Harvard University Press, 1890), 402. (emphasis in the original).

[43] Turow, *The Daily You*.

[44] Malcolm McCullough, *Ambient Commons: Attention in the Age of Embodied Information* (Cambridge, MA: MIT Press, 2013), 12.

[45] Pariser, *The Filter Bubble*.

[46] Jenkins, Ford, and Green, *Spreadable Media*, 13.

[47] 我的岳母已经90岁高龄，她生活在肯塔基州的乡村。出于好奇，我问她是否听说过"江南style"，她说没有听说过，然而当我的妻子在手机上播放鸟叔的视频时，她说："对，我看过这个视频。但是我不理解这是什么。"

[48] M. L. Ray, "Marketing Communication and the Hierarchy of Effects," in *New Models of Communication Research*, vol. 2, ed. P. Clarke (Beverly Hills, CA: Sage, 1973), 47–176.

[49] Ibid., 152.

[50] J. W. Brehm, "Postdecision Changes in the Desirability of Alternatives," *The Journal of Abnormal and Social Psychology* 52, no. 3 (1956): 384; Petter Johansson, Lars Hall, and Nick Chater, "Preference Change through Choice," in *Neuroscience of Preference and Choice*, ed. Raymond Dolan and Tali Sharot (London: Academic Press, 2012), 121–141; Venkat Lakshminarayanan and Laurie R. Santos, "The Evolution of Our Preferences: Insights from Non-human Primates," in *Neuroscience of Preference and Choice*, ed. Raymond Dolan and Tali Sharot (London: Academic Press, 2012), 75–91.

[51] Paul Slovic, "The Construction of Preference," *American Psychologist* 50, no. 5 (1995): 364–371.

[52] Dan Ariely and Michael I. Norton, "How Actions Create—Not Just Reveal—Preferences," *Trends in Cognitive Sciences* 12, no. 1 (2008): 14.

[53] Amos Tversky and Daniel Kahneman, "Judgment under Uncertainty: Heuristics and Biases," *Science* 185, no. 4157 (1974): 1124–1131; J. N. Marewski, M. Galesic, and G. Gigerenzer, "Fast and Frugal Media Choices," in *Media Choice: A Theoretical and Empirical Overview*, ed. T. Hartmann (New York: Routledge, 2009), 107–128.

[54] Ray, "Marketing Communication and the Hierarchy of Effects."

[55] R. B. Zajonc, "Attitudinal Effects of Mere Exposure," *Journal of Personality and Social Psychology* 9, no. 2 (1968): 1; R. B. Zajonc, "Mere Exposure: A Gateway to the Subliminal," *Current Directions in Psychological Science* 10, no. 6 (2001): 224–228.

[56] Jennings Bryant and Mary B. Oliver, *Media Effects: Advances in Theory and Research*, 3rd ed. (New York: Routledge, 2009).

[57] Prior, *Post-broadcast Democracy*.

[58] George Gerbner, Larry Gross, Michael Morgan, Nancy Signorielli, and James Shanahan, "Growing Up with Television: Cultivation Processes," in *Media Effects: Advances in Theory and Research*, 2nd ed., ed. Jennings Bryant and Dolf Zillmann (Mahwah, NJ: Erlbaum, 2002), 43–68.

[59] Paul F. Lazarsfeld and Robert K. Merton, "Mass Communication, Popular Taste and Organized Social Action," in *The Communication of Ideas*, ed. Lyman Bryson (New York: Harper & Row, 1948), 95–118.

[60] Joseph T. Klapper, *The Effects of Mass Communication: Foundations of Communications Research* (Glencoe, IL: Free Press, 1960).

[61] Bart J. Bronnenberg, Jean-Pierre H. Dubé, and Matthew Gentzkow, "The Evolution of Brand Preferences: Evidence from Consumer Migration," *The American Economic Review* 102, no. 6 (2012): 2472–2508.

[62] 有关此话题的各种观点，详见：R. Kelly Garrett and Paul Resnick, "Resisting Politi-

cal Fragmentation on the Internet," *Daedalus* 140, no. 4 (2011): 676–699; Paul Resnick et al., "Bursting Your (Filter) Bubble: Strategies for Promoting Diverse Exposure," in *Proceedings of the 2013 Conference on Computer Supported Cooperative Work Companion* (San Antonio, TX: ACM, 2013), 95–100; Natalie Helberger, "Diversity by Design," *Journal of Information Policy* 1 (2011): 441–469; Ethan Zuckerman, *Rewire: Digital Cosmopolitans in the Age of Connection* (New York: Norton, 2013); Andrew Keen, *Digital Vertigo: How Today's Online Social Revolution Is Dividing, Diminishing, and Disorienting Us* (New York: St. Martin's Press, 2012)。

[63] Turow, *The Daily You*; Joseph Turow, *Niche Envy: Marketing Discrimination in the Digital Age* (Cambridge, MA: MIT Press, 2006); J. Rosen, "The Right to Be Forgotten," *Stanford Law Review Online* 64 (2012): 88; Natasha Singer, "Data Protection Laws, an Ocean Apart," *New York Times* (February 2, 2013); Mark Andrejevic, *Infoglut: How Too Much Information Is Changing the Way We Think and Know* (New York: Routledge, 2013).

[64] Pariser, *The Filter Bubble*.

[65] Siva Vaidhyanathan, *The Googlization of Everything (and Why We Should Worry)* (Berkeley: University of California Press, 2012).

[66] Clive Thompson, "If You Liked This, You're Sure to Love That," *New York Times Magazine* (November 21, 2008a), http://www.nytimes.com/2008/11/23/magazine/23Netflix-t.html?pagewanted=6.

[67] Jeffrey Zaslow, "If TiVo Thinks You Are Gay, Here's How to Set It Straight," *Wall Street Journal* (November 26, 2002).

[68] Pariser, *The Filter Bubble*, 233.

[69] Mark, "Birds of a Feather Sing Together"; Lewis, Gonzalez, and Kaufman, "Social Selection and Peer Influence in an Online Social Network"; Eszter Hargittai and Eden Litt, "The Tweet Smell of Celebrity Success: Explaining Variation in Twitter Adoption among a Diverse Group of Young Adults," *New Media & Society* 13, no. 5 (2011): 824–842.

[70] Manuel Castells, "The New Public Sphere: Global Civil Society, Communication Networks, and Global Governance," *The Annals of the American Academy of Political and Social Science* 616, no. 1 (2008): 78–93.

[71] Brent Hecht and Darren Gergle, "The Tower of Babel Meets Web 2.0: User-Generated Content and Its Applications in a Multilingual Context," paper presented at CHI 2010, April 10–15, Atlanta,, GA, 2010.

[72]有关全球信息流动的延伸讨论，详见：Zuckerman, *Rewire*。

第七章

[1] John Milton, *The Works of John Milton in Verse and Prose,* vol. 4 (London: William Pickering, 1851), 443.

[2] See Clifford G. Christians, T. L. Glasser, D. McQuail, K. Nordenstreng, and R. White, *Normative Theories of the Media: Journalism in Democratic Societies* (Urbana: University of Illinois Press, 2009).

[3] Philip M. Napoli, *Foundations of Communications Policy: Principles and Process in the Regulation of Electronic Media* (Cresskill, NJ: Hampton Press, 2001).

[4] Craig Calhoun, ed., *Habermas and the Public Sphere* (Cambridge, MA: MIT Press, 1992); Jürgen Habermas, *The Structural Transformation of the Public Sphere: An Inquire into a Category of Bourgeois Society* (Cambridge, MA: MIT Press, 1991); R. Benson, "Shaping the Public Sphere: Habermas and Beyond," *The American Sociologist* 40, no. 3 (2009): 175-197.

[5] For example, Manuel Castells, "The New Public Sphere: Global Civil Society, Communication Networks, and Global Governance," *The Annals of the American Academy of Political and Social Science* 616, no. 1 (2008): 78-93; W. Russell Neuman, Bruce Bimber, and Matthew Hindman, "The Internet and Four Dimensions of Citizenship," in *The Oxford Handbook of American Public Opinion and the Media*, ed. Robert Y. Shapiro and Lawrence R. Jacobs (New York: Oxford University Press, 2011), 22-42; Jürgen Habermas, "Political Communication in Media Society: Does Democracy Still Enjoy an Epistemic Dimension? The Impact of Normative Theory on Empirical Research," *Communication Theory* 16, no. 4 (2006): 411-426; Napoli, *Foundations of Communications Policy*; Maxwell E. McCombs and Donald L. Shaw, "The Evolution of Agenda-Setting Research: Twenty-Five Years in the Marketplace of Ideas," *Journal of Communication* 43, no. 2 (1993): 58-67; C. Edwin Baker, *Media, Markets, and Democracy* (Cambridge, UK: Cambridge University Press, 2001).

[6] Napoli, *Foundations of Communications Policy*.

[7] N. Helberger, "Diversity by Design," *Journal of Information Policy* 1 (2011): 444.

[8] Cass R. Sunstein, *Republic.com 2.0* (Princeton, NJ: Princeton University Press, 2007), 6-8.

[9] Elihu Katz, "And Deliver Us from Segmentation," *Annals of the American Academy of Political and Social Science* 546 (1996): 23.

[10] Yochai Benkler, *The Wealth of Networks: How Social Production Transforms Markets and Freedom* (New Haven, CT: Yale University Press, 2006), 258.

[11] Habermas, "Political Communication in Media Society," 423.

[12] Cass R. Sunstein, *Going to Extremes: How Like Minds Unite and Divide* (New York: Oxford University Press, 2009).

[13] Cass R. Sunstein, *Going to Extremes: How Like Minds Unite and Divied* (New York: Oxford University Press, 2009), 149 页。

[14]例如, J. Jarvis, *Public Parts: How Sharing in the Digital Age Improves the Way We Work and Live* (New York: Simon and Schuster, 2011); Benkler, *The Wealth of Networks*; Henry Jenkins, Sam Ford, and Joshua Green, *Spreadable Media: Creating Value and Meaning in a Networked Culture* (New York: New York University Press, 2013); Lawrence Lessig, *Remix: Making Art and Commerce Thrive in the Hybrid Economy* (New York: Penguin Press, 2008); Eric Schmidt and Jared Cohen, *The New Digital Age: Reshaping the Future of People, Nations and Business* (New York: Knopf, 2013) .

[15] Bruce A. Williams and Michael X. Delli Carpini, *After Broadcast News: Media Regimes, Democracy, and the New Information Environment* (Cambridge, UK: Cambridge University Press, 2011), 288.

[16] Jenkins, Ford, and Green, *Spreadable Media*, 13.

[17] Benkler, *The Wealth of Networks*, 272.

[18] Lee Rainie and Barry Wellman, *Networked: The New Social Operating System* (Cambridge, MA: MIT Press, 2012), 157.

[19] Jenkins, Ford, and Green, *Spreadable Media*, 259.

[20] For example, Benkler, *The Wealth of Networks*; J. Rosen, "The People Formerly Known as the Audience," *Huffington Post* (June 30, 2006), http://www.huffingtonpost.com/jay-rosen/the-people-formerly-known_1_b_24113.html; Dan Gillmor, *We the Media: Grassroots Journalism by the People, for the People* (Sebastopol, CA: O' Reilly Media, 2006); Jarvis, *Public Parts*; Baker, *Media, Markets, and Democracy*.

[21] Chris Anderson, *The Long Tail: Why the Future of Business Is Selling Less of More*, 1st ed. (New York: Hyperion, 2006), 106, 107.

[22] Lessig, *Remix*, 61.

[23] Kathleen H. Jamieson and Joseph N. Cappella, *Echo Chamber: Rush Limbaugh and the Conservative Media Establishment* (New York: Oxford University Press, 2009).

[24] Sunstein, *Republic.com 2.0*.

[25] Diana C. Mutz and Lori Young, "Communication and Public Opinion," *Public Opinion Quarterly* 75, no. 5 (2011): 1038, 1040.

[26] Joseph Turow, *Breaking Up America: Advertisers and the New Media World* (Chicago: University of Chicago Press, 1997).

[27] Lada A. Adamic and N. Glance, "The Political Blogosphere and the 2004 U.S. Election: Divided They Blog," paper presented at the Proceedings of the 3rd International Workshop on Link Discovery, Chicago, August 2005; K. Barzilai-Nahon and J. Hemsley, "Democracy.com: A Tale of Political Blogs and Content," paper presented at the Proceedings of the Hawaii International Conference on System Sci-

ences, Kauai, HI, January 2011.

[28] Joseph Turow, *The Daily You: How the New Advertising Industry Is Defining Your Identity and Your Worth* (New Haven, CT: Yale University Press, 2012).

[29] 同上；Robert W. McChesney, *Digital Disconnect: How Capitalism Is Turning the Internet against Democracy*（New York：New Press，2013）.

[30] E. Pariser, *The Filter Bubble: What the Internet Is Hiding from You* (New York: Penguin Press, 2011); Sunstein, *Republic.Com 2.0*.

[31] Sunstein, *Republic.com 2.0*, 11.

[32] Markus Prior, *Post-broadcast Democracy: How Media Choice Increases Inequality in Political Involvement and Polarizes Elections* (Cambridge, UK: Cambridge University Press, 2007).

[33] Pariser, *The Filter Bubble*.

[34] T. Gitlin, "Public Sphere or Public Sphericules?" in *Media, Ritual, Identity*, ed. T. Liebes and James Curran (London: Routledge, 1998), 168–175.

[35] W. Lance Bennett and Shanto Iyengar, "The Shifting Foundations of Political Communication: Responding to a Defense of the Media Effects Paradigm," *Journal of Communication* 60, no. 1 (2010): 35–39. Also see Kevin Arceneaux and Martin Johnson, *Changing Minds or Changing Channels? Partisan News in an Age of Choice* (Chicago: University of Chicago Press, 2013).

[36] Williams and Delli Carpini, *After Broadcast News*.

[37] Herbert J. Gans, *Popular Culture and High Culture: An Analysis and Evaluation of Taste*, rev. and updated ed. (New York: Basic Books, 1999).

[38] Ibid., 13.

[39] Matthew A. Baum, "Sex, Lies, and War: How Soft News Brings Foreign Policy to the Inattentive Public," *American Political Science Review* 96, no. 1 (2002): 91–109; James Hamilton, *All the News That's Fit to Sell: How the Market Transforms Information into News* (Princeton, NJ: Princeton University Press, 2004); R. Lance Holbert, Owen Pillion, David A. Tschida, Greg G. Armfield, Kelly Kinder, Kristin L. Cherry, and Amy R. Daulton, "The West Wing as Endorsement of the U.S. Presidency: Expanding the Bounds of Priming in Political Communication," *Journal of Communication* 53, no. 3 (2003): 427–443; Williams and Delli Carpini, *After Broadcast News*; Anke Wonneberger, Klaus Schoenbach, and Lex Van Meurs, "How Keeping up Diversifies: Watching Public Affairs TV in the Netherlands 1988–2010," *European Journal of Communication* 28, no. 6 (2013): 646–662.

[40] Williams and Delli Carpini, *After Broadcast News*, 84.

[41] Prior, *Post-broadcast Democracy*; Thomas B. Ksiazek, Edward C. Malthouse, and James G. Webster, "News-Seekers and Avoiders: Exploring Patterns of Total News Consumption across Media and the Relationship to Civic Participation," *Journal of Broadcasting & Electronic Media* 54, no. 4 (2010): 551–568; T. Aalberg, A. Blekesaune, and E. Elvestad, "Media Choice and Informed Democracy: An Empirical Study of Increasing Information Gaps in Europe," paper presented at the APSA 2012 Annual Meeting, New Orleans, August 30–September 2 2012; Arceneaux and Johnson, *Changing Minds or Changing Channels?*

[42] For example, George Gerbner, Larry Gross, Michael Morgan, Nancy Signorielli, and James Shanahn, "Growing Up with Television: Cultivation Processes," in *Media Effects: Advances in Theory and Research*, ed. Jennings Bryant and Dolf Zillmann (Mahwah, NJ: Erlbaum, 2002), 43–68.

[43] For example, Jay G. Blumler, "The Role of Theory in Uses and Gratifications Studies," *Communication Research* 6, no. 1 (1979): 9–36; Klaus Schoenbach and Edmund Lauf, "Another Look at the 'Trap' Effect of Television—and Beyond," *International Journal of Public Opinion Research* 16, no. 2 (2004): 169–182.

[44] Tilo Hartmann, ed. *Media Choice: A Theoretical and Empirical Overview* (New York: Routledge, 2009b); James G. Webster, "The Role of Structure in Media Choice," in *Media Choice: A Theoretical and Empirical Overview*, ed. T. Hartmann (New York: Routledge, 2009), 221–233.

[45] Pew, "Beyond Red vs. Blue: Political Typology" (Washington, DC: Pew Center for the People & the Press, 2011).

[46] Mutz and Young, "Communication and Public Opinion"; David O. Sears and Jonathan L. Freedman, "Selective Exposure to Information: A Critical Review," *Public Opinion Quarterly* 31, no. 2 (1967): 194–213.

[47] Michael J. LaCour, "A Balanced News Diet, Not Selective Exposure: Evidence from a Real World Measure of Media Exposure," presented at the Annual Midwest Political Science Association, Chicago, April 2012; D. Trilling and K. Schoenbach, "Challenging Selective Exposure: Do People Expose Themselves Only to Online Content That Fits Their Interests and Preferences?," paper presented at the WAPOR 65th Annual Conference, Hong Kong, June 2012; Matthew Gentzkow and Jesse M. Shapiro, "Ideological Segregation Online and Offline," *The Quarterly Journal of Economics* 126, no. 4 (2011); R. Kelly Garrett, "Politically Motivated Reinforcement Seeking: Reframing the Selective Exposure Debate," *Journal of Communication* 59, no. 4 (2009): 676-699; Markus Prior, "Media and Political Polarization," *Annual Review of Political Science* 16, no. 1 (2013): 101–127.

[48] Richard E. Caves, *Creative Industries: Contracts between Art and Commerce* (Cam-

bridge, MA: Harvard University Press, 2000); William T. Bielby and D. Denise Bielby, "Hits Are Flukes": Institutionalized Decision Making and the Rhetoric of Network Prime-Time Program Development," *American Journal of Sociology* (1994): 1287–1313; Gabriel Rossman, Nicole Esparza, and Phillip Bonacich, "I'd Like to Thank the Academy, Team Spillovers, and Network Centrality," *American Sociological Review* 75, no. 1 (2010): 31–51.

[49] Greta Hsu, Giacomo Negro, and Fabrizio Perretti, "Hybrids in Hollywood: A Study of the Production and Performance of Genre-Spanning Films," *Industrial and Corporate Change* 21, no. 6 (2012): 1427–1450; Joseph Lampel, Theresa Lant, and Jamal Shamsie, "Balancing Act: Learning from Organizing Practices in Cultural Industries," *Organization Science* 11, no. 3 (2000): 263–269.

[50] Lessig, *Remix*; Jenkins, Ford, and Green, *Spreadable Media*; Limor Shifman, "An Anatomy of a Youtube Meme," *New Media & Society* 14, no. 2 (2012): 187–203.

[51] Project for Excellence in Journalism, "How News Happens: A Study of the News Ecosystem in One American City" (New York: Pew Research Center, 2010); Jae Kook Lee, "The Effect of the Internet on Homogeneity of the Media Agenda: A Test of the Fragmentation Thesis," *Journalism & Mass Communication Quarterly* 84, no. 4 (2007): 745–760; Pablo J. Boczkowski, *News at Work: Imitation in an Age of Information Abundance* (Chicago: University of Chicago Press, 2010).

[52] Klaus Schoenbach, "'The Own in the Foreign': Reliable Surprise—an Important Function of the Media?" *Media, Culture & Society* 29, no. 2 (2007): 344–353.

[53] Anderson, *The Long Tail*.

[54] Anita Elberse, *Blockbusters: Hit-making, Risk-taking, and the Big Business of Entertainment* (New York: Holt, 2013), 163.

[55] Benkler, *The Wealth of Networks*, 258.

[56] Williams and Delli Carpini, *After Broadcast News*, 78.

[57] Mutz and Young, "Communication and Public Opinion," 1023.

[58] Matthew Gentzkow and Jesse M. Shapiro, "Competition and Truth in the Market for News," *The Journal of Economic Perspectives* 22, no. 2 (2008): 133–154; Daniel F. Stone, "Ideological Media Bias," *Journal of Economic Behavior & Organization* 78, no. 3 (2011): 256–271; N. J. Stroud, *Niche News: The Politics of News Choice* (Oxford: Oxford University Press, 2011).

[59] Mutz and Young, "Communication and Public Opinion," 1021.

[60] Katz, "And Deliver Us from Segmentation," 22.

[61] Williams and Delli Carpini, *After Broadcast News*, 285.

[62] Gentzkow and Shapiro, "Ideological Segregation," 1832.

[63] C. W. Anderson, Emily Bell, and Clay Shirky, *Post-industrial Journalism: Adapting to the Present* (New York: Tow Center for Digital Journalism, Columbia University Journalism School, 2012), 108.

[64] Gentzkow and Shapiro, "Ideological Segregation"; Anita Elberse, "Should You Invest in the Long Tail?" *Harvard Business Review* 86, no. 7–8 (2008): 88–96; James G. Webster and T. B. Ksiazek, "The Dynamics of Audience Fragmentation: Public Attention in an Age of Digital Media," *Journal of Communication* 62 (2012): 39–56.

[65] John Zaller, "A New Standard of News Quality: Burglar Alarms for the Monitorial Citizen," *Political Communication* 20, no. 2 (2003): 109–130.

[66] Schmidt and Cohen, *The New Digital Age*, 4.

[67] Ethan Zuckerman, *Rewire: Digital Cosmopolitans in the Age of Connection* (New York: Norton, 2013), 58.

[68] Elberse, "Should You Invest in the Long Tail?"; Gentzkow and Shapiro, "Ideological Segregation."

[69] M. Hindman, *The Myth of Digital Democracy* (Princeton, NJ: Princeton University Press, 2009); Webster and Ksiazek, "The Dynamic of Audience Fragmentation."

[70] Elberse, *Blockbusters*.

索 引

（所注页码为英文原书页码，即本书边码）

Ad servers，广告服务器，70，81-82
Advertising，广告
  and audience flow，受众流，65-66，69-70
  and audience formation，受众构成，8，16，67-70，157
  and dissonance-attribution model，不和谐—归因模型 140-141
  effect on marketplace of ideas，对观念市场的影响，153，157，162
  and endogenous preferences，内生偏好，138-141
  and low-involvement hierarchy Model，低涉入层级模型，141
  and media content，媒体内容，57，60
  and media measures，媒介测量，76-77，153
  money spent on，花费的金钱，8
  and sale of user attention，出售用户注意力，50，79，84，
  targeted，定位，70-71，162
  in traditional versus nonlinear media，传统媒体VS非线性媒体，70-71
Affective polarization，情感极化，111
Agency, individual. 能动性，个体，参见个体能动性
Aggregate behavior，整体行为，参见大众行为
Aggregate data，聚合数据，82-84，参见视听率机制
Algorithms，算法，84-86
  and collaborative filtering，协同过滤，86
  and obtrusiveness，凸显性，133
  and predictions，预测，84，92
Amazon 亚马逊

  and audience metrics，受众测量数据，60
  and collaborative filtering，协同过滤，86，153
  and recommendations，推荐，18，42
  and user information，用户信息，79
Analytics. 分析，参见大数据
Anderson, Chris，克里斯·安德森，19，52-53，92，102，103，110，151，157
Anderson, C. W.，C. W. 安德森，60
"Anywhere anytime" media consumption，"随时随地"媒体消费，5，47
Appointment viewing，预约收看，72
Ariely, Dan，丹·艾瑞里，28，141
Armstrong, Heather，海瑟·阿姆斯特朗，50
Attention economy，注意力经济，6，49-53. 参见受众；商业媒体；注意力市场；媒体用户
  and advertising，广告，8，16
  and audience formation，受众构成，6-9，13-17
  and commercial media，商业媒体，49-51
  components of，组成部分，10-18
  individual and public attention，个体与公众注意力 6-9，16
  and media content，媒体内容，15-16，61-62，66
  and media measures，媒介测量，17-18
  power of audience，受众的能力，12-13
  and publicly funded media，公共资助媒体，50-51
  and sharing economies，分享型经济，51-53
Audience. 受众，参见媒体用户
Audience autonomy，受众自主性，5
Audience duplication，受众重叠，112，114，121-

127

Audience flow, 受众流
 and audience loyalty, 受众忠诚, 112
 and audience management, 受众管理, 69
 and endogenous preferences, 内生偏好, 139
 and geography, 地理, 114–115
 linear and nonlinear, 线性与非线性, 64–66
 and predictability, 可预测性, 69–70
 and push and pull models, 推送与拉取模型, 67

Audience formation, 受众构成, 64–74, 97–128. 参见注意力经济；媒体用户；推荐机制
 competition for audience, 争夺受众, 1, 50–53, 58–59
 impact on media of, 对媒体的影响 12–13, 60
 and language and geography, 语言与地理, 114–116
 and local news, 地方新闻, 115–118
 map of strategies for, 策略示意图, 68–74
 and marketplace of ideas, 观念市场, 153
 means of assessing, 评估手段, 97–99
 micro- and macro-level analysis, 微观层面与宏观层面分析, 7, 12–13
 and parallel versus overlapping culture, 平行文化 VS 重叠文化, 19–20, 119–127
 push and pull models of, 推送与拉取模型, 16–17, 67
 and recommender systems, 推荐机制, 71
 theories of, 理论, 10–13, 71, 104, 112

Audience fragmentation, 受众分化, 19–20, 81, 98–104
 versus audience concentration, 受众集中, 19, 102–104
 and marketplace of ideas, 观念市场, 149–150
 and niche audiences, 利基受众, 50, 73, 135, 161
 and open and closed structures, 开放与封闭结构, 20–21, 131–133, 162
 and overlapping culture, 重叠文化, 19–20, 119–127
 and quality of offerings, 产品质量, 103
 and social media, 社交媒体, 103

Audience measurement. 受众测量, 参见媒介测量
Availability heuristic, 可得性启发, 141. 参见识别启发

Balkanization of audience, 受众巴尔干化, 19, 132. 参见受众分化
Balnaves, Mark, 马克·巴尔内夫斯, 87
Bandwagon effect, 从众效应, 42
Battelle, John, 约翰·巴特利, 80
BBC network, BBC电视网, 50–51
Beck, John C., 约翰·C·贝克, 8–9
Behavior bias, 行为偏见, 87–88
"Benefits to reputation," 出名的便利, 15
Benkler, Yochai, 尤查·本科勒, 6, 8, 52, 61, 134, 149, 151, 158
Bewkes, Jeff, 杰夫·比克斯, 66
Bialik, Carl, 卡尔·比亚利克, 90
Bias, 偏见
 and aggregated data, 聚合数据, 82–84
 behavior bias, 行为偏见, 87–88
 and bounded rationality, 有限理性, 36, 38
 in measurement, 测量中的, 86–91
 personalization bias, 个性化偏见, 88–89, 94, 158
 popularity bias, 流行度偏见, 89–91, 94, 158
 and search engines, 搜索引擎, 71
 and user information, 用户信息, 77–79
Big data. 大数据 参见媒介测量
 and audience formation, 受众形成, 71
 behavioral data, 行为数据, 87–88
 and marketplace of ideas, 观念市场, 153
 and mass behavior, 大众行为, 26–27
 and media measures, 媒介测量, 18, 59–60, 91–95
 and predictions, 预测, 84, 92–93
 and self-fulfilling prophesies, 自我应验的预言, 93
 value and impact of, 价值与影响, 92–93
Binge viewing, 狂看, 66
Blogs, 博客

and advertising, 广告, 50
　　and social media, 社交媒体, 41
Boczkowski, Pablo J., 帕布鲁·J·博奇科夫斯基, 58
Bounded rationality, 有限理性, 14, 36-37
　　and heuristics, 启发法, 37-38
　　and media preferences, 媒体偏好, 138
　　and rational choice, 理性选择, 27-28, 137, 156
　　and repertoires, 保留曲目, 36-37
Bowles, Samuel, 萨谬·鲍尔斯, 136
Broadcast media, 广播电视媒体, 64-65, 158-159
　　local, 地方, 116-118
　　and marketplace of ideas, 观念市场, 154, 158-159
　　and news, 新闻, 51, 124

Cable television networks, 有线电视网, 100-101. 参见电视
Chalaby, Jean K., 简·K·查拉比, 57
Channel loyalty, 频道忠诚, 112
Choice. 选择, 参见媒体选择
Choice-induced preference change, 选择诱发的偏好改变, 141
Coalition for Innovative Media Measurement, 媒介测量创新联合会, 79
Cognitive dissonance, 认知不调, 33-34, 137
Cohen, Jared, 杰瑞德·科恩, 162
Collaborative filtering, 协同过滤, 86, 88, 90, 153
Comedy Central, 喜剧中心频道
　　and channel loyalty, 频道忠诚, 113
　　and overlapping culture, 重叠文化, 125
Commercial media, 商业媒体, 49-51. 参见广播电视媒体；电视
　　and audience formation, 受众构成, 49-51, 74, 88
　　Cultural impact of, 文化影响, 135, 139, 142, 151, 157
　　influence of audience on, 受众对其影响, 59-60
　　and media content, 媒体内容, 61-62, 66

and media measures, 媒介测量, 17, 59
　　view of audience by, 商业媒体的受众观, 11-12, 18, 60
Common media culture. 共有媒体文化, 参见受众集中
Communications. 传播, 参见媒体
Competition for audience, 争夺受众, 1, 50-53, 58-59. 参见受众形成
Complex contagions, 复杂传染, 40
Concentration of audience, 受众集中, 19-20. 参见受众分化VS受众集中, 102-104
　　in Internet news sites, 网络新闻站点, 108-112
　　and marketplace of ideas, 观念市场, 157-158
Concurrent media use, 共时媒介使用, 5-6
Constitutive moments, 形成性时刻, 2
Contagions, 传染, 91
　　going viral, 病毒式传播, 42-43, 53
　　simple and complex, 简单与复杂, 40
Cook, Philip, 菲利普·库克, 103
Crosscutting news exposure, 交叉新闻接触, 108-112, 125. 参见开放与封闭结构
Cross-platform audiences, 跨平台受众, 77
Cultural capital, 文化资本, 30-31
Cultural omnivores, 文化杂食者, 31. 参见杂食者, 媒体
Cultural proximity, 文化亲缘性, 46-47
Culture. 文化, 参见观念市场
　　and fragmentation of audience, 受众分化, 19, 119
　　and marketplace of ideas, 观念市场, 154-155, 159-163
　　and media use patterns, 媒介使用模式, 1-3
　　parallel and overlapping, 平行与重叠, 19-20, 119-127, 146, 159-163
　　and polarization of news audiences, 新闻受众极化, 108-112, 159-160
　　role of communications in, 传播在当中的作用, 9

Daily patterns of media use, 媒介使用的日常样式, 14, 44-46. 参见结构, 社会

Data. 数据，参见大数据

Data, media-centric, 数据，以媒体为中心的，98–102

Data mining, 数据挖掘，71

Data reduction, 数据整理，82

Davenport, Thomas H., 托马斯·H·达文波特，8–9

Delli Carpini, Michael X., 迈克尔·X·德利·卡皮尼，9, 135, 151, 159, 160

Digg, 顶客，89

Digital media, 数字媒体，4–6. 参见媒体

 and advertising, 广告，70–71

 and audience formation, 受众构成，73

 and choice, 选择，1–2, 11–15, 24–25, 36

 and individual agency, 个体能动性，12

 and interoperability, 可交互操作性，4–6, 25, 122

 linear versus nonlinear, 线性VS非线性，64–66

 and product reuse, 产品再利用，63–64

 and social networks, 社交网络，13–14

Dissonance-attribution model, 不和谐—归因模型，140–141

Diversity of media content, 媒体内容多样性，16, 21, 50, 55–59. 参见观念市场

Duality of structure and agency, 结构—能动性二重性，136–141

 as basis of audience formation, 作为受众形成的基础，11, 105, 129–130

 micro- and macro-level analysis, 微观与宏观层面分析，7, 12–13

Dual product markets, 双重产品市场，50

Dunbar, Robin, 罗宾·邓巴，90

Dunbar's number, 邓巴数，90

Echo chambers, 回音室，132

Economy. 经济，参见注意力经济

EdgeRank (Facebook), 刀锋排名 (Facebook), 89

80/20 rule, 80/20法则，100

 and channel loyalty, 频道忠诚，113

 and news avoidance, 新闻规避，108

Elberse, Anita, 安妮塔·埃尔贝斯，56, 74, 157

Endogenous preferences, 内生偏好，20–21, 136, 138–142

 and advertising, 广告，138–139

Endorsement heuristics, 代言启发，38, 42

Entertainment programming, 娱乐节目

 and news, 新闻，154–154

 and partisan viewing, 党派性收看，125

 as source of political and cultural ideas, 作为政治和文化观点的来源，155

Everyday life patterns, 日常生活模式，14, 44–46. 参见结构，社会

Excessive sameness, 过度同一性，50

Exogenous preferences, 外生偏好，20–21, 136–138

Experience goods, 经验商品，14, 36

Exposure. 接触/曝露，参见受众形成的推送与拉取模型；选择性接触

Extremism, 极端主义，150

Facebook

 and advertising, 广告，50

 and algorithms, 算法，85

 and personalization bias, 个性化偏见，88–89

 size and influence of, 规模与影响，41, 42

 and social bonding, 社交纽带，40

 and user information, 用户信息，77, 79

Factor analysis, 因子分析，105

Federal Communication Commission (FCC), 联邦通信委员会，148

Filter. 过滤，参见算法；推荐机制

 collaborative, 协同，86, 88, 90, 153

 filter bubbles, 过滤气泡，89, 132, 134

Flow. 流，参见受众流

Flow texts, 文本流，66

Fox news, 福克斯新闻

 and channel loyalty, 频道忠诚，113

 and overlapping culture, 重叠文化，123–127

 and rating systems, 视听率机制，78–79

 and selective perception of news, 对新闻的选择性理解，111

 size of audience of, 受众规模，125

Fragmentation of audience. 受众的分化,参见受众分化
Frank, Robert, 罗伯特·弗兰克, 103
Freedman, Jonathan L., 乔纳森·L·弗里德曼, 33, 34
Freedom of speech, 言论自由, 21, 148

Gans, Herbert, 赫伯特·甘斯, 154–155
Gasser, Urs, 乌尔斯·加塞尔, 132
"Gated communities," 封闭社区, 132, 153
Genre preferences, 类型偏好, 29–30, 57–58
Gentzkow, Matthew, 马修·根茨科, 108–110, 123
Geography, 地理
　　and audience formation, 受众构成, 114–116
　　and media use of proximity, 媒介使用的亲缘性, 46, 162
　　and preference formation, 偏好形成, 145
Gerbner, George, 乔治·格伯纳, 141
Giddens, Anthony, 安东尼·吉登斯, 11, 44, 130–131, 137
Gillespie, Tarleton, 塔尔顿·吉莱斯皮, 84
Gillmor, Dan, 丹·吉尔默, 61
Gitlin, Todd, 托德·吉特林, 153
Global consensus hypothesis, 全球共识假说, 145
Global websites, 全球性网站, 115
　　and preference formation, 偏好形成, 144–145
Going viral, 病毒式传播, 42–43, 53. 参见社交传染
Goldman, William, 威廉·高曼, 16
Google, 谷歌
　　and advertising, 广告, 50
　　and algorithms, 算法, 85
　　and audience share, 受众分享, 101
　　and personalization, 个性化, 88, 153
　　and popularity, 流行度, 18, 80
　　and recommendations, 推荐, 42
　　and structuring preferences, 使偏好结构化, 143
　　and user information, 用户信息, 77, 79, 91
Granovetter, Mark, 马克·格兰诺维特, 40
Graph Search (Facebook), 图谱搜索, 85

Habermas, Jürgen, 尤尔根·哈贝马斯, 148, 149
Hamilton, Richard, 理查德·汉密尔顿, 58
Harrigan, Nicolas, 尼古拉斯·哈里根, 40
Hastings, Reed, 里德·哈斯廷斯, 143
Hedonic utility, 享乐效用, 27
Herding, 羊群效应, 13, 26, 42, 91
Heuristics, 启发法, 37–38
Hierarchy of effects, 效果层级, 8, 140
Homophily, 同质性效应, 39, 89

Ideas. 观念,参见观念市场
Individual agency. 个体能动性,参见结构—能动性二重性;媒体用户
　　as basis of audience formation, 作为受众构成的基础, 10–13
　　factors influencing media choices, 影响媒体选择的因素, 13–15
　　and media structures, 媒体结构, 129–130, 136–141
　　and media users, 媒体用户, 23–24
　　and structures of everyday life, 日常生活结构, 43–44
　　types of expressions of, 表述类型, 24
Individual attention. 个体注意力,参见个体能动性
　　compared to public attention, 与公众注意力相比, 7–8
　　theories of, 理论, 6–7
Influentials. 影响者,参见意见领袖
Information. 信息,参见新闻
Information cascades, 信息瀑布, 13, 26
　　going viral, 病毒式传播, 42–43
　　and opinion leaders, 意见领袖, 43
Information regimes, 信息机制, 77
"Institutionally effective audience," 制度意义上的有效受众, 12
Institutionally media resources. 制度意义上的媒体资源,参见结构,媒体
　　and diversity of content, 内容多样性, 56
　　impact of audience on, 受众对其影响, 26, 60
　　and media measures, 媒介测量, 17, 27, 76–77, 86

motivation of, 动机, 15, 49–51
publicly funded, 公共资助, 50–51
traditional, 传统的, 49
and view of audience, 受众观, 11–12, 18
Interoperability, 交互操作性, 4, 25, 132
and news, 新闻, 61–63
iTunes, 79

James, William, 威廉·詹姆斯, 138
JCPenney, 杰西佩尼, 80
Jenkins, Henry, 亨利·詹金斯, 42–43, 52, 53, 62, 67, 134, 151
Joe Einstein phenomenon, 乔·爱因斯坦现象, 52
Joint industry committees (JIC), 产业联合委员会, 78
Journalism. 新闻学, 参见新闻

Katz, Elihu, 伊莱休·卡茨, 24, 149, 160
King, Marlene, 马琳·金, 65
Ksiazek, Tom, 汤姆·齐亚泽克, 114

LaCour, Michael J., 迈克尔·J·拉库尔, 108
Lampel, Joseph, 约瑟夫·蓝佩尔, 56
Language. 语言, 参见地理
and audience formation, 受众构成, 114–116
and marketplace of ideas, 观念市场, 162
and preference formation, 偏好形成, 144–145
Law of double jeopardy, 双重危险法则, 113
Lessig, Larry, 拉里·莱辛, 152
Like-minded news exposure, 意气相投的新闻接触, 108–112
Likes (Facebook), 喜欢 (Facebook), 85, 91
Limbaugh, Rush, 拉什·林博, 111
Linear media, 线性媒体, 64–67. 参见广播电视媒体; 媒体; 电视
Linux software, Linux 软件, 52
Local news and information, 地方新闻与信息, 115–118, 162. 参见地理; 新闻
Locke, John, 约翰·洛克, 148
Long-tail distributions, 长尾分布, 19, 99–102, 104
and audience fragmentation, 受众分化, 119–120, 161
of news audiences, 新闻受众, 109–110
Lowest common denominator programs, 最小公分母节目, 50
Low-involvement hierarchy model, 低涉入层级模型, 141
Loyalties, 忠诚
and parallel versus overlapping culture, 平行 VS 重叠文化, 119–127
preference-driven, 偏好驱动, 104–112
structure-driven, 结构驱动, 112–116

Making audiences. 建构受众, 参见受众形成
Making media, 制作媒体, 15–16, 54–64
and quality of offerings, 产品质量, 103
and user-generated content, 用户生成内容, 15, 25, 132
Manjoo, Farhad, 法尔哈德·曼约奥, 110
Market and user information regimes, 市场与用户信息机制, 17–18, 76. 参见视听率机制
Marketplace of attention, 注意力市场, 1–3, 10–17. 参见注意力经济; 媒体用户
and advertising, 广告, 8, 16
and individual and public attention, 个体与公众注意力, 6–9, 16
and media measures, 媒介测量, 17–18
and media users, 媒体用户, 13–15
power of audience, 受众的能力, 12–13
theories of, 理论, 10–13
and types of media, 媒体类型, 15–17, 49–53
Marketplace of ideas, 观念市场, 147–163. 参见受众分化
defined, 定义, 21, 147–150
and diversity of content, 内容多样化, 16, 148–149
and extremism, 极端主义, 150
and mass media, 大众媒体, 151
and media measures, 媒介测量, 151–152
negative views of, 负面看法, 149–150, 152–153, 158–160
and news avoidance, 新闻躲(回)避, 161
positive views of, 正面看法, 149–152

and social media, 社交媒体, 150
Mass behavior, 大众行为, 26-27
Massively overlapping culture, 大规模重叠文化, 20, 118-127, 160
Massively parallel culture, 大规模平行文化, 19-20, 119, 132
McCullough, Malcolm, 马尔科姆·麦卡洛, 139
Measurement. 测量, 参见媒介测量
Media, 媒体
 attributes and types of, 特征与类型, 15-17
 creating and reusing, 创建与重新利用, 15-16, 25, 54-64
 diversity of content, 内容多样性, 16, 21, 50, 55-59, 142, 157
 investment in, 投资, 54-55
 linear and nonlinear, 线性与非线性, 64-66
Media-centric data, 以媒体为中心的数据, 98-102
Media choice, 媒体选择, 1-2, 11-15
 and abundance, 丰裕, 4, 14-17, 19, 36, 47-48, 102, 152
 and avoidance, 躲避, 30, 31, 35, 47
 and cultural taste, 文化品位, 30-32
 and individual agency, 个体能动性, 24-25
 and overlapping culture, 重叠文化, 161
 and preferences, 偏好, 29-30, 47-48, 87-88
 and rationality, 理性, 14, 27-28, 36-38, 137, 156
 and repertoires, 保留曲目, 36-37, 45
 and selective exposure, 选择性接触, 27, 33-35
 uses and gratifications paradigm, 使用与满足范式, 32-33
 and variety, 多样性, 30, 31, 32, 47, 50
"Media events," 媒体事件, 9
Media measures, 媒介测量, 17-18
 and aggregated data, 聚合数据, 82-84
 and audience fragmentation, 受众分化, 98-102, 153
 bias in, 偏见, 17-18, 86-91
 and collaborative filtering, 协同过滤, 86, 90, 153

 impact of, 影响, 76, 93
 and marketplace of ideas, 观念市场, 151-152, 158
 and media-centric data, 以媒体为中心的数据, 98-102
 and popularity, 流行, 18, 80, 94-95
 and predictions, 预测, 84, 92-93
 and rating systems, 视听率机制, 17, 59, 76-77
 and search terms, 搜索词, 85-86
 and user information, 用户信息, 18, 77-80
Media meshing, 媒体啮合, 6
Media metrics. 媒介测量指标, 参见媒介测量
Media Rating Council, 媒体视听率评级委员会, 79
Media regime, 传媒体制, 9
Media use patterns, 媒介使用模式, 1-6. 参见媒体选择；理性选择
 and daily and seasonal rhythms, 日常与季节性节奏, 14, 44-46
 formation of, 形成, 13-15
 and geographic and cultural proximity, 地理与文化亲缘性, 46-47
 and quality of offerings, 产品质量, 103
 and rational choice, 理性选择, 14-15
 of television versus Internet, 电视VS网络, 99-102
Media users. 媒体用户, 参见受众；个体能动性；媒体选择
 dilemma of, 困境, 14, 35-38, 67
 as individual agents, 个体能动者, 23-27
 influence of, 影响, 12-13, 23-27
 and marketplace of ideas, 观念市场, 150-153, 155-157
 and mass behavior, 大众行为, 26-27
 preferences of, 偏爱, 47
 and social networks, 社交网络, 13, 38-39
 and selective exposure, 选择性接触, 27, 33-36
 and structure of everyday life, 日常生活结构, 43-47
 theories of, 理论, 23-27
 time spent on media by, 花费在媒体上的时

间，5
Memes，模因，62
Merton, Robert K.，罗伯特·K.默顿，93
Mill, John Stuart，约翰·斯图亚特·穆勒，148，159
Milton, John，约翰·弥尔顿，147-148
MSNBC，123-127
    size of audience，受众规模，125
Multitasking，多任务执行，5-6
Murdoch, Rupert，鲁伯特·默多克，78-79
Mutz, Diana C.，戴安娜·C.穆茨，89，159

Netflix，奈飞
    and audience data，受众数据，60
    and collaborative filtering，协同过滤，86，153
    and novelty versus familiarity，新奇VS熟悉，57
    and recommendations，推荐，18，42
News，新闻
    and audience flow，受众流，69
    and audience loyalty，受众忠诚，29-30
    and broadcast networks，广播电视网，51，124
    and citizen journalists，公民记者，61-62
    and content diversity，内容多样性，51，58，62-63
    and entertainment，娱乐，154-155
    homogenization of，同质化，58-59，62，157-159
    and ideological segmentation，意识形态隔离，33-35，108-112，159-160
    in linear versus nonlinear media，线性VS非线性，69-71
    local，地方，115-118
    and marketplace of ideas，观念市场，154-155，159-160
    and media measures，媒介测量，60
    and news avoidance，新闻躲(回)避，106-108，161
    and selective perception，选择性理解，33-34，111
"New tastemakers,"新的舆论导向者，151-152
Niche audiences，利基受众，50，参见受众分化

and closed media structures，封闭媒体结构，135
and overlapping culture，重叠文化，161
and pull model of audience building，建构受众的拉取模型，73
Nielsen rating system，尼尔森视听率系统，78-79，120-121
"Nobody knows" phenomenon，"无人知晓"现象，16，55
Nonlinear media. 非线性媒体，参见数字媒体
Normative theory，规范性理论，148，161
Norton, Michael I.，迈克尔·I.诺顿，141

Objectivism，客观主义，11
Obtrusive and unobtrusive structure，凸显与非凸显结构，20-21，132-133
Omnivores, media，杂食者，媒体，31，47，119
    and marketplace of ideas，观念市场，150，156，161
Open and closed structures，开放与封闭结构，20-21，131-132
    and marketplace of ideas，观念市场，148，153
Opinion leaders，意见领袖，13
    and information cascades，信息瀑布，43
    and marketplace of ideas，观念市场，152
    and social networks，社交网络，39，41
O'Reilly, Tim，蒂姆·奥莱利，79，80
Overlapping culture. 重叠文化，参见受众分化；文化

PageRank (Google)，佩奇排名（谷歌），85
Palfrey, John G.，约翰·G.帕尔弗里，132
Pandora，潘多拉，64
Parallel culture. 平行文化，参见受众分化；文化
Pareto distributions，帕累托分布，99
Pariser, Eli，伊莱·帕里泽，73，77，81，88，89，94，135，143，144
PBS network，113，125
Personal Influence，《人际影响》，39
Personalization bias，个性化偏见，88-89，94，158
Peterson, Richard，理查德·彼德森，31

Polarization, 极化, 19-20, 参见受众分化
    and closed media structures, 封闭媒体结构, 132, 134-135
    and marketplace of ideas, 观念市场, 152-153, 162
    and news media, 新闻媒体, 108-112, 116-118
Political ideas. 政治观点, 参见观念市场
Popularity, 流行度
    and bias, 偏见, 89-91, 94, 158
    and closed and unobtrusive media structures, 封闭、非凸显结构, 89-91, 94
    and marketplace of ideas, 观念市场, 162-163
    and media measures, 媒介测量, 18, 80, 94-95
    and parallel versus overlapping culture, 平行VS重叠文化, 121-127
Portable people-meter (PPM) data, 便携式个人收视记录仪数据, 114
Power laws, 幂律, 99
Predictions, 预测
    of media success, 媒体成功, 16, 53, 55
    and recommender systems, 推荐机制, 84, 92-93
Preference-driven loyalties, 偏好驱动的忠诚, 104-112
Preference reversals, 偏好逆转, 141
Preferences, 偏好
    as basis for media choice, 作为媒体选择的基础, 47-48, 87-88
    endogenous and exogenous, 内生与外生, 20-21, 136-141
    and genre, 类型, 29-30, 57-58
    as interaction of structure and agency, 结构与能动性的互动, 136-141
    and marketplace of ideas, 观念市场, 152-153, 156
    and news avoidance, 新闻躲（回）避, 106-108, 161
    and niche audiences, 利基受众, 50, 73, 135, 161
    and rational choice, 理性选择, 27-28, 137

    source of, 根源, 13-15, 20-21, 48, 137
    structuring, 结构化, 142-145
    and taste, 品味, 30-32
Preferential attachment, 优先连接, 102
Prior, Markus, 马库斯·普赖尔, 106, 135, 141
Program types. 节目类型, 参见类型偏好
"Prosumers," 产消者, 24
Psychology of media choices, 媒介选择心理学, 13
Public attention, 公众注意力, 7-8, 16. 参见注意力经济; 受众形成; 注意力市场
Public goods, 公共产品, 16, 63-64
Public interest, 公共利益, 148
Publicly funded media, 公共资助媒体, 50-51
Public sphere, 公共领域, 148, 153, 154. 参见观念市场
Push and pull models of audience formation, 受众形成的推送与拉取模型, 67-74
    and channel repertoires, 频道保留曲目, 72-73
    defined, 定义, 16, 67
    and endogenous preferences, 内生偏好, 138-140
    and marketplace of ideas, 观念市场, 157
    and recommender systems, 推荐机制, 71

Rainie, Lee, 李·雷尼, 25, 151
Rating systems, 视听率机制
    and aggregated data, 聚合数据, 82-84
    and bias, 偏见, 78-79
    and media measures, 媒介测量, 17, 59
    and user information, 用户信息, 76-77
Rational choice, 理性选择, 27-28, 137, 156
    and bounded rationality, 有限理性, 14, 36-38, 138
Recognition heuristic, 识别启发, 37-38, 141
Recommender systems, 推荐机制, 14-15
    and audience formation, 受众构成, 71
    and audience fragmentation, 受众分化, 103, 135
    bias of, 偏见, 71, 88-89
    and collaborative filtering, 协同过滤, 86, 90
    and endogenous preferences, 内生偏好, 139
    and endorsement heuristic, 代言启发, 38

impact of, 影响, 93, 142–145
and marketplace of ideas, 观念市场, 162
and popularity, 流行度, 18, 80, 88–89, 94–95
and push and pull models, 推送与拉取模型, 67
and search term algorithms, 搜索词算法, 85–86
and social networks, 社交网络, 41–42
Recursive organization, 递归组织, 44
Reddit, 红迪网, 62, 89
Red media-blue media polarization, 红媒—蓝媒极化, 34, 108–112, 156. 参见新闻
Reliable surprise, 可靠的惊奇, 56
Repertoires, 保留曲目, 36–37, 45, 72–73
Reputation silos, 名声筒仓, 153
Rittenberg, Jason, 詹森·里滕伯格, 50
Ritual view of communications, 传播仪式观, 9
Rosen, Jay, 杰伊·罗森, 5, 52

Schmidt, Eric, 埃里克·施密特, 61, 162
Search engine optimization, 搜索引擎优化, 80
Search engines. 搜索引擎, 参见推荐机制
and audience formation, 受众构成, 71
and search term algorithms, 搜索词算法, 85–86
and social media, 社交媒体, 41
and user information regimes, 用户信息机制, 77
Sears, David O., 戴维·O·西尔斯, 33, 34
Seasonal patterns of media use, 媒介使用的季节模式, 14, 44
Selective exposure, 选择性接触, 27, 33–35
and marketplace of ideas, 观念市场, 152–153, 156
and mood management, 情绪管理, 35, 137
and news, 新闻, 108
and preferences, 偏好, 104, 138–140
Selective perception, 选择性理解, 24, 111
Self-fulfilling prophecies, 自我应验的预言, 93–94. 参见偏见
Servers, 服务器, 70, 81
Set-top boxes (STB), 机顶盒, 81, 82

Sewell, William, 威廉·休厄尔, 129–130
Shapiro, Jesse M., 杰西·M·夏皮罗, 108–110, 123
Sharing economies, 分享型经济, 25–26, 51–53
Shih, Clara, 克拉拉·史, 85
Silver, Nate, 纳特·西尔弗, 91
Simon, Herbert A., 赫伯特·A·西蒙, 6, 25, 36
Simple contagions, 简单传染, 40
Social bonding, 社交纽带, 40
Social contagion, 社交传染, 40, 91
going viral, 病毒式传播, 42–43, 53
Social listening, 社交监听, 83
Social media, 社交媒体, 40–42
components and features of, 组成要素与特征, 41–42
and fragmentation of audience, 受众分化, 103
and linear media, 线性媒体, 65
and marketplace of ideas, 观念市场, 150, 152–153
Social networks, 社交网络, 38–42
functions of, 功能, 39–39
and ideological segregation, 意识形态隔离, 110–111
and marketplace of ideas, 观念市场, 152–153
and mass behavior, 大众行为, 26
ad media choices, 媒体选择, 13–14, 137
and opinion leaders, 意见领袖, 39
and personalization bias, 个性化偏见, 88–89
and popularity bias, 流行度偏见, 90
and push model, 推送模型, 72
and social bonding, 社交纽带, 40
Social polarization, 社会极化, 19–20
Social responsibility theory, 社会责任理论, 148
Social structures, 社会结构, 参见结构, 社会
Socio-economic status and media use, 社会经济地位与媒体使用, 30–32, 44
"Sphericules" 领域分子, 98, 132, 153
Spreadable media, 可拓展媒体, 52, 64, 151
and audience flow, 受众流, 66
Steiner, Chris, 克里斯·斯坦纳, 92
Steiner, Peter, 彼得·斯坦纳, 28

Structuration theory，结构化理论，11，129－130
Structure-driven loyalties，结构驱动的忠诚，112－116
Structures, media，结构，媒体
 and audience behavior，受众行为，20－21，146
 as basis of audience formation，作为受众形成的基础，11－13，112－116
 and individual agency，个体能动性，136－141
 and mass behavior，大众行为，26
 obtrusive and unobtrusive，凸显与非凸显，20－21，132－136，162
 open and closed，开放与封闭，20－21，131－136
 and preference change，偏好改变，20－21，141，142－146
 and social structures，社会结构，113－114，130－131
 and structures of everyday life，日常生活机构，113－114
Structures, social，结构，社会
 defined，定义，130
 and individual agency，个体能动性，43－44
 and media structure，媒介测量，113－114，130－131
 and media use，媒体使用，43－47
 and obtrusiveness，凸显性，133
 and preference formation，偏好形成，144－145
Subjectivism，主观主义，11－12
Sunstein, Cass R.，卡斯·R·桑斯坦，6，134－135，149－150，153
Surowiecki, James，詹姆斯·索罗维基，90

Taneja, Harsh，哈什·塔内贾，114
Taste, cultural，品味，文化，30－32，137
"Taste publics,"品味公众，154
Television. 参见广播电视媒体；商业媒体
 and audience distribution，受众分布，98－101
 and linear media，线性媒体，64－65
 and marketplace of ideas，观念市场，151，153，155，160
 time spent viewing，观看时间，5

U. S. markets，美国市场，115－116
Tewksbury, David，戴维·图克斯伯里，50
Traditional broadcast media.传统广播电视媒体，参见广播电视媒体
Transmission view of communications，传递传播观，9
Trending (Twitter)，趋势（推特），83－84
Tumblr，汤博乐，41
Turner Broadcasting study，特纳广播研究，105，123－125
Turow, Joe，乔·图罗，71，130，135
Twitter，推特
 and aggregated data，聚合数据，83－84
 and attention economy，注意力经济，53
 and dissemination of news，新闻散播，61
 and linear media，线性媒体，65
 and social networks，社交网络，41
 and user information，用户信息，77
Two-step flow，两级传播，39，41

Upfront market，预售，70
User and market information regimes，用户与市场信息机制，17－18，76
User-defined program types，用户定义的节目类型，27，29
User-generated content，用户生成内容，15，25，132
 and news，新闻，61－63
User information，用户信息，77. 参见大数据
 and bias，偏见，77－79
 economic and political implications of，经济与政治意义，80－81，153
 means of gathering，收集手段，76－77
 surreptitious use of，偶然使用，80－81
User preferences.用户偏好，参见偏好
Users.用户，参见媒体用户
User's dilemma，用户困境，14，35－38，67
Uses and gratifications paradigm，使用与满足范式，32－33，137，156
Utility，效用，27

Vasterman, Peter L. M.，彼得·L·M·瓦斯特曼，58

Video cassette recorders（VCRs），录像机，64
Video on demand（VOD），视频点播，64
Viewing strips，栏目化，66

Watts, Duncan，邓肯·沃茨，13，43
Web 2.0，79
Web metrics. 网络测量，参见大数据；媒介测量
Wellman, Barry，巴里·威尔曼，25，151
Wikipedia，维基百科，52
Williams, Bruce A.，布鲁斯·A·威廉姆斯，9，135，151，159，160
Williams, Raymond，雷蒙·威廉斯，12

Windowing，窗口化，63
"Wisdom of the crowds,"群众的智慧，90，103，151，158. 参见推荐机制
Wonneberger, Anke，安克·沃纳波尔格尔，69

"You loop,"你循环，94
Young, Lori，罗莉·杨，89，159
YouTube，4，50

Zuckerberg, Mark，马克·扎克伯格，46
Zuckerman, Ethan，伊桑·朱克曼，12，162

译后记

　　三年前夏末的一天午后，我在美国密歇根湖畔的西北大学传播学院见到本书作者时，他正在修改书稿。书桌上高高地摆着两摞书，他解释说，其中一摞书是支持他的观点的，另一摞书是反对他的观点的。此情此景让我深感作者治学之严谨！后来，这部在我看来早已达到付梓标准的书稿又被他反复讨论和修改了一年，才最终于2014年秋天出版。

　　这本书探究的是数字时代的受众行为与社会结构。它既贴近我们身边正在发生的现实，又与众家观点产生思想碰撞。读者既能感到书中描述的现象熟悉亲切，又能透过现象深入思考，亲身对抗媒体丰裕时代思想匮乏造成的平庸。当然，不要错过全书的宝贵文献，中文版以二维码的形式附在"注释"之后（详见本书224页），读者诸君扫描后即可查阅，登录www.crup.com.cn可下载电子版。这些文献和正文一样重要，即便不是更加重要。

　　感谢詹姆斯·韦伯斯特的如炬洞见与精彩论述！感谢中国人民大学出版社与我们分享这本精彩的书！

　　由于能力与时间所限，文中可能存在曲解或纰漏，文责由译者承担。

译者

2016年10月

The Marketplace of Attention: How Audiences Take Shape in a Digital Age by James G. Webster

Copyright © 2014 by James G. Webster.
Simplified Chinese edition copyright © 2016 by China Renmin University Press.

All Rights Reserved.

图书在版编目（CIP）数据

注意力市场：如何吸引数字时代的受众/（美）詹姆斯·韦伯斯特著；郭石磊译．—北京：中国人民大学出版社，2017.1
书名原文：The Marketplace of Attention：How Audiences Take Shape in a Digital Age
ISBN 978-7-300-23060-3

Ⅰ.①注… Ⅱ.①詹… ②郭… Ⅲ.①互联网络-应用-传播媒介-研究 Ⅳ.①G206.2

中国版本图书馆 CIP 数据核字（2016）第 145560 号

注意力市场
如何吸引数字时代的受众
[美] 詹姆斯·韦伯斯特　著
郭石磊　译
Zhuyili Shichang

出版发行	中国人民大学出版社	
社　　址	北京中关村大街 31 号	邮政编码　100080
电　　话	010－62511242（总编室）	010－62511770（质管部）
	010－82501766（邮购部）	010－62514148（门市部）
	010－62515195（发行公司）	010－62515275（盗版举报）
网　　址	http://www.crup.com.cn	
	http://www.ttrnet.com（人大教研网）	
经　　销	新华书店	
印　　刷	三河市汇鑫印务有限公司	
规　　格	170 mm×240 mm　16 开本	版　次　2017 年 1 月第 1 版
印　　张	16.5　插页 2	印　次　2017 年 1 月第 1 次印刷
字　　数	225 000	定　价　49.80 元

版权所有　侵权必究　印装差错　负责调换